世界公益慈善论坛：
社会工作参与反贫困的中国案例与智慧丛书

# 脱贫攻坚，我们在行动

## ——中国社会工作教育三年对口扶贫案例集

马凤芝　主　编
尹忠海　副主编

中国社会出版社
国家一级出版社·全国百佳图书出版单位

**图书在版编目（CIP）数据**

脱贫攻坚，我们在行动 ：中国社会工作教育三年对口扶贫案例集 / 马凤芝主编 . —北京 ：中国社会出版社，2022.1
（世界公益慈善论坛 ：社会工作参与反贫困的中国案例与智慧）
ISBN 978-7-5087-6678-2

Ⅰ . ①脱… Ⅱ . ①马… Ⅲ . ①扶贫－工作概况－中国 Ⅳ . ① F126

中国版本图书馆 CIP 数据核字（2021）第 279781 号

出 版 人：浦善新
终 审 人：李　浩
责任编辑：朱永玲　杨春岩
责任校对：孙武斌
封面设计：时　捷

出版发行：中国社会出版社
地　　址：北京市西城区二龙路甲 33 号
邮政编码：100032
编 辑 部：(010)58124829
网　　址：shcbs.mca.gov.cn
发 行 部：(010)58124864；58124848
经　　销：新华书店

印刷装订：河北鑫兆源印刷有限公司
开　　本：170 mm×240 mm　1/16
印　　张：15.25
字　　数：213 千字
版　　次：2022 年 1 月第 1 版
印　　次：2022 年 1 月第 1 次印刷
定　　价：68.00 元

中国社会出版社微信公众号

中国社会出版社天猫旗舰店

世界公益慈善论坛和施永青基金联合资助出版

# 编委会

主　编：马凤芝

副主编：尹忠海

编　委：卜长莉　周绍宾　马克林

王景迁　朱雨欣

# 发挥社会工作专业优势，助力脱贫攻坚战全面胜利

马凤芝
中国社会工作教育协会副会长兼秘书长

党的十九大作出了让贫困人口和贫困地区同全国一道进入全面小康社会的庄严承诺，对在全面建成小康社会决胜阶段打赢脱贫攻坚战作了战略部署。自 2017 年底到 2020 年底，中国社会工作教育协会联合全国社会工作专业学位研究生教育指导委员会（简称 MSW 教指委），组织社会工作院校积极响应党中央、国务院的号召，实施社会工作教育对口扶贫计划。3 年中，全国社会工作院校师生积极行动，贡献力量，社会工作在助力脱贫攻坚中发挥了独特功能和作用。

## 一、社会工作教育界参与脱贫攻坚任务的背景

### （一）背景

党中央、国务院十分重视社会工作专业人才服务贫困地区工作，《中共中央国务院关于打赢脱贫攻坚战的决定》《中华人民共和国国民经济和社会发展第十三个五年规划纲要》和《国务院关于印发“十三五”脱贫攻坚规划的通知》先后提出了“实施社会工作专业人才服务贫困地区计划”“制定出台支持专业社会工作和志愿服务力量参与脱贫攻坚专项政策”的要求。2016 年 12 月 7 日，中共中央办公厅、国务院办公厅印发《关于进一步加强东西部扶贫协作工作的指导意见》，提出要支持东部地区社会工作机构、志愿服务组织、社会工作者和志愿者结对帮扶西部贫困地区，为

西部地区提供专业人才和服务保障。

为贯彻习近平总书记关于打赢脱贫攻坚战、做好新形势下东西部扶贫协作和深度贫困地区脱贫攻坚工作等重要指示的精神，民政部、财政部、国务院扶贫办于2017年6月27日出台《民政部 财政部 国务院扶贫办关于支持社会工作专业力量参与脱贫攻坚的指导意见》，提出动员和凝聚社会力量参与支持帮助贫困地区培养社会工作专业人才、发挥社会工作在助力脱贫攻坚中的重要作用、实施“社会工作教育对口扶贫计划”的要求。

## （二）社会工作教育参与脱贫攻坚的目标与任务

1. 社会工作教育参与脱贫攻坚的核心任务与总体目标

第一，社会工作专业院校作为社会力量参与、支持、帮助贫困地区培养社会工作专业人才，突出社会工作“教育”在培养、培训社会工作人才上的优势，促进和更好发挥社会工作在助力脱贫攻坚中的重要作用。第二，开展东西部扶贫协作和对口支援。充分发挥社会工作相关院校等社会力量作用，加大对贫困地区特别是深度贫困地区社会工作教育的对口扶持力度。

2. 社会工作教育参与脱贫攻坚的五项主要任务

第一，帮助提升贫困地区社会工作教育水平。首先，加强贫困地区社会工作专业师资队伍建设。以“培训培训者”的形式提升贫困地区社会工作教育水平。优先安排贫困地区教师参加社会工作示范性培训、积极接纳贫困地区新建社会工作院校教师进修访学，为他们提供课程体系建设、教学经验的学习，提供与反贫困社会工作相关的学术和科研活动机会；力争到2019年底，为贫困地区培养一批政治过硬、专业扎实、经验丰富的社会工作骨干教师。第二，以支持或与贫困地区学校合作在贫困地区建立社会工作实践、实习、实训基地等方式，吸纳专业教师、学生和实务工作者参与与扶贫有关的社会实践、专业实习和服务项目，为西部地区提供专业服务和督导支持，提升西部院校教师的实务教学能力，逐步缓解贫困地区社会工作专业力量不足、实务督导跟不上等问题。第三，帮助贫困地区培养社会工作专业人才。加大贫困地区社会工作专业人才培养力度，为贫困地区民政、扶贫、教育、工青妇等部门开办社会工作讲座培训，对当地中小学负责人、相关教师进行留守儿童保护和服务培训。第四，指导基层社会工作服务站点建设，以专业教育促进贫困地区专业服务发展。将社会工作服务站点建设同实习实训基地建设统筹考虑，在建好社会工作实习实训基地基础上，将社会工作服务向基层延伸，开展社会工作专业服务。第五，实施社会工作知识普及工程。做好对西部贫困地区党政领导干部、参与扶贫人员、直接从事服务与管理一线人员等的社会工作知识普及和大众宣传，让贫困地区干部群众了解和认识社会工作。为西部贫困地区全国社会工作者职业水平考试和社会工作学历学位教育提供支持，推动对口帮扶点干部群众应用社会工作专业理念、知识和方法开展扶贫工作，使贫困地区社会工作持证人员数量保持逐年增长态势。

## 二、迅速行动，制订方案，精准施策

### （一）制订方案，成立计划实施办公室，组织实施计划

2017 年 10 月 30 日，全国社会工作专业学位研究生教育指导委员会、中国社会工作教育协会联合启动“中国社会工作教育百校对口扶贫计划”，提出要充分发挥高校在脱贫攻坚中的重要作用。为发挥社会工作教育在社会工作扶贫中的基础功能和“扶智”作用，民政部联合国务院扶贫办印发了《社会工作教育对口扶贫计划实施方案》。为贯彻上述文件精神，为社会工作教育对口扶贫工作提供工作组织保障，2017 年中国社会工作教育协会成立反贫困社会工作专业委员会，设立计划实施办公室；为了保证稳步推进计划，2017 年 11 月 8 日，中国社会工作教育协会与全国社会工作硕士研究生教育指导委员会联合发布了《关于社会工作教育参与脱贫攻坚项目内容和做法的说明》，对社会工作参与脱贫攻坚的项目内容、活动方式、经费来源等作了说明，部署了具体工作任务。

## （二）学习研讨，凝心聚力参与脱贫攻坚

1. 深入学习领会党的脱贫攻坚战略部署，研究发挥社会工作专业优势助力脱贫攻坚

2017 年 12 月 1—2 日，中国社会工作教育扶贫动员大会暨教育扶贫研讨会在四川西华大学召开，正式拉开了启动实施“百校对口扶贫计划”的序幕。

在这次会议上，正式启动实施了“社会工作教育对口扶贫计划”。会上有 113 所高校积极响应党中央号召，对口援助 77 个国家级贫困县。会议向第一批参加计划的院校颁发了对口扶贫工作任务书。

2. 加快落实社会工作教育对口扶贫任务，以学科建设促进计划实施

为了加快推进社会工作教育对口扶贫计划的实施，确保三部委下达的工作任务的完成，同时也为参加计划的院校提供可资借鉴的扶贫工作理论和方法，通过交流已有经验，来推动计划实施尽早完成。2018 年 4 月 14—15 日，召开了社会工作教育对口扶贫计划第二次动员大会暨社会工作助力脱贫攻坚研讨会。经过广西桂林和四川成都两次动员大会，共有 202 所高校参与“社会工作教育对口扶贫计划”，对口扶贫国家级贫困县 120 个，在不到一年内基本完成百校社会工作教育参与扶贫的工作部署。

3. 多种举措持续不断总结经验推进计划实施

为深化和总结扶贫工作经验，找出差距，部署深化推进下一步工作，中国社会工作教育协会采取了一系列举措。第一，协会与 MSW 教指委于 2018 年 12 月 9 日在河南新乡召开社会工作教育扶贫一周年经验交流会，第一批和第二批参与计划的院校就已有工作经验展开交流，相互促进，对提升对口扶贫工作水平起到了促进作用。第二，2019 年 6 月 15 日，MSW 教指委和中国社会工作教育协会共同发出《关于进一步落实民政部等三部委文件精神 加快推进社会工作教育扶贫若干工作的通知》，对进一步落实脱贫攻坚任务，推进社会工作教育参与脱贫攻坚作了部署。上述举措为计划的实施提供了指导思想和行动原则，指出了行动方向，也保证了计划的顺利有序推进。第三，为深入开展社会工作参与脱贫攻坚工作，中国社会工作教育协会以反贫困社会工作专业委员会为工作抓手，组织开展理论研

究，总结中国反贫困经验，深化社会工作的实践和计划推进，组织编写了社会工作参与脱贫攻坚丛书；为增强社会工作师生的理论研究能力，在中山大学举办了社会工作参与脱贫攻坚实践案例研究写作工作坊。第四，2019 年 9 月 21 日，在内蒙古工业大学召开中国社会工作教育协会专题年会暨反贫困社会工作专业委员会年会，组织参与计划的院校进一步交流经验，促进计划实施，提升工作质量。

## 三、社会工作教育参与脱贫攻坚实施对口扶贫计划的实践成果

从 2017 年底到 2020 年底，中国社会工作教育界发挥专业优势，以实习实训基地为抓手，与对口县扶贫、民政和工青妇社会团体密切合作，从社会工作人才队伍建设、社会工作机构培育、专业服务示范和资源链接等方面，践行社会工作专业教育扶贫理念，取得了一批丰硕成果。参加社会工作教育对口扶贫工作的高校社会工作院系对口国家级贫困县，建立了实习实训基地；以社会工作扶贫实习实训基地为平台，开展当地社会工作人才培训，以专业实习服务当地社区和贫困人群。在国家各部门政策指导下，社会工作教育协会及会员单位，和参加对口扶贫计划的院校在脱贫攻坚过程中投入了大量资源，开展了多样化的服务项目，发挥了社会工作助力脱贫攻坚的专业功能，为脱贫攻坚贡献了专业智慧。

### （一）任务完成总体情况与工作成效

1. 超额完成社会工作实习实训基地建设

超额完成对口扶贫和社会工作实习实训基地建设。从 2017 年 12 月启动计划，到 2019 年有 200 所学校与 173 个贫困地区社会工作院校或机构建立了对口支援合作关系，在贫困地区建立了实习实训基地 168 个，包括社会工作教育对口扶贫基地、精准扶贫校地合作实践站点等。高校依托实习实训基地，在专业人才培养、社会组织培育与发展、后脱贫时代社区治理、社区建设与发展方面开展实务与研究。2020 年底已扩展到 210 所院校

参与计划，建立了实习实训基地近210个，超额完成了三部委下达的任务。

2. 培育当地社会工作教育和服务力量

培育当地社会工作教育和服务力量是社会工作教育对口扶贫，参与脱贫攻坚的重要任务，体现和发挥了社会工作教育的优势。参加对口支援计划的各院校将帮助当地培育社会组织作为重要工作，为当地社会组织进行能力建设，直接和协助培育当地的社会工作专业力量；协助建立社会工作协会，培育社会工作人才队伍；吸引本地社会工作专业学生回流，解决当地师资匮乏问题；协同当地干部与社会工作进行联结，相互交流和分享经验。

### （二）主动作为，积极行动，项目投入和资源链接富有成效

中国社会工作教育协会不断推动社会工作教育对口扶贫人员、资源以及资金的链接。自三部委文件实施以来，中国社会工作教育协会联合高校累计投入人员142699人次（其中，2018年4978人次，2019年63502人次，2020年达74219人次），累计投入资金达2.1亿元（其中，2018年8470.83万元，2019年8951万元，2020年4199万元），参与度不断提高。截至2020年底，有73.9%的高校进行了资源链接，资源主要来源于所属高校、政府、企业和社会力量，其中有31.4%参加对口扶贫计划的社会工作专业院校获得了所属高校资源的支持，有44.8%的高校获得了政府资源的支持，有16.7%的高校获得了企业资源的支持，有40.2%的高校获得了社会资源的支持。中国社会工作教育协会积极链接社会公益组织的支持资源，通过“益宝计划”为200所参与扶贫的高校师生免费提供了6000人次的一年期意外保险；2019年中国社会工作教育协会组织开展了“99公益日”募捐，开展了“善社筑梦困境儿童”项目，成功募得善款8747.48元，腾讯配捐1412.43元，宁波市善园基金会配捐10万元，美亚联创科技股份有限公司配捐1万元。项目由长春理工大学卜长莉老师团队实施，在延边帮扶困境儿童。

### （三）社会工作教育扶贫队伍规模壮大

在三年对口扶贫计划实施中，高校社会工作师生积极投身到脱贫攻坚工作中，队伍规模不断壮大。2018 年全国高校共有 3041 名老师及学生联合了 237 名社会工作者、1611 名志愿者参与社会工作对口扶贫工作。2019 年 9 月，这一数据上升到 3212 名教师和学生（较 2018 年增加 171 人）、888 名社会工作者（较 2018 年增加 651 人）、4050 名志愿者参与了各实习实训基地的社会工作对口扶贫工作，到 2020 年上述数字都大幅提高，高校社会工作专业师生共计 3900 人，联合了 1055 名社会工作者、2837 名志愿者参与对口扶贫工作。在社会工作教育对口扶贫计划中，社会工作高校的老师是助力脱贫攻坚的主要参与者，97.4%的高校实习实训基地有教师参与对口扶贫社会工作，2019 年较 2018 年（91.7%）增加 5 7 个百分点；94.7%的高校实习实训基地有学生参与了对口扶贫工作，2019 年较 2018 年（78.2%）增加 16.5 个百分点；86.8%的高校实习实训基地吸纳了社会工作者参与计划，2019 年较 2018 年（31.6%）增加 55.2 个百分点；88.8%的高校实习实训基地吸纳了志愿者参与，2019 年较 2018 年（37%）增加了 51.8 个百分点。三年中，全国社会工作教育院校共有万余人参与了社会工作教育对口扶贫计划的实施。

## 四、社会工作教育参与脱贫攻坚对口扶贫的主要经验

### （一）坚持党的领导，发挥社会工作的专业优势助力脱贫攻坚

1. 紧紧依靠当地党委和政府，听取他们对社会工作教育扶贫工作的意见，在他们指导下开展工作；与当地民政、扶贫工作部门的工作密切配合；发挥教育扶贫的优势，在做好专业服务示范的基础上为当地相关部门做培训；重视培育当地社会工作机构和在地社会工作服务人才；从当地实际需要出发，回应脱贫攻坚战对社会工作专业人才的需要，为当地培训扎根本土的社会工作机构和人才。

2. 将党的群众工作的优良传统与社会工作的理论和方法结合起来。了解当地贫困问题产生的特殊原因和解决问题的可能路径，总结探索具有中国品格的扶贫社会工作本土经验。

## （二）要发挥社会工作教育参与脱贫攻坚的专业优势

1. 专业服务以人为本，激发贫困人口内生动力，拓展了扶贫工作深度。坚持以人为本的社会主义核心价值观，围绕赋能增能，提高贫困人口的自我发展能力。开展专业示范服务，围绕贫困人口的内生动力做工作，包括增强技能培养与就业创业指导，链接各方资源，重建社会支持网络，帮助贫困群众增强脱贫能力和可持续发展能力；运用个案、小组工作方法，开展成长辅导、情绪疏导以及控辍保学等服务，关注留守儿童的身心健康；开展养老服务人才队伍培训，发挥社会工作资源整合优势，为老年人提供精神慰藉、生活照顾、权益保障和临终关怀等服务；从社会性别视角、优势视角出发，增强女性性别意识，提升妇女自立自强能力；开展社会工作知识普及及宣传工作，增强地方党政领导干部、扶贫工作人员、社会服务及管理人员的专业技能；发挥部分高校专业先发优势和人才优势，培育在地社会工作行业组织和实务机构，同时，建立督导联系制度、机构对接制度和人才双向交流制度，促进对口扶贫地点社会组织机构的可持续发展。

2. 运用专业方法，提高扶贫工作的精准性。坚持三个聚焦——“聚焦脱贫攻坚，聚焦特殊群体，聚焦群众关切”，以社会工作方法为农村社区贫困人口、残疾人群体、老年人群体和青少年服务。注重扶贫扶志扶智，激发贫困人群的内生动力，坚持以人为本，做深入细致的工作，通过能力提升创造可持续发展的条件。在服务方式上，综合运用个案工作、小组工作和社区工作等多种方式开展教育扶贫工作，到 2019 年 9 月合计开展各项社会工作 4527 次，包括 2609 次个案工作、1188 次小组工作和 730 次社区工作。多样性的方法提高了脱贫攻坚服务的精准性，保障了对贫困人口服务目标实现的可靠性和科学性。

3. 注重研究，总结实践经验。服务结束，产出研究成果。以调研为前提、以需求为导向，以驻村/扎根服务为主要形式，运用个案、小组、社区及社工行政等专业方法推动城乡社区发展。以社会工作方法激发社区内在动力和资源，调动民众积极性参与社区治理，将培育农村发展所需要的、通晓经济和社会基本知识和会运作的在地人才与新农村建设结合起来；开展社区服务，推动城乡社区和谐发展。

## 结　语

2020 年 12 月 7 日，MSW 教指委和中国社会工作教育协会在重庆四川外国语大学联合召开对口扶贫计划实施总结大会，隆重表彰了参加社会工作教育对口扶贫计划的院校。

中国社会工作教育界参与对口扶贫计划的实践说明，中国社会工作教育自觉践行专业责任，是社会建设与治理的重要“社会力量”。大家“不讲价钱”，多方整合资源顾大局做大事，以实践获得专业的社会合法性。社会工作教育参与脱贫攻坚，参与贫困治理，形成中国理论和方法，回应了党中央完善社会治理体系、提供精细化治理水平、实现治理能力现代化的战略部署，是一支能战斗的队伍。

在参与对口扶贫工作中，广大社会工作院校师生，努力探索，为当代民政工作专业化、为社会工作参与社会建设和贫困治理提供了大量案例，积累了社会工作教育服务参与国家发展战略的经验。

在实践中，我们探索了专业领导力的发力点。协会和各院校在计划实施中，坚持探索贫困治理社会工作的中国风格和气派，以社区建设为导向，将相关人群服务与农村振兴目标结合，重视村落共同体生活的亘建，努力行出一条中国本土专业服务之路。这两部案例集就是对中国社会工作教育界在中国共产党领导下，对中国的反贫困实践理论和经验的总结，也是中国社会工作教育界广大师生参与脱贫攻坚工作和努力奋斗足迹的记录。

# 目录

# “社工同行，快乐成长”

## ——贫困家庭儿童成长的小组工作实践研究

马克林　高　鑫　马子卓

（西北师范大学社会发展与公共管理学院）

## 一、案例背景介绍

党的十九大报告指出，坚决打赢脱贫攻坚战，动员全党全国全社会力量，坚持精准扶贫、精准脱贫，注重扶贫与扶志、扶智相结合，深入实施东西部扶贫协作，重点攻克深度贫困地区脱贫任务，确保到2020年我国现行标准下农……村贫困人口实现脱贫，贫困县全部摘帽，解决区域性整体贫困，做到脱真贫、真脱贫。打赢脱贫攻坚战，是促进全体人民共享改革发展成果、创造美好生活、实现共同富裕的重大举措。

2017年，民政部、财政部、国务院扶贫办发布《关于支持社会工作专业力量参与脱贫攻坚的指导意见》，提出“实施社会工作教育对口扶贫计划”要求，全国社会工作专业学位研究生教育指导委员会、中国社会工作教育协会于2017年12月联合启动“中国社会工作教育百校对口扶贫计划”，鼓励高校社会工作专业师生深入贫困地区，利用专业知识精准扶贫，截至2018年底，共有202所高校参与计划。

进入2019年，为深入落实党的十九大精神，响应中央财政重点扶持“三区三州”深度贫困地区的号召，中国社会工作教育协会在甘肃、西藏和四川三地开展“社会工作教育对口扶贫服务示范项目”。7月4日，中国社会工作教育协会在甘肃政法大学举行了“2019年中央财政项目支持社会组织参与社会服务项目——甘肃北辰社会工作服务中心社会工作教育对口扶贫服务示范项目”启动仪式，甘肃政法大学、西北师范大学、西北民族大学、甘肃民族师范学院四所项目成员高校共同参会。经项目组前期初步调研，确定本项目在甘肃省甘南藏族自治州合作市、夏河县、临潭县以及临夏回族自治州广河县4个深度贫困市县具体实施。其中广河县项目点由西北师范大学社会工作专业师生承担实施。

广河县位于甘肃省中部西南方，是临夏回族自治州的“东大门”，全县辖6镇3乡、102个行政村、1121个合作社，总面积538平方千米，总耕地42万亩，总人口25.7万，其中农业人口21.18万。广河县少数民族高度聚居，回、东乡等少数民族人口占总人口的98%。广河是一个以农业为主的县，县内矿产资源贫乏，旱灾、雹灾等自然灾害频繁，是国列、省列的扶贫开发重点县。

经广河县项目组师生前期的初步调研，结合广河县民政局、广河县城关镇政府以及县内公益人士推荐，项目组最终确定将广河县城关镇大杨家村水岸花苑易地扶贫搬迁小区设为主要服务点。选择这一地点主要基于以下三方面原因：第一，该小区负责搬迁安置了来自广河县城关镇、祁家集镇、庄窠集乡、官坊乡、买家巷乡、阿力麻土东乡族乡、水泉乡草滩村等7个乡镇43个行政村建档立卡户528户2400人。其中久居人口多为“三留守”群体，即留守儿童、妇女、老人。这三类人员之中留守妇女与老人群体，大多为文盲，造成了其在日常生活中的诸多不便；第二，该小区于2019年初建成使用，属新建小区，小区居民们正经历着从传统农村生活模式向陌生城镇生活方式的全新过渡；第三，该小区居民与周边久居的居民之间存在较为明显的文化观念、生活方式和经济收入的差异，导致该小区的部分居民，尤其是儿童群体，产生了较为显著的心理适应问题。

广河县项目组针对这三类人群，设计了具有针对性的个案、小组、社区工作服务方案及社会工作专业培训计划，力图激发该小区居民们在脱贫和个人发展方面的内在潜力，满足他们的合理需求，使他们得到实质性帮助，提高他们对新环境的满意度，促使他们更好地融入社区和城镇社会生活。出于对语言沟通障碍、少数民族同胞生活习惯等方面的考虑，结合前期调研反馈，项目组决定首先对该小区的儿童群体进行社会工作专业介入。水岸花苑易地扶贫搬迁小区的儿童群体由农村迁至城镇之后，依就近原则，政府对该群体的就学问题进行了及时安排，主要集中在广河县赵家小学及何家铺小学，这两所小学在广河县内属教学质量较好的学校。但生活学习环境的改善并未给这些孩子们带来愉悦感，对新环境的不适及与久居城市孩子的生活差距，使他们始终感觉自己处于城市边缘地带，不少孩子因此陷入困境。基于此，项目组针对该小区的部分儿童设计开展了成长小组服务活动。

## 二、需求分析与小组工作服务方案设计

### （一）需求评估

1. 服务对象的问题概述

在确定为该小区的部分儿童组织开展成长小组活动之后，项目组又进行了一些具有针对性的入户访谈工作，力图以完整性、普遍性及针对性相结合的观察视角对该小区儿童群体所面临的问题进行归纳分类，以确保后期服务方案的针对性、科学性。以下为本次入户访谈过程中所了解到的具有典型性问题的几个案例：

案例一：小华（化名），男，8 岁，现就读于广河县何家铺小学，为该小学一年级学生。小华平时与邻居、朋友交流很少，只与几个同学有来往。小华以前居住在广河县曹家坡村，其爸爸妈妈与哥哥常年在外打工，每年只能回来 2~3 次，且每次的居住时间都不长，所以小华一直跟随爷爷奶奶居住，属于留守儿童。项目组工作人员与他有过几次交流，发现小华比较外向，但是表达能力略显不足，易冲动，非常爱讲脏话，易与他人发生语言争执甚至斗殴；在家中，小华有顶撞爷爷奶奶的言行；在谈到有关学习的话题时，小华总是刻意回避，据同学反映，小华在学校的学习成绩基本处于倒数状态。

案例二：小良（化名），男，12 岁，单亲家庭儿童，现就读于广河县赵家小学，为该小学五年级学生。小良家原居住于广河县庄禾集镇，小良

的爸爸在几年前因车祸去世，妈妈在广河县某扶贫车间从事缝纫工作，他有三个姐姐，均已出嫁。项目组工作人员与小良及他的妈妈、同学有过几次交流。得知在妈妈面前，小良比较沉默，未曾发生过逆反行为，但经常找妈妈要手机玩；在同学面前，小良也不算外向，但有时会和同学们讨论一些有关手机游戏、短视频的话题。据同学反映，小良经常使用一款名为“快手”的手机短视频 App，并且通过这个 App，小良结识了三位女生，小良对同学们声称这三位女生是他的“女朋友”，工作人员向小良本人进行了求证，得到了肯定的答复。

案例三：小丽（化名），女，11 岁，单亲、留守家庭儿童，现就读于广河县赵家小学，为该小学四年级学生。据小丽的同学反映，小丽平时很少讲话，从不与同学交流、玩耍。工作人员发现她对较为陌生、吵闹的环境带有一定的恐惧、排斥心理，更愿意一人独自活动。小丽的父母已离异，家中兄妹共三人均被判由父亲抚养，但父亲常年在外打工，回家次数较少，兄妹三人的实际照顾者为奶奶。小丽学习成绩较差，在班级中处于中下游。

根据入户访谈及前期调研资料的反馈，项目组从人际交流、性格结构及行为方式三方面进行了问题预估。

其一，人际交流方面。出于对旧环境的依恋情绪以及对新环境的抵触情绪，小区内大部分儿童出现了较为明显的自我保护及封闭意识，不愿与他人交往，即便是来自他者的主动接触，往往也难以得到回应；现代小区趋于独立的居住风格更是为这些儿童设立了一个人际沟通的“天然阻碍”；部分儿童虽然具有与他人交流的意愿，但因为语言表达能力的欠缺或不合理的语言使用习惯，导致这种意愿往往无法实现。

其二，性格结构方面。由于与久居城市的孩子过于明显的物质差异、生活习惯上的转变障碍、处于班级下游的学习成绩以及原生家庭的关爱缺乏等原因，导致该小区部分儿童产生了较为明显的不良性格：部分儿童具有较重的自卑心理，本就内向的性格让其变得越发孤僻；部分儿童则表现出了蛮横粗暴、不负责任的性格特征；还有部分儿童表现出了怯懦、优柔寡断的性格特征。

其三，行为方式方面。小区内的孩子多为留守儿童或单亲家庭儿童，他们的实际监护人因为年迈、打工等原因对孩子缺少监管，让这部分孩子长时间处于“放养”状态，导致这部分儿童自律能力越来越弱，出现了行为偏差问题：部分儿童长时间沉迷于手机游戏或手机短视频，产生了较明显的手机依赖问题，当他们玩手机的需求未得到满足时，会产生暴躁、不安等负面情绪，甚至会引发和监护人之间的言语或肢体冲突；此外，部分儿童在与他人接触的过程中具有频发性的语言或肢体暴力行为习惯，导致小区内的孩子们对其产生了排斥心理；还有部分儿童具有行为表现过度拘谨的问题。

2. 需求分析

一是小区内的儿童群体基于较高的同质性，应建立起一个基本的互动关系圈，促进个体之间的相互认识与了解，改善他们的人际交往现状。

二是部分儿童具有改变自身偏差行为的需求，项目组首先应着手纠正这部分儿童自我认知的偏差或不明确，帮助他们清晰全面地认识自我，逐渐建立理性性格，进而带来行为上的良性改变。

三是部分儿童参与小区团建活动的兴趣需要得到培养或提升，以推进小区内团体氛围的营造，进而让这部分儿童感受到团体对个人的重要性以及个人在团体中的重要作用，加强团体归属感、认同感及荣誉感；促进这部分儿童自信心的提升，提速他们对新环境的融入过程。

## （二）服务方案设计

基于上述的问题及需求分析，在监护人同意、自主报名的基础上，结合社区工作人员推荐的方式，项目组进行了帮扶对象的筛选、确认工作，共选取了10位来自水岸花苑易地扶贫搬迁小区的儿童作为小组成员，年龄区间在8~12岁，性别比为1∶1。

1. 小组基本信息

（1）小组名称：“社工同行，快乐成长”——贫困家庭儿童成长小组；

（2）小组性质：成长性、支持性小组；

（3）小组活动次数：每周 1 次，共 6 次；

（4）活动时间：2019 年 8 月 3 日起，每周六上午 10：00—12：00；

（5）活动地点：广河县水岸花苑易地扶贫搬迁小区“新家园社区公益学习中心”。

2. 服务目标

（1）总目标：为贫困家庭儿童提供一个相互沟通、快乐交往的平台，促使他们能够形成良好的生活、学习习惯，增强其团体协作意识及能力，提高其对新环境的适应能力，促进其全面健康发展。

（2）具体目标

第一，促进组员之间的认识与了解，建立互动关系，形成团体，培养团体领导者；

第二，加强组员间的沟通，改善组员间的人际交往现状，促进组员尽快融入团体，提升个人参与小组活动的兴趣；

第三，帮助组员认识到信任的力量，建立彼此的信任关系；

第四，帮助每个组员提升自我认知能力，由认知上的良性改变引发行为上的良性转变，懂得及时、有效沟通的必要性，感受团体对个人的重要性以及个人在团体中的重要作用，加强组员的归属感、认同感以及团体荣誉感。

3. 理论基础

（1）认知理论

认知理论强调人的行为主要受制于理性思考，而非潜意识下的本能，不良行为主要产生于认知上的错误或理性思维能力的缺乏。社会工作的主要任务就是要帮助帮扶对象获得对世界的正确认知或完善其理性思考能力，从而使帮扶对象的行为得到正确、理性的指引。依据认知理论，要解决帮扶对象人际交往及偏差行为的问题，首先要从认知上予以纠正指引，进而促进行为上的改变。因此，社工首先通过小组活动为组员设置互助友爱的思考主题，让他们思考如何能够更好地与他人相处、与他人做朋友。

（2）需求层次理论

需求层次理论将个体的需求层次分为生理需求、安全需求、归属与爱的需求、尊重的需求和自我实现的需求。生理的需求是最基本的需要，即满足机体正常运作的需求；安全的需求包括与别人建立良好稳定的人际关系，避免恐惧和焦虑；归属和爱的需求是希望与他人建立感情的联系（如结交朋友等）或被群体接纳；尊重的需求指除自我尊重外还包括他人对自己的尊重和理解；自我实现的需求是希望通过个人的努力来实现自己的目标，体现自己的价值，发挥自己的潜能。因此，社会工作者在协助组员解决问题时，以满足组员后四项需求为理想预期，着手帮助组员增强沟通能力，培养他们的分享与团队协作意识，矫正其偏差行为，减轻其心理负担，促进其全面健康成长。

4. 服务实施计划

（1）破冰——“相逢未必曾相识”

| |
|---|
| 目的：促进组员之间的认识与了解，建立互动关系，形成团体，培养团体领导者 |
| 开场：介绍活动目的、一周一次的时间、主持人、工作人员以及本次活动 |
| 活动一：名字串烧<br>目的：让所有组员对彼此有一个初步的认识<br>规则：所有人围坐成一个圈；主持人任选一个人说出自己的名字；然后该同学右手边的同学必须说“我是某某后面的某某”；旁边的人不许提醒；以此类推，直到最后一个人；结束后每个人给自己的名字前加一个自己的特点，比如我是大眼睛的某某；由主持人随机指定一个人开始，依照上面的规定介绍自己；分享交流 |
| 活动二：老师说<br>目的：引导组员集中注意力，培养他们形成认真倾听的习惯和态度<br>规则：由主持人发布指令；指令前必须有前缀“老师说”，例如，老师说举起你们的右手；如果指令前没有“老师说”这个前缀，而你却做了动作，则判定为出错；分享交流 |
| 活动三：反向运动<br>目的：引导组员集中注意力，培养他们认真倾听的习惯和态度<br>规则：由主持人发布指令；主持人说举起你们的左手时，则必须举起你的右手；主持人的指令与你的动作相反；若动作与指令一致，则判定失败；分享交流 |

续表

| |
|---|
| 活动四：我的团队<br>目的：组建团队，使组员更好地团结在一起<br>规则：随机将组员分为两组；由他们选出自己小组的队长；确定队名，画出队旗、选出口号、设计小组造型；制定小组契约（由小组引导者引导制定），示例：尊重小组成员，活动时要团结友爱，小组成员要准时到场、按时退场，有特殊情况需请假，全员积极参与等；分享交流 |
| 活动五：总结<br>工作人员带领组员回忆整个活动过程，哪个活动环节让你印象深刻？在小组成立时是否有无法沟通或沟通困难的情况？在游戏进行时你遇到了哪些困难？你是如何解决这些问题的 |

（2）沟通——“搭建心灵的桥梁”

| |
|---|
| 目的：促进组员之间的认识与了解，建立互动关系，形成团体，培养团体领导者；加强组员间的沟通，改善组员间的人际交往现状，促进组员尽快融入团体，提升个人参与小组活动的兴趣 |
| 开场：回顾上一次活动，介绍本次活动 |
| 活动一：捉虫虫<br>目的：让组员集中注意力，认识到沟通的重要性<br>规则：所有成员站立围成一个圈；每人向左右伸出手，左手握拳竖起拇指，右手拇指食指连成一个圈，套在右方组员的拇指上方；工作员诵读一篇文章，当文章出现某一特殊字眼如“3”，右手要快速抓住右方组员的手指，左方则要尽量避免被人捉（文章示例：从前有3个兄弟，老大叫阿大，老二叫阿二，最小的那位叫阿诗玛。有一天，阿大问阿诗玛为什么不叫阿三呢？阿诗玛还没有说话，阿二就说，这个事情你问咱3个的爸爸妈妈。阿大看看他，又看看老三说，可是我们的爸爸妈妈要数5个数才会出现，于是，3个人一起数：1，2，4，5，咦？爸爸妈妈为什么还没有出现呢？突然，他们3个人恍然大悟，原来他们忘记数3啦）；分享交流 |
| 活动二：模仿秀<br>目的：让他们明白有效的表达和沟通的必要性及重要性，强化团队氛围<br>规则：每组5名选手参加，表演组成员站成一排；游戏要求组员在10分钟内猜成语，由第一个同学通过肢体语言演示出该成语，后面同学依次模仿传递，直到最后一个同学接收到信息；比画只能用肢体语言的形式向猜词者传达信息，不得说出任何字，只能喊过3次；计时结束时，猜出最多的一组获胜，游戏结束；观众不能提醒；游戏为每组按次序进行，每组不同时进行。游戏过程中不能通过嘴形或声音提示成语，但可以发出拟声词；分享交流 |

续表

| |
|---|
| 活动三：我读你画<br>目的：增强组员之间的互动交流能力，强化团队氛围<br>规则：分两组比赛；每组派出一名组员，用语言描述纸上的画面，其他组员在纸上画出此画，其间不得提问、不得交流讨论；画好之后，组内选出认为与原画最为相符的一幅，再与原画比较；分享在这一次画画中，为什么会有画得好的组，为什么会与原画不一样 |
| 活动四：正话反说<br>目的：提高组员注意力，增强沟通交流互动能力<br>规则：所有人围城一个圈；第一个人说"江河日下"，下一个人说"下日河江"，反应迟钝或念错者直接罚下；每次难度可逐渐加大，第一轮出四字题，第二轮出五字题，第三轮出六字题；分享交流 |
| 活动五：分享与总结<br>分享大家对今天活动的感受；通过今天的活动你学到了什么 |

（3）信任——"我相信"

| |
|---|
| 目的：加强组员间的沟通，改善组员间的人际交往现状，促进组员尽快融入团体，提升个人参与小组活动的兴趣；帮助组员认识到信任的力量，建立彼此的信任关系 |
| 开场：回顾上次活动，讲述本次目的，讲一个信任小故事 |
| 活动一：水果蹲<br>目的：活跃气氛，激发组员的积极性，提高参与活动的热情<br>规则：两组成员相对各站成一排，每个人给自己取一水果名字；根据主持人要求开始游戏，若有人出错，则视为淘汰 |
| 活动二：信任之旅<br>目的：通过组员之间的相互帮助，穿越障碍，完成任务，以此培养组员之间的信任感<br>规则：两组各推荐 2 人进行比赛，其中一人需戴上眼罩，另一人指导前进，两组最先到达目的地的累计加 1 分；进行三轮比赛，三次结束后，得分最高组获胜 |
| 活动三：合力吹气球<br>目的：通过组员的相互协作来完成任务，以此来帮助组员感受信任、合作，建立彼此的信任关系<br>规则：两组选手进行抽签，结果不能调换；抽到"手"的人，拿起气球（可两只手），将气球放到抽到"嘴"的人嘴上，由其吹起，由"手"的人扎住，将气球传到抽到"腰"（或背）的同学之间，传到一定距离后，再由"手"的人放到"背"的人之间，二人将其运到抽到"屁股"的人的位置，最后，由"屁股"坐破；抽到"监督"的两位互相监督两组（注意：游戏过程中，只能用抽到的部位完成游戏，如果运到其他部位则视为犯规，重新开始）；每组限时 10 分钟，气球爆破最多组获胜 |

续表

| |
|---|
| 活动四：十人九足<br>目的：感受团队的信任与配合，提升团队凝聚力<br>规则：两组站成一排，绑住腿；主持人下令，两组成员开始，最先到达终点获胜；进行三轮比赛，累计积分，最终得分最高组获胜 |
| 活动五；分享与总结<br>分享大家对今天活动的感受；通过今天的活动你学到了什么 |

（4）团队——“众人拾柴火焰高”（一）

| |
|---|
| 目的：加强组员间的沟通，改善组员间的人际交往现状，促进组员尽快融入团体，提升个人参与小组活动的兴趣；帮助组员认识到信任的力量，建立彼此的信任关系 |
| 开场：总结上次活动，告知本次活动目的 |
| 活动一：图画接力<br>目的：加强组员间的沟通，提升个人参与小组活动的兴趣<br>规则：两组各一张白纸，同时进行绘画；小组成员依次在纸上作画，但只能画一笔，最后一位可以多画一笔；绘画结束，比一比两组的画哪个更有创意，哪个更美观 |
| 活动二：传气球<br>目的：培养团队在短时间内解决问题的能力；提升团队合作精神；让参加者在执行团队任务时不断创新，用新的思维方式思考和处理问题<br>规则：两组组员排队各站成一列，开始由第一个人用胳膊夹住气球后转身传给第二个，以此类推；身体其他部分不能触碰气球，否则重来，中途气球掉落重来 |
| 活动三：“丢沙包”<br>目的：提升团队合作精神；培养团体领导者<br>规则：划定一个大圈，一组成员围绕站在圈外（丢沙包的人），二组成员站在圈内；二组成员在圈内可以任意跑动，躲避圈外扔来的沙包；圈内组员被沙包打到则算“死掉”一次，相反，接到沙包就可以得到“复活牌”一张，复活牌可以复活一位被“打死”的组员或者淘汰对面一人；沙包掉圈内后圈内组员把沙包扔向圈外任意一人，沙包可以在圈外传递后再打圈内组员；游戏 10 分钟后两组相互调换位置，在限定时间内存活人数最多的组则获胜<br>游戏升级：每组成员选出一位“大王”和“保镖”，“大王”在圈内被打到则全组“死亡”，“保镖”具有“免死金牌”，专门负责保护组内成员特别是“大王”，被打到不做任何惩罚 |
| 活动四：同舟共济<br>目的：培养团体领导者；培养组员的团队荣誉感、认同感；克服人际互动过程中的障碍，学习如何与其他人互助合作<br>规则：游戏分组完成；两组组长猜拳，输者需要对折一次报纸，其组所有成员均要站在报纸上；依次类推，直到某一组剩下两个队员，即为该组被淘汰 |
| 活动五：分享交流<br>工作人员带领组员回忆游戏过程，哪个游戏让你印象深刻？在游戏中是否有无法沟通或沟通存在困难的情况？你是如何克服障碍与其他组员合作的？怎样使合作变得容易 |

（5）团队——“众人拾柴火焰高”（二）

| |
|---|
| 开场：总结回顾上次活动，提前处理离别情绪 |
| 目的：培养团体领导者；帮助组员认识到信任的力量，建立彼此的信任关系；帮助每个组员提升自我认知能力，由认知上的良性改变引发行为上的良性转变，懂得及时、有效沟通的必要性，感受团体对个人的重要性以及个人在团体中的重要作用，加强组员的归属感、认同感以及团体荣誉感 |
| 活动一：极限生存<br>目的：增进各小组长的决策信心与能力<br>规则：两个小组各分一整张报纸，每组的所有成员站在报纸上，不能踩到地面；两个小组组长进行猜拳，输的一方将报纸对折（怎样对折由各小组组长决定），并尽可能保持多数的组员站在报纸上（各小组组长可选择淘汰部分组员）；最先剩下一人站在报纸上的队伍为输的一方 |
| 活动二：五子棋比赛<br>目的：促进小组凝聚力，培养小组组长责任感<br>规则：由各小组组长决定组员出场顺序；两个小组一对一进行五子棋比赛；五局三胜制 |
| 活动三：分享与总结<br>提前处理离别情绪；通过这次活动你有没有更加深刻地认识到自己和其他小组成员 |

（6）收获——一起走过的点点滴滴

| |
|---|
| 目的：帮助每个组员提升自我认知能力，由认知上的良性改变引发行为上的良性转变，懂得及时、有效沟通的必要性，感受团体对个人的重要性以及个人在团体中的重要作用，加强组员的归属感、认同感以及团体荣誉感；带领组员回顾本次活动的过程，在此期间感受自己的成长，为本次活动画上圆满的句号 |
| 开场：总结回顾所有活动 |
| 活动一：画出你的心情<br>让组员在白纸上画出自己参与整个活动的心情，并在小组中间进行分享，由小组引导者引导完成 |
| 活动二：照片及影像回顾<br>观看本次活动的照片及影像，和组员一起回顾我们一个月走过的点点滴滴 |
| 活动三：填写评估表<br>发放本次活动的评估表，由组员填写完成后回收 |

（7）应变——突发状况应对

中途出现组员退组：工作人员尊重组员的权利，但要与该组员一起分析退组后可能会给他带来的负面影响和可能要承担的责任；若该组员坚持退组，工作人员要处理该组员的情绪问题，也要和其他组员进行沟通，消除该组员离组带来的负面影响和压力。

组员在活动期间出现倦怠现象，参与活动的积极性和兴趣减退：经常关注他们，鼓励他们发问；听取组员对活动的看法并及时调整活动；工作人员周期性地对组员进行鼓励，认可其进步之处。

（8）评估工作

工作人员自我评估：每次活动结束后，小组引导者进行自我评估；活动全部结束后所有工作人员都要填写针对本次小组活动的评估表。

小组成员评估：每次活动结束前，都鼓励组员就本次活动谈谈自己的看法；活动全部结束后，所有组员填写对整个小组的评估表。

督导评估：每次活动结束后，由督导填写一份对本次活动的评估表。

## 三、服务方案的实施

2019 年 8 月 3 日，项目组开展了第一次小组活动。作为活动的第一阶段，旨在建立初步的互动关系及团队氛围。首先，通过名字串烧、老师说、反向运动三个活动的顺利进行，小组伊始的冷场情境逐渐有了缓解；其次，小组引导者带领组员进行了团队建设活动，将 10 位组员随机分为两组，选出各自的队长，确定队名、队旗、口号、队歌及小组契约等，旨在为后几阶段的服务提供运作基础；最后，小组引导者邀请每位小组成员就本次小组活动进行了交流与分享。

2019 年 8 月 10 日，项目组开展了以沟通和团队建设为主要服务导向的第二次小组活动。小组引导者带领组员回顾了上次的活动，并介绍了本次活动的主要内容。随后，小组引导者组织小组成员开展了捉虫虫、模仿秀、我读你画及正话反说等活动，就组员的注意力、表达能力、团队配合意识等进行了强化训练；此次小组工作在第一阶段的基础之上，进一步增进了小组成员之间的沟通与交流。

通过前两次的小组活动，小组引导者与组员间已建立起相对稳固的专业关系，组员之间交流密集度有了一定加深。2019 年 8 月 17 日，项目组以培养信任感为主要服务导向开展了第三次小组活动。在此次小组活动过程中，工作人员观察到组员的参与积极性与热情与前两个阶段有了较为明显的提升。尤其是在名为“信任之旅”的活动过程中，两个子小组组员之间展现出了较高的信任度，信任中又不乏默契。

前三个阶段的积累，让组员之间的陌生感消失殆尽，他们已经能够做到接纳其他成员的性格、行为及思想，对小组也有了较高的认同感，参与小组活动的积极性进一步提升。2019 年 8 月 24 日，项目组以团队建设为主要服务导向开展了第四次小组活动。为了加强团队建设，比次开展了图画接力、传气球、丢沙包、同舟共济等一系列具有针对性的分活动。在活动过程中，组员参与度已达到一个较高的水准，经工作人员观察，他们能够在较好地完成活动的同时，展现出基本的团队精神。

2019 年 8 月 31 日，项目组开展了第五次小组活动，本次活动是第四阶段活动的延续，力图将通过这几次小组活动所形成的人际关系及团队精神延续到小组活动之外的情境之中，稍有变更的是本次活动更注重团体领导者的培养。本次小组活动收尾阶段，小组引导者组织召开了一个团队会议，邀请每位组员就自己通过这几个阶段的活动所发生的变化以及自己在小组情境之外的表现进行分享。

2019 年 9 月 7 日，项目组开展了最后一次小组活动，小组引导者考虑到小组分散之后组员的情绪问题，并没有安排复杂的游戏活动，而是带领组员一起回顾前五个阶段活动的过程，在此期间感受自己的成长，回忆一起走过的点点滴滴，为本次活动画上了圆满的句号。

## 四、小组工作评估

### （一）对小组工作方案和过程评估

本次小组工作方案的设计结合了前期调研和需求评估阶段的全部有效资料，围绕着四个具体的服务目标进行了积累递增性质的活动内容设计，在社区服务中心、城关镇政府等的多方配合帮助下，活动全程保持着较高的连续性与完整性。但考虑到组员的年龄、文化程度均较低，项目组故在需求评估及成效评估时均采取无结构访谈为主、问卷为辅的形式来进行，这在一定程度上可能导致最终的评估结果更注重客观描述，从而对情境实际的判断出现误差。同时，在为其服务一个多月的社工面前，组员们极有可能受到个人主观情感的影响，在几位社会工作者就本次活动的成效进行评估询问时，组员们均给予了最高评价，甚至全程未说出一点活动不足之处；对于这样的评价，几位社会工作者在获得一定满足感、成就感的同时，也在反思本次活动成效的信度问题。后续其他服务中，通过怎样的方法让服务成效的信度达到最优，是一个值得商榷的问题。

## （二）小组工作成效评估

### 1. 整体成效反馈

本次小组活动方案的设计结合了前期调研和需求评估阶段的全部有效资料，围绕着四个具体的服务目标进行了积累递增性质的活动内容设计，在社区服务中心、城关镇政府等的多方配合帮助下，活动全程保持着较高的连续性与完整性。根据对小组活动过程中收集到的观察、访谈资料的分析，结合每次活动后小组成员的反馈、全部活动结束后的问卷评估反馈及工作人员实施的入校访谈反馈：此次小组活动拥有着较高的目标达成度；参与此次小组活动的儿童均对本次活动的时间、场地、小组领导者、小组引导者、活动内容等方面的安排表示满意；此次小组活动为各位组员搭建了一个相互沟通、快乐交往的平台；通过这个平台，每位组员的人际沟通能力、自信心及性格结构都得到了一定程度的改善和优化，且能够在日常生活中得到体现。

本次小组工作的开展在活动之外的小区情境中产生了一定的影响力，让该小区的居民知晓了项目组的存在及职责，起到了一定的宣传作用，也拉近了小区居民与项目组之间的关系。但是，水岸花苑易地扶贫搬迁小区里的居民共计 528 户 2400 余人，据社区服务中心提供的数据，该小区的儿童群体要占到总人口的四分之一左右，参考前期调研及需求评估所反馈的资料，该小区的多数儿童正面临着程度不一、同质性与异质性相结合的生活困境，仅一次小组工作服务活动对这样一个较为庞大的群体来说只是杯水车薪，何况项目后期要面对的不仅仅是儿童群体。因此，这是一个循序渐进、不断积累、通过量变引发质变的长期过程。

2. 具体成效反馈

第一，人际交流方面。工作人员对每位组员在不同阶段的交流频次实施了概括性的追踪记录。

结果显示：每位组员与他人的沟通频率均有了一定的提升；结合工作人员的参与观察等，在沟通能力及沟通主动性上，每位组员都有着一定程度的良性转变，不再被动、沉默；并尝试主动参与小组活动、主动和其他组员进行交流、主动向小组引导者等表达自己的一些想法。

第二，性格结构方面。小组活动伊始，部分组员表现出了内向孤僻、容易怯懦以及蛮横粗暴的性格特征，工作人员遵循个别化原则，在小组活动过程中，有意鼓励这部分组员参与活动指挥、分享交流等环节；在小组活动之外，工作人员也对这部分组员进行了个性化的心理疏导，力图纠正其具有偏差的自我认知；通过这种内外结合的服务方式，结合工作人员周期性的观察评估，这部分组员的性格结构得到了一定程度的改善和优化，不再因与外界的互相排斥心理而将自己限制在极小的范围内；不再因害怕受到反驳而切断与外界的合理沟通；他们的自信心均得到了一定程度的激发。

第三，行为方式方面。部分组员具有周期性的语言或肢体暴力行为，以及行为表现过度拘谨的问题，工作人员通过鼓励引导、向小组其他成员推荐其成为团体领导者以及个别化认知行为纠正等方法，尝试对这些偏差行为进行纠正，并进行了阶段性的跟进记录。具体见图 1。

基于图 1 记录反馈，三位具有明显偏差行为的组员，随着小组活动进程的不断深入，其偏差行为的频次基本处于一个持续下降的状态；他们基本能够运用更加平和自然的语气、语言及肢体行为参与小组活动；并且，通过团体领导者角色的扮演，这几位组员的责任意识得到了较大提升，鲁莽行事的习惯得到了明显的纠正。工作人员后续在家庭、小区及学校环境中对这三位组员进行了跟进服务，从本人、监护人、朋友、同学以及老师

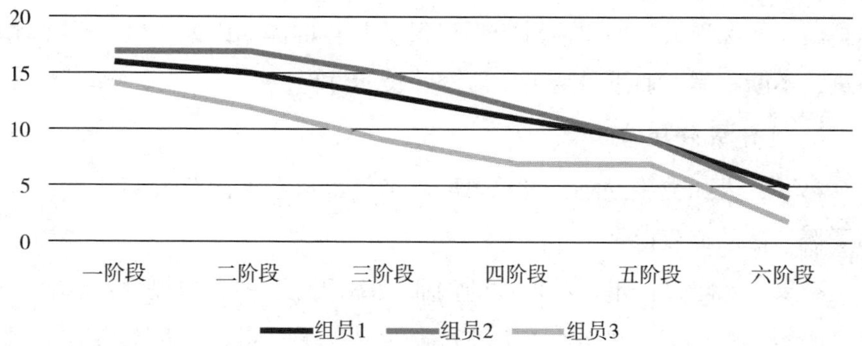


**图 1　阶段性偏差行为频次跟进记录图**

等的口中获得了他们具有良性转变的答复。

## （三）社工自我评估

组织开展此次小组工作活动的几位社会工作者均拥有社会工作专业的高等教育背景，并持有社会工作者职业资格证书；课堂上大量理论知识的学习以及实践案例的分析并不能代表几位社会工作者就具有了较高的实务能力；在实施过程中，几位社会工作者均出现了节奏把控不到位、小组引导者角色发挥不充分等问题。在小组活动过程中，几位社会工作者虽有意识地去使用倾听、鼓励、引导等小组工作专业技巧，但由于自身实务经验不足，对这些技巧的实际使用并没有较高的掌握度，使得活动技巧的使用并未达到预期效果，导致部分社会工作者对小组活动氛围的调节力度不够，对活动成效也造成了一定影响，在后续其他服务中，几位社会工作者需要就此类问题作出及时调整。

因为处于少数民族地区，参与此次成长小组活动的成员均为回族和东乡族的儿童，他们的日常生活、学习习惯与几位社会工作者平时所接触的汉族儿童具有一定区别。在这种情况下，需要做到在活动前进行充足的准备工作，做到尊重不同、理解差异。此外，部分社会工作者在较为深入地了解到一些小组帮扶对象的个人、家庭等环境遭遇之后，也曾出现过度介入的情况，例如，在由其担任小组引导者的小组活动过程中，表现出了较为明显的袒护行为，引发了部分组员的不满情绪，造成了活动的暂时中断，拖沓了该次小组活动的进程，导致小组成员个体情绪及服务成效出现了较大波动。对此，督导老师及时进行介入疏导，要求在今后的专业实践活动中，正确把握专业理念，严格遵守服务价值伦理，在保证价值中立且不影响服务成效的情况下，做到适当的价值介入。

## 五、专业反思：贫困家庭儿童帮扶领域需进一步拓展服务的空间

### （一）儿童全面成长跟踪服务

在开展儿童成长小组服务的基础上，社会工作者可以协助开展贫困家庭留守儿童家庭随访，对贫困家庭留守儿童的家庭组成、监护照料、入学就学、身心健康等情况进行调查评估，对重点对象进行核查，确保他们得到妥善照料；及时发现遭受或疑遭受家庭暴力或其他受虐行为的贫困家庭留守儿童，进行上报处理，并协助做好应急处置工作；协助做好无人监护或遭监护人侵害贫困家庭留守儿童的心理疏导、精神关爱和临时监护照料等工作。

### （二）配合开展家庭教育指导

社会工作者可以协助开展贫困家庭留守儿童监护法制宣传和家庭暴力预防教育，对贫困家庭留守儿童父母、受委托监护人开展家庭教育指导，引导他们正确履行抚养义务和监护职责。配合调解贫困家庭留守儿童的家庭矛盾，促进建立和谐家庭关系，为隔代照顾家庭提供代际沟通、关系调适和能力建设服务。引导外出务工家长关心留守儿童，增进家庭亲情关爱，帮助贫困家庭留守儿童通过电话、视频等方式加强与父母的情感联系和亲情交流。

### （三）发挥资源链接优势

社会工作者可以帮助贫困家庭留守儿童及其家庭链接社会救助、社会福利、公益慈善等资源，引导公益慈善力量、相关社会组织和志愿者等社会力量为贫困家庭留守儿童及其家庭提供物质帮助和关爱服务；同时积极为贫困留守儿童家庭中具有就业或再就业能力的成员提供就业技能培训、就业岗位推荐等服务；做到物质扶贫与思想观念扶贫的有机结合，助力贫困家庭留守儿童及其家庭反贫困能力的建构提升。

### （四）配合开展社会关爱服务

社会工作者可以协助中小学校和农村社区做好安全教育工作，帮助贫困家庭留守儿童增强防范不法侵害的意识、掌握预防意外伤害的安全常识。协助做好贫困家庭留守儿童心理健康教育工作，及早发现并纠正心理问题，提供心理援助、成长陪伴和危机干预服务，疏导心理压力和负面情绪，促进贫困家庭留守儿童心理、人格健康发展。提供社会融入服务，增强贫困家庭留守儿童社会交往和社会适应能力。协助做好贫困家庭留守儿童不良行为临界预防工作，对有不良行为的留守儿童实施早期介入和行为干预，帮助其纠正偏差行为。

## 六、深化社会工作参与反贫困工作实践的思考

在本次儿童成长小组活动所涉及的儿童群体外，项目组在同期开展的其他服务囊括了多个年龄段、多种类型的贫困群体，均取得一定成效。在开展本项目的过程中，我们感受到贫困群体的多种需求可以通过提供相应的社会工作服务来实现，但也深刻体会到在广大的贫困群体面前，为数寥寥的社会工作者的无力感同样尽显无遗，我们感到社会工作并非万能，无法快速帮助解决更多的问题。基于此，我们认为，只有充分发挥社会工作在反贫困中的专业优势，找准切入点，坚持不断探索、广泛参与、协同推进，才能在参与反贫困工作的过程中发挥精准补位的功能，促进反贫困的

可持续发展。

## （一）社会工作参与反贫困的专业优势

社会工作作为一个以利他主义为核心，以助人自助为最终目的的专业及职业，从最初由西方传入我国到现在，已经历了几十年的本土化历程，现在，已经呈现出了适应中国特色的一系列特征。自2006年《中共中央关于构建社会主义和谐社会若干重大问题的决定》中提出“建设宏大的社会工作人才队伍”，至2019年底，中国境内的社会工作学历教育点、社会工作持证人员数量、社会工作机构数量均得到了显著提升。国家层面的关注主要是基于社会工作不断地在社会治理、医疗、家庭服务、社区服务等方面发挥着越来越积极的作用，凸显了其在这些领域所具有的优势。党中央、国务院也十分重视运用社会工作专业力量参与脱贫攻坚工作，《中共中央、国务院关于打赢脱贫攻坚战的决定》《国民经济和社会发展第十三个五年规划纲要》和《国务院关于印发“十三五”脱贫攻坚规划的通知》先后提出了“实施社会工作专业人才服务贫困地区计划”“制定出台支持专业社会工作和志愿服务力量参与脱贫攻坚专项政策”的要求。民政部、财政部、国务院扶贫办于2017年联合印发的《关于支持社会工作专业力量参与脱贫攻坚的指导意见》对社会工作在参与脱贫攻坚工作方面作出了更为详细的规定与指导。上述表明，社会工作参与反贫困工作已具有了一定的政策、组织、专业及人才优势。社会工作专业人才是为贫困群众提供心理疏导、精神关爱、关系调适、能力提升等社会服务的新兴力量，在帮助贫困群众转变思想观念、树立自我脱贫信心、拓宽致富路径、提升自我脱贫能力等方面可以发挥积极作用。具体来讲，社会工作在参与反贫困工作的过程中，具有以下几方面的优势：

第一，更注重内在蜕变的专业视角。通过社会工作的视角来分析贫困现象，并运用社会工作的专业助人方法去帮助帮扶对象，有利于贫困问题的多样化解决。例如，从社会工作的认知视角来说，强调每个人面临的困境均来源于自身认知及行为方面的偏差，只要解决了自身认知及行为方面的偏差问题，所面临的困境便迎刃而解；基于此视角，社会工作在参与反贫困工作的时候，应重点着手去改变帮扶对象的认知结构，让其拥有改变自身现状的信念，并愿意为之付诸行动，产生从被动到主动的良性转变。从社会工作的优势视角来说，强调每个人都具有自己改变自己所面临的困境的能力与潜力，而社会工作在这中间需要做的就是对帮扶对象进行“赋权”，即通过一些培训学习、鼓励引导的方式激发帮扶对象潜在的能力，让其自身拥有解决问题的能力，颇有“授人以鱼不如授人以渔”的意思。最重要的是，社会工作的这些视角把贫困群体均看作是平等的存在，双方并无差别，有的只是基于信任和尊重所建立起来的专业帮扶关系，这与把贫困群体当成社会累赘、社会异类的观念有着极大的不同。

社会工作不光有解决问题的导向，还拥有通过提供服务以预防问题的导向。但不管哪种导向，社会工作者在助人的过程中都非常尊重帮扶对象的自决能力，社会工作者将自己视为一个意见提供者，而非“代理人”，因此社会工作者经常能够与帮扶对象建立起良好的甚至如友谊般的专业帮扶关系，并能够充分调动帮扶对象解决问题的主观能动性。社会工作基于本专业多样化的理论及实践视角，遵循个别化的原则，总能针对不同的帮扶对象设计出具有针对性、科学性的帮扶方案，并运用灵活的方式将这些方案实施。

正所谓“扶贫先扶志”，社会工作非常强调帮扶对象的主动改变，核心便是助人自助，将其置于反贫困工作中来解释，即把某些服务之前仅依靠行政力量进行外部、物质性支持的帮扶对象转变为具有高度自觉自理能力、能够凭自己的能力去解决自己问题的个体，这样的主动性转变对于任何一方来说，都远远优于单纯的物质支持方式。具体以社会工作最为有名的三大方法来举例：个案工作注重帮扶对象的思维认知、性格结构、外在行为等方面的综合改变，而不是只关注某一方面的改变；小组工作则通过在贫困群体中建立支持、互助及成长等性质的小组，使贫困群体能够互相直面自身问题，在团队氛围的驱使下，产生出主动改变的意愿，而且通过建立一些具有隔代现象的小组，有利于让其中的低辈分群体自主生出反贫困的信念，促使其通过学习等途径走出贫困的无限循环；运用社区工作方法，注重居民参与、合作、社区自助、骨干培训等，增强社区凝聚力和社区意识，推动和实施与脱贫攻坚有关的社会行动及社区发展方案。

第二，更注重可持续发展的帮扶理念。一般的社会工作在提供专业服务时，坚持以“助人自助”为核心价值理念，为的就是让服务对象拥有自己解决自己所面临的问题的能力，并且这种能力在服务对象脱离了专业服务之后需要得到延续，这揭示了社会工作注重可持续发展的服务理念。当前我国的扶贫工作过程中，存在着“扶就不贫，不扶就贫”的畸形现象，这种现象说明了部分的扶贫工作只是起到了一个短期性缓解贫困现状的作用，这种现象的原因在于这些扶贫对象对于反贫困方面的能力、意识还是较为缺乏的。运用社会工作来参与扶贫工作，从助人开始，以达到“助人自助”的目的而收尾，这样的一个帮扶过程可以激发扶贫对象的反贫困潜能，增进其反贫困能力及意识，从而实现帮扶对象主观能动地进行反贫困举措。具体来讲，在“利他主义”“助人自助”以及“以人为本”的服务信念指导下，社会工作更加注重帮扶对象个人及其家庭抗逆力的提升，在配合其他主体实施扶贫工作的同时，社会工作更注重帮扶对象个人及其家庭反贫困意识及行动力、就业或再就业意识及行动力、文化水平、社会参与能力等方面的改善及加强，促进帮扶对象个人及家庭持续性、长远性的发展。每一项扶贫工作总有侧重面，不可能做到全面覆盖，如果说专项扶贫或行业扶贫侧重于贫困地区的物质经济、基建方面的脱贫，那么，包含社会工作在内的第三方力量则注重贫困地区人口的精神脱贫，多方的嵌合推进，更能保证扶贫工作的高效实施以及扶贫地区的可持续发展。

第三，更注重科学规范的帮扶程序。社会工作的通用实务过程一般包括接案预估、问题分析、需求评估、制订和实施服务计划以及结案和跟进服务等程序。这是一套基于严格的评估工作所设计的服务方案，开展系统化、专业化、标准化、具有较高科学性的帮扶工作，对于帮扶目的达成具有方法上的优势。社会工作还拥有独特的价值伦理守则和行为规范标准，美国社会工作协会（NASW）于 1955 年制定了《全国社会工作协会伦理守则》，后又相继出台了《社会工作实务标准》《社会工作从业文化能力标准》以及涉及儿童、卫生、社会工作教育等领域的一系列从业标准；2017 年 8 月美国社会工作协会批准了将《国家职业道德准则》运用于指导社会工作者的执业过程。我国在持续推进社会工作中国化的这几十年间，也相继出台了多项国家层面或地方性的社会工作执业指导方案，例如嘉兴市于2013年发布的《社会工作管理与服务标准》，北京市于2014年发布的《养老机构社会工作服务规范》，民政部于近年相继出台的《社会工作服务项目绩效评估指南》《儿童社会工作服务指南》《老年社会工作服务指南》《社区社会工作服务指南》《社会工作方法：个案工作》《社会工作方法：小组工作》等①。这些职业规范的制定，让社会工作者在从事相关领域的工作时，更具方法上的优势。

第四，促进扶贫资源的合理配置。国务院扶贫办多次强调，在打赢脱贫攻坚战的征程中，要坚持专项扶贫、行业扶贫、社会扶贫相结合的“三位一体”整体性扶贫格局。其中，专项扶贫指通过中央财政专项扶贫资金的支持，统筹各级部门实施相关扶贫工作，包括易地扶贫搬迁工程、贫困地区的直接扶持、产业扶贫以及就业扶贫等。行业扶贫指国家各职能部门及其下属部门应按照国家法定的程序充分履行其部门义务、运用其所能配置的公共资源，为贫困地区提供政策保障及资金支持，推进服务以及资源提供的合理化、均等化，以改善贫困地区的发展现状。而社会扶贫，则是强调动员一切第三方力量，利用各种第三方资源，合力发展社会公益事业，帮助贫困地区改善生存与发展环境。第三方部门一般指代各种具有独立法人、非营利性、公益性、专业性，基于自愿原则所发起的社会组织机构、基金会、慈善联合会等，区别于专项扶贫及行业扶贫所包含的各主体，存在于社会的各个角落。第三方部门在参与脱贫攻坚工作的过程中，可以运用专业方法较为科学、全面地解决对专业技术要求较高的问题；而且第三方部门基本可以排除扶贫绩效或考核对自己工作可能产生的影响，让其更加注重整个扶贫工作的连续性、完整性及帮扶目标达成的实际信度，让其在进行决策工作时能够更注重决策的合理性、科学性、主位性，让其能够充分调动帮扶对象参与扶贫工作的主观能动性，让其在实际的工

① 李迎生、郭燕：《推动社会工作精准介入反贫困实践》，载《中国人民大学学报》2018年第5期，第92—103页。

作中拥有更好的应变性；在扶贫资源方面，第三方部门一般拥有自己独特的资源产业链，而且其也可以发挥资源链接者的角色，带动更多的第三方资源参与扶贫工作，从而为扶贫工作提供了更加多样化的支持[①]。第三方部门的扶贫工作者，多具有较为专业的扶贫知识教育背景，他们通过对相关领域知识的不断学习，可以为国家或地方的扶贫工作提供更加先进、更加多样的扶贫理念与实践模式，从而起到促进整个扶贫机制良性运行、协调发展的作用。社会工作机构即为第三方部门构成之一，在服务对象的选择上更具针对性，更关注“三留守”群体、身心缺陷群体、社区矫正群体或其他特殊群体；在帮扶方案上更注重帮扶对象自身抗逆力、资源获取能力及社会支持网络的建构。此外，结合前文中所提及的社会工作参与“精准帮扶”“精准管理”以及“精准考核”等工作，与政府部门的扶贫举措形成了完美的嵌合互补，更加有利于扶贫资源的合理、高效配置。

### （二）教育扶贫——社会工作助力脱贫攻坚的切入点

贫困具有较为多样化的成因，可能是个人因素、家庭因素、生态环境因素、文化因素等。其中最为重要的应属文化因素，因为文化因素导致的贫困具有高概率相传及延续的特性，也可以理解为贫困地区整体人口素质较低，具有较高的文盲率，对于贫困现状缺乏正确的认识，因此产生了集体性漠视贫困的状态。而教育则是改变人思想的最主要方式，因此，教育扶贫是贫困地区实现脱贫的重要举措。

社会工作教育扶贫，旨在运用社会工作专业力量、通过“教育”的手段参与国家脱贫攻坚工作。在此过程中，社会工作以完全发挥不同帮扶主体脱贫和发展的内生动力、培育在地专业人才和社会组织、形成教育对口扶贫服务模式等为具体目的，且具有其他扶贫主体所无法比拟的方法及理念优势，对国家总的教育扶贫工作具有极强的推进作用。以本次“社会工作教育对口扶贫服务示范项目”为例，教育扶贫的主要内容包括三个方

① 万俊毅、赖作卿、欧晓明：《扶贫攻坚、非营利组织与中国农村社会发展》，载《贵州社会科学》2007 年第 1 期，第 35—39 页。

面：第一，组织社会工作专业师生，为“三留守”人员和贫困家庭有针对性地提供心理疏导、精神慰藉、资源链接、生计发展、能力提升、政策咨询、社会支持网络建构和社会融入等社会工作专业服务；第二，组织社会工作专业师资队伍，对服务地区有关政府部门和社会组织的工作人员，以及基层各级服务人员，开展社会工作专业培训；第三，作为教育扶贫服务试点，形成教育对口扶贫服务模式，为下一步更大规模的推广实施夯实基础。基于政策支持和专业特性，教育扶贫已成为社会工作助力脱贫攻坚的重要切入点，具体作用可从个体层面、社区层面以及行政层面进行分类归纳。

1. 个体层面

首先，社会工作助力贫困群体的“内在改变”。社会工作专业价值理念坚持以人为本，认为每个人都具有理性思考和主动争取幸福生活的能力。社会工作坚持助人自助、可持续发展的服务理念，通过专业服务，不仅能够使帮扶对象可以自己解决自己当前所面临的问题，更重要的是这种能力的延续。在专业服务过程中，社会工作者极为注重帮扶对象的自决能力、个人尊严及价值，认为每个人都具有自我发展的潜力，每个人都具有改变自身及家庭不良境遇的权利。贫困地区的人们多数都持有固守己见的思维，尤其是中高龄群体，愿意主动接受新事物、新观念的人极少。当前的学校教育扶贫面对的受众主要为儿童青少年群体，限制较高，所以，除儿童青少年群体外的人群成了社会工作教育扶贫的主要受众。社会工作第一步便是要通过专业服务改善帮扶对象的认知，通过针对性的认知层面引导，澄清问题的本质，从根本上解决影响行为改变的思想问题。再者，不同地区之间的贫困具有相似性，随着脱贫攻坚工作的不断深入，扶贫成功的示例数不胜数，社会工作者可以向帮扶对象大量展示这些成功示例，让帮扶对象感受到脱贫的喜悦，产生脱贫期望，从而让帮扶对象的思想观念发生转变，增强其脱贫和发展的内生动力。

其次，社会工作助力“能力提升”。虽然思维认知上的良性转变可能会促进行为上的改变，但这并不能完全代表帮扶对象具有了反贫困的能力，所以，社会工作在助力“内在改变”的同时，也要重视帮扶对象实质性反贫困能力的提升，即通过科学规范的专业服务增强帮扶对象个人及其家庭的反贫困能力，使其不仅能够凭自身能力解决当前问题，还能够有效地避免或应对今后同样问题的出现。社会工作教育扶贫需要反贫困社会工作者们充分发挥其“资源链接者”“倡导者”以及“教育者”的角色功能，秉持以人为本的原则，将帮扶对象的利益和发展作为一切工作的出发点和依据，协调教育扶贫的一切资源，对相关的信息进行协调与管理，通过多方合作进行就业或再就业技能培训、自主产业帮扶等方式，促进帮扶对象个人及其家庭脱贫潜能的充分发挥，提升其职业技能水准，开展积极互助、和谐有序的就业创业氛围，以收入的稳定增加来实现最终脱贫目标。

最后，社会工作助力“精准帮扶”。社会工作者经过问题预估和需求分析阶段后会设计出具体的帮扶方案。一份专业的社会工作帮扶方案一般会有总目标、具体目标、理论及实践知识，再结合前期调查资料所形成的实务流程、应急措施等带有专业特性的因素，这样一份帮扶方案可以起到精准帮扶的作用。以本案例为例，在经过一个月的入户调研、问题预估及需求评估工作之后，项目组设计出了针对贫困家庭儿童认知行为结构改善的成长性小组活动方案，并且顺利实施。根据后续的服务成效反馈，此次小组活动的总目标及四个具体目标均取得了较高的完成度。当然，为了确保帮扶工作的有序、有效实施，需要广泛链接社会资源和动员社会力量。福利多元主义认为，国家、市场和家庭都是重要的福利提供者，三者互相补充，国家提供资源再分配制度，市场提供了大部分再分配制度所需要的资源，个人及其家庭则是这些资源的基础生产者和享受者①。因此，在这次小组活动中，社会工作者利用了广河县民政局、城关镇政府、广河县社会工作服务中心、广河县部分小学等多部门所提供的资源，这是本次活动拥有较高连续性和完整性的重要因素。

2. *社会层面*

首先，扩大扶贫受众范围。当前我国实施的教育扶贫工作内容较为多

① 彭华民，等：《西方社会福利理论前沿：论国家、社会、体制与政策》，北京·中国社会出版社，2009 年版，第 125 页。

样化，包括义务教育、中职教育、高校贫困地区定向招生政策以及部分成人教育等，均取得了显著的成效，但综合来看，这些资源的受众多为在校学生，即儿童青少年、青年群体，除青少年、青年群体外的人群则较少受益，造成了比例失调的问题。社会工作关注每一个有需要的群体，在进行反贫困工作的过程中，会有一套完整的工作环节，教育扶贫措施开始之前深入贫困地区，对该地区的贫困现状进行摸查，特别是人口素质，对贫困群体的受教育需求进行分析诊断，开展针对性的教育扶贫服务。教育扶贫的总体资源有限，如何将这些资源用在刀刃上，是保证教育扶贫资源的最大限度利用，教育扶贫措施取得最佳效果的关键点。社会工作助力教育扶贫，利用其专业特性，可以最大限度地关注到政策覆盖不到的群体，并且根据他们的需求进行资源的有效配置，尽量避免扶贫过程中的人力、物力和财力的浪费。在正视教育反贫困功能的基础上，最大限度地做到满足应受教育群体的需要。

其次，增强扶贫成效的持续性。当前我国的扶贫工作存在着“扶就不贫，不扶就贫”的畸形现象，这种现象说明了部分的扶贫工作只是起到了一个短期性缓解贫困现状的作用。教育扶贫是有效防止脱贫后再返贫的重要措施，社会工作强调“助人自助”，通过资源的链接和服务的直接提供，促进贫困者思想观念的转变和能力的提升，它关注的是个人改变的可持续性与整个地区和社会的发展，着眼于教育，从教育入手以期获得改变。例如，社会工作参与农村地区剩余劳动力的就业或创业教育，配合有关部门、会同相关社会力量，帮助有劳动能力的贫困群众开展致富技能培训，在充分利用本土资源和外界资源的基础上，使得贫困者个人能力实现增长。达到“助人自助”的目的是社会工作专业的本质要求，社会工作的专业活动过程是对教育扶贫本质的深刻诠释。

3. *行政层面*

第一，社会工作助力“精准培养”。在社会工作教育扶贫的大背景下，部分具有社会工作专业的高校已与贫困地区合作建立了社会工作专业培训班，旨在对服务地区有关行政部门和社会组织的工作人员，以及基层各级服务人员，开展社会工作专业培训，帮助他们提升反贫困、开展专业服务的能力，帮助贫困地区培养社会工作专业人才和社会组织。采取定点帮扶、对口支援、结对共建等方式帮助贫困地区发展壮大社会工作专业力量。

第二，社会工作助力“精准识别”。精准识别要求负责单位通过申请审核、公开公示、二次核查、信息录入等步骤，进而有效认定贫困户或贫困地区，实施贫困帮扶政策。但目前官方主导下的行政性贫困识别工作中存在着贫困对象被动参与、被动接受、走形式、贫困群体覆盖不全等问题①。运用社会工作专业来进行贫困识别工作，主要原因在于社会工作具有较为专业、系统化的需求评估方法，完全嵌合了贫困识别工作的精准性要求。在具体的识别工作中，社会工作者通过对识别对象进行入户调查，进行结构性的访谈评估，再结合对其家庭以外人际环境的摸查，可以掌握一套完整性较高的识别对象社会关系网，从而合理辨别是否需要帮扶。在确定其为帮扶对象的基础上，社会工作者还可以进行一个较为详细的问题预估及需求评估工作，最终形成一份具有针对性的、合理的帮扶方案。

第三，社会工作助力“精准管理”。精准管理是对扶贫对象进行周期性、持续性、整体性的监测评估过程。国家通过建立全国扶贫信息网络系统，反映扶贫进程，实施扶贫与脱贫的良性、动态运转与管理，为扶贫开发工作提供强大的数据信息支持。2017 年，民政部发布了《扶贫社会工作服务指南》，就社会工作专业在参与反贫困工作过程中的工作原则、工作要求、具体工作方法等作了详细说明，并附有实践案例供参考，以确保社会工作在反贫困工作中起到合理配置资源及规范管理工作的作用。具体来讲，社会工作可以通过专业的服务记录、个案管理、项目管理及行政管理等途径，实现扶贫人力、物力、财力等资源的合理配置，以确保扶贫各项工作的有序推进，进而推进整个精准扶贫管理机制的高效运作。

第四，社会工作助力“精准考核”。当前的扶贫成效考核存在过于注重纸质资料与资源使用、发放的问题，以至于出现了一系列的“表面功

---

① 李迎生、郭燕：《推动社会工作精准介入反贫困实践》，载《中国人民大学学报》2018 年第 5 期，第 92—103 页。

夫”。社会工作实施扶贫成效的考核，主要可以运用比较与整体相结合的方法进行，即将整个反贫困工作进程中所收集的资料进行归纳分类，然后将之与帮扶方案中所涉及的预期目标进行比较，以分析工作的完成度和帮扶对象的改变情况，只有完全达到了预期目标才可以进行扶贫收尾工作。此外，就算实施了收尾工作，也不代表着此次帮扶工作的全部结束，社会工作者还要视情况进行是否需要跟进服务的评估工作，若需要，则要在一定时间内进行周期性的回访，以了解帮扶成效的巩固情况，若帮扶成效未得到巩固，则需要恢复帮扶关系或实施转介。总之，社会工作实施扶贫成效的考核主要是通过发挥其评估理念和评估方法等方面的优势。社会工作的评估方法一直强调评估程序及评估方法要具有极高的信度和效度，一般将社会工作的评估方法分为定性评估和定量评估两类。前者要求社会工作者结合自身通过实地调研所观察到的客观事实与被调查对象自身及其周围社会关系的主位反馈，这样就可在一定程度上确保评估内容的客观中立性；后者则要求评估分析程序的标准化、系统化及数字化，一般通过选题、设计初步评估问卷、问卷试填、完善问卷、抽样、问卷发放与回收、问卷录入分析等一系列极严格的子阶段进行评估工作，对评估结果的真实性、客观性及科学性有着更高的要求。社会工作一般都带有第三方性质，具有一定独立性，也有助于考核结果的客观展示。

### （三）社会工作参与反贫困的政策机制保障

1. 完善社会工作参与反贫困的制度保障

当前，在国家层面，我国陆续印发了一系列关于社会工作参与反贫困工作的指导意见。国务院于 2014 年印发的《关于进一步动员社会各方面力量参与扶贫开发的意见》以及中共中央、国务院于 2015 年联合印发的《关于打赢脱贫攻坚战的决定》均强调了要形成专项扶贫、行业扶贫、社会扶贫相结合的“三位一体”整体性扶贫格局，大力支持各类第三方力量加入反贫困工作中来。2016 年，《国民经济和社会发展第十三个五年规划纲要》和《国务院关于印发“十三五”脱贫攻坚规划的通知》先后提出了“实施社会工作专业人才服务贫困地区计划”“制定出台支持专业社会工作和志愿服务力量参与脱贫攻坚专项政策”的要求；中办、国办印发《关于进一步加强东西部扶贫协作工作的指导意见》要求，将社会工作专业力量参与脱贫攻坚纳入国家东西部协作扶贫和对口支援工作范围。民政部、财政部、国务院扶贫办于2017年6月联合印发了《关于支持社会工作专业力量参与脱贫攻坚的指导意见》，对社会工作在参与脱贫攻坚工作方面作出了更为详细的规定与指导，要求社会工作专业力量在参与脱贫攻坚工作的过程中应坚持党政引领、同其他扶贫工作一同部署、协同推进；坚持以人为本、精准服务，科学评估贫困群众服务需求，分类制订个性化扶贫方案，有效配置扶贫资源，灵活选择服务方式，开展有针对性的专业服务，助力精准扶贫、精准脱贫。民政部、财政部、国务院扶贫办等还支持社会工作运用专业力量参与脱贫攻坚重点项目，如本案例所涉及的“社会工作服务示范项目”和“社会工作教育对口扶贫计划”，此外还有《社会工作服务机构“牵手计划”》《边远贫困地区、边疆民族地区和革命老区人才支持计划社会工作专业人才专项计划实施方案》等。在此基础上，还应鼓励各地方的有关部门将社会工作专业力量纳入反贫困工作中，为反贫困工作“添砖加瓦”。

2. 加强贫困地区社会工作专业力量建构

一是要加强贫困地区社会工作专业人才队伍建设。各级主管部门在贫困地区社会工作专业人才队伍建设方面，应提供政策及资金支持，将其纳入扶贫工作规划中。首先，贫困地区应加大社会工作人才引进力度，并配有相关的激励措施；其次，贫困地区要着手培养本土型社会工作专业力量，将地区内民政部门工作人员、城乡基层工作人员、社区服务中心工作人员等全部纳入社会工作专业知识及实践培训的范围，还应鼓励符合条件的人员去考取社会工作者职业资格证书或接受社会工作的专业教育；最后，合理开发相关工作岗位，让社会工作专业力量充分发挥扶贫功效。

二是要加强贫困地区社会工作组织建设。在宏观层面提出加强贫困地区社会工作组织建设的倡导下，贫困地区还应主动联系上级民政部门或周边城市的社会组织、高校、志愿团体、慈善协会等的帮助，通过对口支援的方式为该地区发展一批反贫困社会工作组织，并依托相应的基层部门设立反贫困社会工作服务站，进行驻点工作，促进贫困地区社会工作与社会组织的发展。

三是建立配套激励措施。设立一套具体的激励机制、奖励标准，对在反贫困工作中具有突出贡献的社会工作从业人员或组织机构按标准给予奖励，将表现优异、贡献突出的社会工作专业人才纳入国家和地方脱贫攻坚表彰范围。对投身贫困地区开展反贫困工作的外地籍人员，应严格落实相应的扶持政策。对自愿长期留在贫困地区的反贫困社会工作从业人员，当地主管单位应依相关政策标准给予住房或住房补贴、子女就学、配偶就业等多方面的优惠举措。

3. 推进多元化的联动扶贫格局

推动社会工作参与反贫困工作需要构建一套多元合作机制，即采用社会工作、（村委会）社区服务中心、政府相关部门、志愿者团队等主体联合参与的扶贫工作办法。可参照目前较为成功的“三社联动”机制。中共中央、国务院于2017年联合印发了《关于加强和完善城乡社区治理的意见》，该意见中重点强调要推进社区、社会组织、社会工作之间的“三社联动”，构建一个各司其职、相互依靠、共同推进的格局；该意见还要求对社区组织的工作体系进行完善优化，该体系应包括问题分析及需求调研、服务项目的设计、政府购买等，在该工作体系下，社会工作者可以充分发挥专业优势，在项目策划、项目实施、项目评估、资源链接等方面作出成果。这种详细的规划意见的出台，对社会工作在参与社区治理工作过程中提供了一套多元的合作机制，使社会工作在这套机制下能够更好地发挥作用。因此，在反贫困社会工作中，也需要构建一套多元合作机制，促进社会工作力量提高反贫困的精准性和有效性。

4. 完善政府购买服务机制

民政部、财政部于2012年印发了《关于政府购买社会工作服务的指导意见》，意见中提出中央将安排专项资金用于购买社会工作服务，各级政府应将购买社会工作服务的费用列入本单位财政预算中；国务院办公厅于2013年印发了《关于政府向社会力量购买服务的指导意见》，提出各级政府应将购买服务所需资金统筹至既有财政预算安排中；民政部于 2014 年印发了《关于进一步加快推进民办社会工作服务机构发展的意见》，对政府购买社会工作服务作了更为系统、详细的安排。推进政府购买服务机制的建设，是保障社会工作在反贫困工作中发挥作用的必要条件。但是，当前的政府购买服务机制还是存在着一定的问题，例如购买环节是否规范的问题、项目审计过于注重财务工作从而忽略了较多服务专业性方面的内容等。因此，政府购买服务机制还需继续完善，在购买过程的规范性、审计工作的全面性等方面还需做到更好。

5. 加强宣传引导

诚然，社会工作在我国已有 40 余年的发展历程，其本土化工作也取得了一定的成效，在国内的多个领域，我们均能够看到社会工作的身影。但综合来说，社会工作在我国还属于新鲜事物，需要得到更多人的认知和关注，不仅是对社会工作自身的发展，也有利于国内公益事业的发展。因此，需要充分利用现代媒体技术，多渠道、多方面对社会工作参与反贫困工作进行宣传，尤其是一些典型性的案例，能够充分调动观者的共鸣，吸引更多的人对脱贫攻坚工作或社会公益事业的关注，吸引更多的人去了解社会工作，也能够不断地激发反贫困社会工作从业人员的工作热情。

# 社会工作教育助力“三区三州”深度贫困村脱贫攻坚实践研究

## ——基于对临潭县宋家庄村反贫困社会工作行动的案例分析

赵军雷　刘　荣　郭　乐

（西北民族大学民族学与社会学学院、

西北民族大学民族地区全面建成小康社会研究中心）

社会工作作为一门实践为本的学科，是一种承载着关怀价值的道德实践，解决社会问题、预防社会问题的发生，促进服务对象主体发展是其永恒不变的专业使命。社会工作的发展从缘起到壮大成长，都与贫困有着密切的关系。社会工作专业在诞生之初就将视野投向工业革命过程中引起的贫困问题和失业问题，为贫困群体提供救助服务。随着社会工作专业的发展壮大，反贫困社会工作也成为社会工作学科体系中的重要领域和学科方向。“推动扶贫救济，增进民生福祉”也成为我国社会工作专业的核心使命。2016年国际社工日，民政部将“发展社会工作，助力扶贫济困”定为国际社工日宣传活动主题，同时明确指出“推动扶贫济困、增进民生福祉，是全面建成小康社会的内在要求，是党的十八届五中全会和中央扶贫工作会议部署的战略任务，是发展社会工作的重要出发点和落脚点，是广大社会工作服务机构和社会工作者的核心专业使命”①。

我国社会工作教育界和实务界一直能够聚焦贫困议题，开展反贫困社会工作教学、实践、研究。社会工作在不同贫困地区开展了形式多样的反贫困实践，因为贫困的多维性和复杂性及贫困致因的多样性，不同地区开展的反贫困社会工作服务呈现模式多样的特征。本案例基于我们在深度贫

① 中民：《发展社会工作，助力扶贫济困》，载《中国民政》2016年第7期，第33页。

困地区临潭县流顺镇宋家庄村开展的社会工作教育参与脱贫攻坚服务实践，从服务过程、服务效果和服务反思进行反贫困案例总结。

## 一、案例背景介绍

### （一）政策背景

2017 年 6 月 23 日，习近平同志在山西省太原市主持召开深度贫困地区脱贫攻坚座谈会并发表重要讲话，座谈会上习近平同志强调深度贫困地区是脱贫攻坚的坚中之坚，脱贫攻坚的主要难点是深度贫困[①]。为贯彻习总书记关于打赢脱贫攻坚战、做好新形势下东西部扶贫协作和深度贫困地区脱贫攻坚工作等重要指示的精神，民政部、财政部、国务院扶贫办于 2017 年 6 月 27 日出台《民政部 财政部 国务院扶贫办关于支持社会工作专业力量参与脱贫攻坚的指导意见》，提出动员和凝聚社会力量参与支持帮助贫困地区培养社会工作专业人才、发挥社会工作在助力脱贫攻坚中的重要作用、实施“社会工作教育对口扶贫计划”的任务。

2017 年西北民族大学民族学与社会学学院入选“中国社会工作教育百校对口扶贫计划”，对口实施项目点为甘肃省临潭县。2019 年，全国社会工作专业学位研究生教育指导委员会和中国社会工作教育协会联合启动了面向“三区三州”深度贫困地区的社会工作教育参与精准扶贫计划项目，其中甘肃省甘南藏族自治州临潭县社会工作教育参与精准扶贫服务项目由西北民族大学民族学与社会学学院组织实施。

### （二）区域概况

#### 1. 临潭县概况

临潭，古称洮州，地处甘肃南部黄土高原和青藏高原交会处，位于甘

---

① 习近平总书记在深度贫困地区脱贫攻坚座谈会上的重要讲话，http：//www.xinhuanet.com//politics/2017-08/31/c_ 1121580205.htm.

肃省南部、甘南藏族自治州东部，是农区与牧区、藏区与汉区的结合部，是一个汉、回、藏等多民族聚居县。这块古老而特别的土地，地处汉藏结合、农牧过渡的陇右要道。在长期的历史进程中，它以独特的社会地理条件和多民族融合发展，营造了经贸发达、商贸云集、人文荟萃的地方特色，始终为甘南茶马互市重镇和主要商品集散地，被誉为丝绸辅道中的“洮阳西道”。

全县总面积1557.68平方千米，境内属高山丘陵地带，地形西高东低，西南向东北倾斜，境内多为低山深谷，峰峦叠嶂，地形复杂，沟壑纵深，海拔在2209—3926米，平均海拔2825米。全县辖11镇5乡，141个行政村，在疏勒河灌区七道沟设有一个移民基地管委会，辖3个村委会。现有人口15.9万，有汉、回、藏等10个民族，少数民族人口占总人口的26%。全县有耕地面积26.6万亩，主要农作物以小麦、青稞、豆类、洋芋为主，近年来，中药材种植面积不断扩大，达5万多亩。有草场面积123万亩，各类牲畜存栏达20余万头（只）。境内68条村通公路，141个村通电，120个村通电话，16个乡（镇）和主要风景区开通了移动通信，旅游业发展迅速。全县有劳动力8万余人，发展劳务经济前景广阔。

从1953—2018年，地区生产总值增长403.4倍，年均增长9.7%。财政收入增长483.1倍，年均增长10%；财政支出增长3951倍，年均增长13.6%。1953年地区生产总值467万元，到1978年全县地区生产总值增加到1432万元，年均增长4.6%。2018年全县地区生产总值达188379万元，年均增长12.7%。到2018年，第一、二、三产业比重分别为18.5%、9.5%和71.9%，分别年均下降1个百分点、下降0.3个百分点、上升1.3个百分点。

2. 宋家庄村概况

流顺镇宋家庄村距离县城近30千米，属高山丘陵地带，海拔在2750米左右，占地总面积约8.8平方千米，耕地面积8655.11亩，牧草面积2661亩。该行政村现有7个自然村，12个村民小组，475户2068人，汉族1618人，藏族450人，少数民族比例为27.8%。粮食作物有青稞、小麦、土豆、油菜，经济作物有蚕豆、柴胡、当归、党参、黄芪等，主导产业以中药材种植为主。农作物一年一熟，养殖业以牛、羊、猪、鸡、兔为主。该村现实际运营种植、养殖合作社6家。

近年来，该村公共配套服务、基础设施逐年改善，已建成生态文明小康村文化广场6处、标准化卫生室1个，有多媒体教学的村小学1所，道路硬化15.2千米，危房改造户7户，安全住房达100%，新建安全饮水供应点12个，饮水安全100%达标，参加城乡居民基本养老保险和农村医疗保险覆盖率达100%，完成了路灯亮化工程。

自2013年以来，该村共识别建档立卡贫困户194户843人，贫困发生率40.76%。致贫原因多维，缺资金、缺技术、缺劳力、因病、因残、因学为主要致贫原因。2014年至2018年共计脱贫196户835人，其间新识别7户25人，返贫2户11人，现剩余脱贫户4户6人，贫困发生率为0.77%。194户村民中，有160户的青壮年劳动力都外出务工，为赚取更多的经济收入来贴补家用和供孩子们上学，“三留守”（留守老人、留守妇女、留守儿童）问题突出。

宋家庄小学现今是一所含幼儿园在内的4年制小学，一至四年级学生有53名，2017年幼儿园小班招生人数1名，生源不好，而且每学期都有学生外转情况发生，在宋家庄小学四年级毕业的学生会到河对面的冰涯小学或镇上的流顺镇中心小学继续就读。临潭县教育局在2016年9月完成了宋家庄小学的教学用房建设项目。只有三四年级教室有多媒体。宋家庄小学现有老师9名（含校长、幼儿园临聘女幼师各1名），除了校长和一名老师年龄在40岁左右，其余7名老师均在二三十岁左右，文化程度基本都是大专，后来自考专升本。家都在临潭县周边，如卓尼县、新城镇、冶力关镇等。

## 二、服务情况介绍

### （一）需求评估

为了准确全面评估宋家庄村需求情况，项目组于2019年7月5日前往宋家庄开展了为期10天的需求评估调查。通过召集流顺镇扶贫站负责人、宋家庄扶贫驻村干部和宋家庄村村干部进行座谈了解宋家庄整体贫困状况和扶贫帮扶状况，通过对194户贫困户的实地走访和深度访谈全面了解了贫困户的整体性需求和差异性需求，同时也通过对宋家庄小学和16户非贫困户的走访知晓了宋家庄村教育状况和非贫困户对贫困户的认识及看法。可以说，如同贫困的复杂性和多维性一样，他们的需求各种各样。因为该村作为深度贫困县的深度贫困村，以政府为代表的行政主导扶贫模式惯性在该村贫困户身上表现得极为明显，在走访贫困户开展需求评估的过程中，表现出了强烈的物质性需求，缺钱缺物、要钱要物成为贫困户的一致性需求表达，而在精神性需求、能力性需求上几乎没有需求表达。从社会工作可以回应的需求来看，该贫困村整体上表现出以下需求或问题。

1. 特殊家庭和特殊人群的需求

在入户走访中，我们发现该村有多户特殊家庭，这种特殊家庭主要表现为单亲家庭、离异家庭、失独家庭、重组家庭。这些家庭整体上都因劳动力缺失、家庭变故等原因显得更为贫困，对未来生活信心不足，失落感较强，加之村庄的封闭性和传统落后文化影响，这些家庭在村庄所处地位较低，很多时候被其他家庭看作问题家庭和不吉利家庭，缺乏村民互助支持，特殊家庭之间也缺乏相互支持。

在特殊人群上，主要表现为残疾人群体和单身群体较多。7个自然村残疾人人数多达12人，主要表现为智力残疾和肢体残疾，因为他们既不能充分劳作又需要更多的医药花费，这些残疾人家庭基本都是贫困家庭。除此之外，村庄单身群体较多，40岁以上单身人数多达17人，他们要么和父母一起生活，要么父母已离世，一个人靠低保和简单的劳作生活，我们在观察和访谈中发现，这些单身群体基本失去了对未来生活的信心和希望，也带有很多的陋习，在村中经常不被其他村民看得起，因为单身原因，他们也慢慢远离了同其他村民的走动，社会关系网络十分稀疏。

2. “三留守”人群的需求

在宋家庄村，因为农业收入十分有限，年轻人为了获得更好的收入选择离开家乡务工挣钱，村子里基本很难看到青中年的身影。“三留守”人群数量众多，尤其是留守老人和留守儿童处处可见、家家可见。对留守儿童而言，父母长期不在身边，生活学习都由爷爷奶奶负责，他们表现出对安全教育、学业辅导、心理支持等方面的明显需求。对于留守老人而言，他们一边年迈，一边又是家中的主要劳作者和孙子女照看人，身心俱疲，无能为力，他们在信息化时代，也急需掌握智能手机使用技巧、辨别各种网络诈骗手段。对于留守妇女而言，她们更多是因为不适应城市的打工生活或家中老人和小孩需要照顾而留守在村，她们是整个家庭的顶梁柱，很多时候生活压力无从释放，负重前行。

3. 脱贫层面的需求

他们身处贫困，却缺乏对贫困的理性认识，很多村民都将贫困认为是缺钱，将自身贫困视为老天的安排或命运；对贫困无法进行理性认识，也使得他们对改变贫困没有动力，失去信心，充满着贫困感却无行动力，脱贫能力不足，脱贫观念滞后，充满着“要我改变”而非“我要改变”的错误观念，“等靠要”思想强烈，脱贫内生动力缺乏。

4. 文化广场闲置，精神生活较为匮乏

当地政府在美丽乡村建设和扶贫基础建设中，为宋家庄村 7 个自然村共建 6 个文化广场，而文化广场自建成以来，村民从未使用过，闲置严重，村民除了三三两两闲逛和晒太阳外，很少有村民集体活动，晚饭后看电视成为他们最主要的活动，精神生活极为匮乏，文化空心现象突出。

## （二）服务方案

本项目综合运用个案社会工作、小组社会工作、社区社会工作三大服务方法，并根据不同人群需求，开展了不同主题的培训活动，同时链接资源为“三留守”人员发放了关爱物资。整体服务方案如下：

| 服务类型 | 主要服务人群或内容 | 服务时间 |
|---|---|---|
| 个案工作服务 | 个案数：10 个<br>个案次数：8 次<br>个案范围：以特殊家庭、特殊群体，尤其是留守儿童为主要服务个案 | 2019. 8. 1—2019. 12. 15 |
| 小组工作服务 | 小组数：4 个<br>小组期数：6 期<br>人数要求：每个小组至少 8 人<br>小组名称（一）：儿童安全意识提升小组<br>小组名称（二）：儿童学业能力提升小组<br>小组名称（三）：留守妇女互助支持小组<br>小组名称（四）：留守老人兴趣协作小组 | 2019. 8. 1—2019. 12. 15 |
| 社区工作服务 | 次数：4 次<br>人数：75 人/次<br>主题一："扶贫你我，热情似火" 篝火晚会<br>主题二："隔代不隔爱，关爱重千斤" 亲子互动活动<br>主题三："走进社会工作，了解不一样的社会服务" 社会工作知识主题宣传活动<br>主题四："情系活力宋家庄，社工参与无限爱" 村民趣味运动会<br>主题五："远离疾病，走进健康" 义诊活动<br>主题六："我们的村庄，我们一起去改变" 活动 | 2019. 8. 1—2019. 12. 15 |
| 主题培训服务 | 主题一：小学生安全教育知识主题培训<br>主题二：五小产业与脱贫致富主题培训<br>主题三：妇女身心健康知识培训<br>主题四：如何做好儿童家庭教育主题培训<br>主题五：新时期个人信息安全普及主题培训<br>主题六：社会工作参与精准扶贫实践主题讲座 | 2019. 8. 1—2019. 12. 15 |
| 物资发放服务 | 儿童物资包发放：60 人<br>妇女物资包发放：50 人<br>老年物资包发放：30 人 | 2019. 8. 1—2019. 12. 15 |

## （三）服务阶段性

本服务项目共分为6个阶段，具体为：

| 项目阶段 | 内容 | 时间 |
|---|---|---|
| 第一阶段 | 团队组建及反贫困服务知识培训阶段 | 2019. 6. 15—2019. 6. 30 |
| 第二阶段 | 需求评估阶段 | 2019. 7. 5—2019. 7. 15 |
| 第三阶段 | 方案设计阶段 | 2019. 7. 20—2019. 7. 31 |
| 第四阶段 | 开展服务阶段 | 2019. 8. 1—2019. 12. 15 |
| 第五阶段 | 项目总结阶段 | 2019. 12. 15—2019. 12. 31 |
| 第六阶段 | 项目研究反思阶段 | 2020. 1. 1—2020. 3. 31 |

## （四）基本做法

总结项目实施过程，主要做法有：

一是从反贫困社会工作服务过程来看，一直贯穿着社会工作实务通用过程模式。从进入村庄与村民建立服务关系到与村民一起认识问题、分析问题产生原因并探讨解决方案、协同推进服务实施过程、共同评估村民改变，都以社会工作实务通用过程模式为逻辑依据，有针对性地、程序性地开展反贫困社会工作服务。

二是运用社会工作三大服务方法，彰显社会工作专业优势。在特殊家庭和特殊人群的个性需求方面我们能够提供深度的个案服务，在群体同质性需求方面我们能以小组方法为技术提供团体服务，在社区议题和问题上我们能够提供社区工作服务，推动社区变迁。同时，在触及相关纵深贫困问题时，我们能对三大方法进行整合性运用，有效解决村民遇到的纵深贫困问题。三大方法彰显了社会工作的独特手法，也彰显了社会工作专业优势。

三是以学校为载体和依托，构建“学校社会工作+反贫困社会工作”服务模式，推动反贫困社会工作服务纵深发展。我们认为并一直坚守，反贫困社会工作服务中应将当地学校作为重要的载体和依托，通过驻校社会工作服务，不仅能够了解贫困家庭子女问题，也能通过学生掌握所在地贫困差异情况和贫困同教育的关系，更能通过促进教育意识转变从根本上改变贫困或阻断贫困的代际传递。因而，构建“农村贫困地区学校社会工作+反贫困社会工作”服务模式，能够有力推动反贫困社会工作服务的纵深发展。

四是建设社会工作教育参与脱贫攻坚实践基地、贫困地区学校社会工作服务站，确保服务的延续性。我们利用高校优势，在项目制服务临近结束时，我们团队所在学院同当地建立社会工作教育参与脱贫攻坚实践基地、贫困地区学校社会工作服务站，长期合作，推动反贫困社会工作教学、实践和研究，确保反贫困社会工作在该地区的延续性。

## 三、服务成效

社会工作不仅注重服务过程，也注重服务成效。在我们看来，反贫困社会工作服务成效评估相比其他社会工作服务而言，服务成效可测量难度更大。在一定程度上，反贫困社会工作以激发服务对象贫困改变意识、推动服务对象贫困改变行动力、提升服务对象贫困改变内生动力为主要服务，而这些层面的服务成效在服务结束时期进行评估只能评估其实际效能的部分而已，难以作出全面的成效评估。现从三个层面对项目服务成效进行简单总结。

### （一）服务对象层面

反贫困社会工作在服务对象层面的改变上，可以是贫困对象收入的增加，也可以是贫困对象反贫困主体意识的激发，也可以是贫困对象反贫困能力的提升，也可以是贫困对象对贫困中教育的重塑和理性认识提升，也可以是唤起非贫困群体对贫困群体更多的关注支持等。我们在反贫困项目的设计和实施中，更强调贫困对象在对贫困的理性认识基础上树立改变贫困的意识、提升贫困对象反贫困的内生动力、促进贫困家庭子女成长和教育。从整个服务来看，在服务对象层面取得了如下成效：一是让贫困个体和家庭能够全面、理性认识自身贫困。无论是直接的个案服务还是间接的有关改变贫困的培训服务，我们都让贫困个体和家庭能从个体和社会结构两个方面认识贫困，改变了他们认为贫困是命的错误认知，改变了他们认为贫困就是没钱的狭义理解。二是在一定程度上改变了贫困群体“等、靠、要”的贫困文化。我们为了能尽快获得村民的认可，采取了洗衣液、床上用品等物资发放形式，在发放物资的过程中，我们真正看到了贫困村庄“等、靠、要”的贫困文化，甚至在物资发放完毕之后的一段时间内，总有村民找驻点社工说自己有多穷有多需要物资，经过半年的反贫困社会工作服务，我们在项目结束前的一周发放链接到的物资时，村民们能够自我组织有序发放，发放过程中很多村民丢弃了曾经的“要”，变成了“让”。一位 83 岁高龄的老人在发放现场领到羽绒马甲时说：“小慧母亲有哮喘，她家条件比我更差，我把我的让给她去穿。”三是有效丰富了村庄的精神文化生活，文化广场闲置状态真正打破。我们在服务过程中，首次组织村民在文化广场举办了“扶贫你我，热情似火”篝火晚会和自然村联谊活动，链接了音响资源，让老人们感受到了年轻时的集体文化活动，让孩子们真正体验到了精神文化活动带来的愉悦。在项目组快要退出的几周里，每个周末都能够看到村民们在文化广场举办各类文化活动，文化广场真正地用了起来，精神文化生活丰富了起来。四是培养了村民整体意识和互助意识。通过多次社区服务活动，让村民们认识到村庄的整体性，改变了曾经对特殊家庭和贫困家庭的另类看待，互助小组服务活动也让组员意识到相互支持相互帮助的重要性和互益性，集体的精神文化活动也让村民们有了深入的互动，进而也激发了村民之间的互助意识。

## （二）社会工作专业层面

诚然，反贫困社会工作让贫困群体发生了不同程度的改变，但作为社会工作的重要领域和实践方向，反贫困社会工作的实践探索也进一步推动了社会工作专业的发展，一定程度上促进了社会工作的专业化，拓展了社会工作专业服务广度和深度。反贫困社会工作实践也是专业社会工作在贫困地区的本土化使用过程，丰富了社会工作专业服务模式。社会工作在参与贫困治理过程中应以“学校社会工作+农村社会工作+反贫困社会工作”的综合模式开展专业服务。

### （三）反贫困社会工作人员层面

社会工作专业服务过程不仅服务了服务对象，社会工作者也在服务的过程中取得了收获。从我们团队反贫困社会工作人员层面来看，首先，反贫困社会工作让我们真正体验了农村生活，感受到了现实的贫困，对农村、对农民、对贫困有了全新的认识和理解；其次，反贫困社会工作实践让我们做到了理论与实践的磨合和再构，积累了反贫困社会工作经验；最后，反贫困社会工作实践过程更是社会工作落地本土的过程，一次次的落地、不适和磨合让我们意识到了社会工作本土化的重要性。

## 四、经验总结

为期半年的反贫困社会工作服务，是我们在反贫困社会工作实践上的初次探索，回顾整个过程，有艰辛更有收获。短短半年的反贫困社会工作服务实践，也许没有特别显著的成绩，贫困户的收入也可能没有迅速增加，但我们与服务对象的协力同心和共同努力让他们感受到了社会工作专业在反贫困中同政府等其他组织的不同魅力。正如村民 MS 所言：“当你们刚开始来我们家问我们需要什么时，我心里在想，你们又不是政府，你们能提供什么给我？但当你们驻村不久，我的孙女告诉我学校的社工哥哥姐姐让她每天特别喜欢去学校，我看到孙女一天天变得外向起来，越来越懂事，才使我体会到了你们真的不一样（和其他扶贫力量相比）。”社会工作不仅是一门实践性的专业学科，更需要对不断进行的实践进行总结与反思。如果说，我们的反贫困社会工作服务获得了村民的认可，村民在与我们的同行中获得了成长，也是基于我们服务过程中的以下坚守。

## （一）驻地社会工作服务是反贫困社会工作的最佳方式

社会工作是一门艺术，在服务中特别讲究方式、方法。我们的团队在需求评估期间，队员们都感觉贫困是一个很复杂的社会问题，反贫困的挑战很大、贫困户很难改变，从城市到贫困村庄，不知道从何做起，一度也未找到社会工作介入的突破点。当时摆在我们眼前的反贫困社会工作的服务路径有两条：一是我们根据10天的需求评估，以我们为主体设计服务项目，定期从省城兰州到宋家庄村按所设计的服务项目实施，不采用驻地社会工作服务方式；二是选择2—4名项目组中的核心骨干成员常驻宋家庄村以驻地社会工作服务方式进一步认识村庄、理解村庄和助推村庄改变。当时，关于选择何种路径在我们项目组中引起了激烈的讨论，项目组成员更愿意选择第一种方式，因为作为社工学生的他们习惯了城市生活，难以长期在这样偏远而又贫困的村庄坚守前行。也正是这种声音让我们意识到我们在提供反贫困社会工作服务时，要从全面认识村庄、深度理解村庄开始，而要真正做到这一点就必须扎根村庄。因而我们选择了驻地社会工作服务方式，派驻3名团队成员入驻该村。

为什么驻地社会工作服务是反贫困社会工作的最佳方式呢？首先，从我们高校反贫困社会工作服务团队本身来讲，我们不仅缺少对农村的全面认识尤其是对贫困村庄的生活体验，也缺乏反贫困社会工作实践经验，存在理论与实践的脱节问题，对农村贫困问题的社会工作介入表现出较强的理论化探讨，实践智慧缺失。其次，驻村社会工作过程能真正认识贫困、真正认识村庄，辨别不同贫困表象背后的本质，明晰不同家庭贫困背后的致贫原因及其贫困户对所处贫困的理解和行动。最后，驻村社会工作过程能让我们理解贫困群体所处的真实情境，而对服务对象所处情境的理解是提升服务质量的保障。受项目制的约束，我们在项目结束时，尽管没能对所有贫困户提供多元化的反贫困社会工作服务，但在我们驻地社会工作服务者心里，清楚地知道不同贫困户的具体情况。当我们的服务团队在做完最后的社区服务活动从村庄撤离的时候，孩子们在大人的组织下站在道路两边喊着社工哥哥、社工姐姐的时候，也许正是半年驻地社会工作服务带给我们的最好反馈。

### （二）有效处理好同政府的关系，发挥社会工作的功能补位作用

反贫困需要社会工作界的参与和努力，但我国长期以来在反贫困实践中，政府成为反贫困实践的主导性力量。政府作为贫困地区反贫困的主力军，在多元主体参与贫困治理过程中，无疑需要处理好同政府之间的关系。社会工作在我国不仅具有道德实践特征，也表现出明显的政治实践特征。反贫困社会工作不仅需要大量的物资和资金，更需要各级政府的制度保障，尤其是在政府购买社会工作服务的背景下，需要有效处理同政府之间的关系，既不依赖于政府又不远离于政府。贫困是多维的，反贫困也需要多元主体协同参与方可有效治理，有效处理好同政府之间的关系，协同政府共同推动贫困改变。

“政府行政主导”的反贫困实践模式一方面以其责任担当和强大的资源动员能力使我国反贫困实践取得了世界瞩目的成绩，也彰显了中国特色社会主义制度的政治优势，显现了党和国家在贫困治理上的决心、信心和能力。另一方面，因各级政府尤其是基层政府对整个扶贫项目的总体性支配，使得少数扶贫项目成为基层政府塑造亮点工程、政绩工程、景观工程和面子工程的工具，违背了扶贫初衷，背离了扶贫结果，也激发了政府和贫困群体之间的矛盾。因而，我们在反贫困社会工作服务中，不仅聚焦贫困群体的真实需求、合理需要，还应清楚政府在贫困治理中存在的功能缺位部分，发挥反贫困社会工作的功能补位作用，合力推动贫困群体的全面改变。

### （三）准确的专业服务定位是确保专业使命的根本

毋庸置疑，社会工作专业以“助人自助”为核心理念和专业本色。我们必须看到，社会工作在反贫困实践过程中，不同于政府、企业等扶贫力量，应该有着清楚的专业定位，这样才能提供长久有效的专业服务。社会工作在参与贫困治理中不像政府和企业，没有政府和企业的资金或物资优

势，我们在反贫困社会工作服务中的专业定位主要是让贫困群体能够理性认识自身贫困、提升有改变贫困的信心和决心，提升自我改变贫困的意识和能力，促进贫困改变。简言之，社会工作在反贫困中应以激发和调动贫困群体内生动力为主进行造血式扶贫。

我们在前期服务过程中发现，受长期政府主导扶贫模式的影响，尤其是“输血式”扶贫的影响，大多数贫困户已形成对政府扶贫的惯性或物质至上的偏好心理，对社会工作更多强调或提供的非物质扶贫存在一定的认可距离和排斥心理，进而影响了社会工作参与反贫困的实施过程和服务成效。在开展反贫困社会工作实践过程中，唯有明确自身的专业服务定位，才能确保任务完成。

### （四）利用好儿童的“桥梁”作用和学校的“阵地”作用，是反贫困社会工作的突破口

对于贫困村庄而言，在贫困群体看来，我们团队是外来力量。如何在较短时期内能够与贫困群体和村民打成一片，让我们成为他们信任的专业力量，是我们进驻村庄的重要考虑。短期内我们团队能够得到村民的信任和主动寻求帮助，得益于儿童“桥梁”作用和学校“阵地”作用的有效利用。我们在一开始将驻地社会工作者协调安排在村委会居住和工作，以村委会为驻扎和服务“阵地”，几周内发现很少有村民来找，也在入户走访贫困户时发现村民对驻地社会工作者依然缺少信任和求助。随后，我们协调驻地社会工作者入驻宋家庄小学，3 名驻地社会工作者同时也承担了该校英语、音乐、体育和美术课程教学，不仅让孩子们获得了全面的知识，同时通过教学环节和教师身份同同学们建立了熟悉而又信任的关系，驻地社会工作者以学校为“阵地”，利用儿童的“桥梁”作用深入贫困户家中，让村民对驻地社会工作多了份信任和了解，驻地社会工作者也慢慢成为贫困群体的倾诉者和求助者。面对群众对社会工作较低的认知度和政府在扶贫中的主体性支配，社会工作在参与农村反贫困过程中，应利用好儿童的“桥梁”作用和学校的“阵地”作用，以打开反贫困社会工作的突破口。

# 五、专业反思

近年来，社会工作参与贫困治理的实践越来越多，尤其在精准扶贫的过程中社会工作开展了大量的反贫困实践，为我国的减贫事业作出了较大的贡献。回顾和反思整个服务项目过程，结合目前我国社会工作在贫困治理中的实践做法，我们认为，社会工作在参与反贫困实践中，一方面，应适时调整和转换社会工作参与贫困治理的视角方可取得长远进步和更大减贫贡献，另一方面，应及时总结提炼社会工作参与贫困治理的实践框架。

## （一）社会工作参与贫困治理的视角转换

面对社会工作在贫困治理过程中存在的问题和未来社会贫困的发展方向，只有对社会工作参与贫困治理视角进行审视并适时转换，才能不断发挥社会工作在贫困治理中的优势和作用，提升社会工作在贫困治理中的服务应对能力。

### 1. 服务区域的视角转换：既重视农村贫困人口又要关注城市贫困人口和流动贫困人口

我国进行的精准扶贫主要是针对农村绝对贫困人口的脱贫攻坚，而对城市贫困问题和贫困人口缺少关注。在国家号召和推动下，社会工作参与地区贫困治理的扶贫实践也集中在广大农村贫困地区，尤其是以“三区三州”等深度贫困地区为主，同时因其项目制的运作方式，即使是在贫困农村开展的服务项目，也呈现出明显的集中化特征，这种集中化表现为：同一地区多家社会工作服务组织集中开展反贫困社会工作服务、同一地区同一社会工作服务组织不同服务项目的集中、同一地区同类社会工作服务项目的集中。因此，社会工作参与贫困治理实践在服务区域选择上具有明显的单一性和集中性，不仅呈现出集中在农村地区的特征，同时具有多家社会工作服务组织或同一社会工作服务组织的多种项目集中在同一贫困农村的典型特征。

当前，我们应该看到除农村贫困人口之外，还存在不小规模的城市贫困人口，如长期失业的贫困人口群体、残疾贫困人口群体、失独老人贫困群体等不同贫困群体，他们往往是城市的边缘贫困人口。除此之外，我们应改变当前从单一收入维度对贫困的定义和对贫困人口的识别，不能因城市贫困人口的收入高于农村贫困人口或因城市贫困群体有更多的救助制度或福利选择的机会，而忽略或轻视城市贫困问题，还应将贫困置于人类社会流动的时空视野，关注流动人口的贫困问题。这里的流动人口不仅指从农村流入城市的贫困人口，也指从某一城市流入其他城市的贫困人口。

所以，随着社会经济的发展和未来社会绝对贫困向相对贫困的转变，社会工作在参与社会治理过程中，在服务区域的选择和确定上，应该改变和走出单一的农村区域贫困的服务视角，不断从农村贫困向城市贫困人口和流动贫困人口进行服务区域的拓展，适时调整服务区域的视角转换。

2. 功能定位的视角转换：单一的补救功能到补救、预防和发展功能的综合

在政府部门的倡导下，社会工作参与贫困治理的实践或多或少带有帮助政府解决贫困问题，或补救政府在解决贫困问题过程中存在的问题，或帮助贫困人口解决贫困问题的作用，因而社会工作服务组织和扶贫社会工作者对其扶贫服务的功能定位主要以补救和解决功能为主，对社会工作服务对预防和发展功能的追求重视不够。社会工作的核心在于通过专业服务行动，同服务对象一起解决服务对象所遇到的问题，提升服务对象解决问题的能力，预防同类问题的出现，促进服务对象发展的能力。社会工作在功能定位上，不仅追求最基础的补救功能，更以预防功能和发展功能凸显其专业本色。

面对现代风险社会，基于贫困的不确定性和可变性，社会工作在参与贫困治理过程中，不仅要重视服务对象贫困问题的有效解决，同时要提高服务对象有效预防二次贫困发生的应对能力，激发服务对象潜能，推动服务对象主体的发展。也就是说，社会工作在参与贫困治理实践过程中，应坚守社会工作专业本色，在其专业服务的功能定位上，走出以补救功能（治疗功能）为主的单一视角，向预防功能和发展功能的多元定位进行视角转换。

3. 服务方法的视角转换：单一服务方法到整合性服务方法

社会工作作为一门艺术性的专业和职业，其艺术性主要表现在方法的艺术性。社会工作专业方法，包括以个案工作、小组工作和社区工作为代表的三大直接服务方法和以社会工作行政、社会工作督导、社会工作研究为主的间接服务方法。受国家对现有贫困村、贫困户识别的影响和贫困户在不同乡镇、村庄分布的分散性和趋少化，加之贫困地区村、镇分布的分散性，社会工作在参与贫困治理过程中，在服务方法使用上表现出两大缺陷性特征：一是在具体方法使用上以个案工作和小组工作为主，个案工作实践主要表现为对贫困户的个案救济、资源链接，小组工作实践主要表现在对“三留守”群体的支持性服务上，对社区工作方法的使用较少；二是在个案工作、小组工作和社区工作三大方法的使用上，主要是对某一方法进行单一使用，缺乏对不同服务方法在同一服务过程中的整合运用，即对社会工作服务方法的整合运用不够。

近年来，我国社会工作的发展中表现出对个案工作和小组工作方法的日益热衷，对社区工作方法的忽略和轻视，迈向“治疗化”和“去社会化”的趋势，西方也有学者批评主流社会工作背弃了自己的使命，成为“不忠心的天使”①。贫困具有复杂性，尤其是在致贫原因上，贫困也具有深刻的社会性。社会工作特别强调“人在情境中”的专业理念，要求社会工作者将服务对象放置在特有的社会情境之中，调适服务对象与不同情境之间的关系，促进服务对象的改变和发展。社会工作在参与贫困治理中也应将贫困对象放置于其所处的社会环境尤其是社区环境中，不仅看到其个体意义（个案工作）和群体意义（小组工作），也应看到服务对象所处社会（社区）对服务对象产生的整体意义（社区工作），更应看到个体意义、群体意义和社会（社区）意义之间的联系性和相互性。

因此，社会工作在参与贫困治理服务过程中，应转变以个案工作或小组工作为主的单一方法视角，改变对不同服务方法的割裂，关注贫困对象

① 古学斌：《农村社会工作理论与实践》，北京·社会科学文献出版社，2018 年版，第 177 页。

所处的社区和社会环境，运用宏观视野对个案工作、小组工作和社区工作服务方法进行整合运用，推动贫困个体改变、群体互助、社区发展。方法视角的转换即将以个案工作或小组工作为主的单一方法视角转换为对个案工作、小组工作和社区工作服务方法进行综合运用的整合视角。

4. 贫困内涵的视角转换：既重视绝对贫困又关注相对贫困

人类对贫困的认识经历了一个从狭义到广义、从绝对贫困到相对贫困的不断认识过程。人类在反贫困过程中，也多以短板原则和底层视角出发对绝对贫困人口进行反贫困实践。绝对贫困也一度作为不同国家和地区反贫困的起点和重点。我国自 2013 年开始实施的精准扶贫，要在 2020 年实现消除贫困人口的目标，主要是指消除绝对贫困。

受国家扶贫过程中以绝对贫困人口为主的扶贫理念、政策、实践影响（尤其是精准扶贫以“两不愁、三保障”为基础目标的贫困人口识别极其侧重绝对贫困）和我国社会工作发展中资源、人力、专业水平等多重因素影响，社会工作在参与贫困治理实践服务中也以农村地区绝对贫困人口为最主要的服务对象，对相对贫困人口的反贫困服务寥寥无几。诚然，这反映了社会工作专业服务选择上的底层视角，以最底层、最迫切需要社会工作服务的人群为第一面向。但我们同时需要注意，在社会整体经济水平不断发展的背景下，在社会工作专业日益成熟和发展壮大下，服务对象的扩大是社会工作的必然选择，也更能凸显社会工作专业的社会性。

不断扩大服务对象广度、提升服务内容深度是社会工作发展性的重要体现。随着社会经济发展水平的整体提高，2020 年政府消除绝对贫困目标的实现，面对贫困的复杂性和长期性，社会工作在贫困治理中应改变仅以绝对贫困人口为主要服务对象的单一视角，向既重视绝对贫困、又关注相对贫困的双向视角转变。社会工作既要关注低于贫困线的极端贫困群体，也要顾及高于贫困线但徘徊在贫困线附近的边缘贫困人群。

5. 贫困致因的视角转换：单一归因到综合分析

如同贫困的复杂性一样，人类对贫困原因的分析也经历了一个复杂的认识过程，从起初人类对贫困原因的单一归因到现在对贫困原因的综合分析。关于致贫原因的分析呈现两种不同的对立观点。一种是贫困的个体主义解释，认为贫困是个体造成的结果，如个体对贫困没有改变的意识、动力、努力和行动力。另一种是贫困的结构主义解释，认为贫困是因为社会结构的不合理、社会政策制度的不友好而产生的。两种对立观点都在致贫原因上有合理解释，但贫困致因具有复杂性，很多时候贫困是多种致因交织或综合作用的结果，并非某种单一归因能够对其清楚解释。正如我们前文对贫困致因的分析，贫困致因多种多样、错综复杂，整体上包括内在致贫因素和外在致贫因素。我们不仅应当看到个体改变贫困的意识、动力、能力和行动为主要维度的内在致贫因素，同时要侧重超越个体之上的结构因素、环境因素、文化价值观因素等外在致贫因素的综合分析。

无论是社会工作专业还是反贫困社会工作都极其关注对服务对象问题产生原因的分析，在“人在情境中”理念和生态系统理论的引导下，对服务对象个体及所处不同系统进行综合分析并调适服务对象和不同系统之间的关系，深度解决服务对象遇到的问题，推动服务对象的根本改变。社会工作在参与贫困治理中，要从贫困对象个体内在致贫因素和以结构因素、环境因素、文化价值因素为主的外在致贫因素两方面对致贫原因进行综合理性的分析，避免单一因素的错误归因。

6. 反贫困理论的视角转换：问题视角到优势视角

人类将贫困一直视为社会问题，无论是在对贫困致因的不同分析上还是对贫困问题的处理上，都将贫困和贫困人群视为一种问题，在贫困的处理上，主要以病态视角或问题视角看待贫困。这种传统的问题视角或病态视角把注意力集中在贫困对象的问题上，却忽略了贫困群体和贫困地区的优势，容易将贫困人群标签化，如把贫困看作是懒惰的结果，一提起贫困就会想到“老弱病残”等。与问题视角不同，优势视角强调，我们在看到贫困对象问题的同时，更应注意对贫困对象内在优势的挖掘和对贫困对象所处周边环境优势资源的开发运用。

社会工作相信每个人都有或多或少的优势和潜能，只是没有被发现、挖掘和利用。当人们长期处于困境和弱势地位时，很容易强化自己的问题和弱点，忽视自己的优势和潜能，充满无力感，抗逆力较弱。贫困个体亦是如此。因此，社会工作在参与贫困治理过程中，不仅要准确评估、发现贫困对象存在的问题，更要秉持优势视角，在与贫困对象的平等交流互动中帮助贫困对象发现、认识自己的优势和周边环境所拥有的优势资源，并利用自己的优势和所处环境的优势进而改变贫困。改变传统的问题视角，秉持优势视角要求反贫困社会工作者要充分开发、挖掘贫困对象的优势和潜能，让贫困对象看到自身优势，拥有改变的希望，减轻无力感，提升抗逆力，给予贫困对象相应的成员资格，促进贫困对象的脱贫能力建设。

7. 分析维度的视角转换：一般分析到差异化分析

西部地区集中了我国最多的贫困人口，加之民族地区主要集中在西部地区，因此其贫困问题具有复杂性，表现出致贫原因多样、多维贫困交织、贫困分布范围广、贫困程度深的明显特征。但我们应当看到，在不同时期、不同地区、不同人群上其贫困根源、贫困表现也有较大的差异性。社会工作者不能在反贫困过程中过多地对贫困对象带入其他反贫困服务中的经验认识，避免长期扶贫过程中的一般分析和程式化，坚守社会工作的个别化原则，全面认识不同贫困地区、不同贫困对象的差异。

因此，社会工作在参与贫困治理时，不能单纯依靠某一理论或某一地区的扶贫模式和经验对贫困地区和贫困群体作出简单的一般性分析并在其基础上开展服务，而要敏锐地觉察到不同贫困地区、不同贫困人群的个体差异、地域差异、群体差异和文化差异，注重差异化和个别化的扶贫方法，有针对性地开展反贫困社会工作服务。唯有如此，才能满足贫困群体的真正需要，保证反贫困社会工作的有效性和持续性，形成本土化和在地化的反贫困社会工作。

## （二）社会工作参与贫困治理的实践框架

贫困治理是一个复杂的、长期的过程，只有各类反贫困主体提升自己的参与水平和能力，协同参与，形成合力，才能有效提升贫困治理水平和治理能力，推动贫困问题的有效解决。基于贫困问题的复杂性和地域差异性，我们在此仅对社会工作参与贫困治理的实践性框架提出初步思考和建议。

1. 行动理念层面

社会工作作为一门实践性很强的专业和职业，行动理念对于社会工作服务行动起着先导的作用，引领着社会工作专业的服务方向和服务过程，也在很大程度上决定着社会工作专业的服务有效性和持续性，更是社会工作专业的魅力所在。社会工作在参与贫困治理实践中，以何种行动理念为指导，直接影响着社会工作参与贫困治理的逻辑进程和服务成效。在此，我们认为，社会工作在参与贫困治理实践中，除应坚守社会工作专业的基本服务理念之外，在实践中也应坚持从扶贫到防贫的行动理念、从直接服务贫困群体到间接服务贫困群体的有关系统的行动理念。

(1) 从“扶贫社会工作”到“防贫社会工作”的行动理念

社会工作专业从起源时就关注因工业化、城市化过程中出现的贫困问题，对贫困群体开展救济服务，在不断发展中才形成了不同的专业服务方法。我国社会工作在参与反贫困过程中，其实践带有明显的“扶贫”特征，而在“防贫”上做得不够。

“扶贫社会工作”明显地带有一些隐义。一是隐含着专业的被动性。“扶贫”更多是政府层面所使用的反贫困术语，具有一定的行政性和阶段性。“扶贫社会工作”的使用具有在政府反贫困主导下社会工作的补救参与意蕴，缺乏专业服务的主动性。二是隐含着服务对象的被动性。“扶贫社会工作”之“扶”带有明显的助人性，同时也隐含着服务对象的弱势性和被动性，反映社会工作专业本质的“自助性”和服务对象的“主体性”不够明显。三是隐含着社会工作过程的单向性。“扶贫社会工作”更具有“我来帮你解决贫困”的服务单向性，缺少了“我来帮你一起解决贫困”的服务双向互动性。另外，从现有社会工作参与贫困治理的实践来看，需求评估中缺少服务对象对自身贫困问题的认同、拟订解决方案时缺少服务对象的探讨、服务实施过程中缺少服务对象的主体参与、服务成效评估中缺少服务对象的主体维度考虑，明显呈现出“扶贫社会工作”的特征。

现代社会是一个风险社会，社会工作不仅应该致力于社会问题的解决，更应致力于如何预防社会问题的努力上。贫困问题就像肿瘤一般，社会工作除了需要去割除它，更应去预防它的再生，阻止它再生的基础。发展性社会工作更是要求社会工作者应该具备前瞻性，通过各种努力去预防新的社会问题和经常性社会问题的不断往复。社会工作作为应对、解决和预防社会问题的重要力量，应在贫困治理过程中，坚持“防贫社会工作”的行动理念，提升贫困群体、脱贫群体乃至广大群众对贫困风险的应对能力，增强服务对象的可持续生计能力，推动贫困群体之间、贫困群体和非贫困群体之间互助意识和互助能力的提升，真正减少和预防贫困的发生，从精准扶贫到精准防贫。

（2）从直接服务贫困群体到间接服务贫困群体有关系统的行动理念

社会工作专业的服务魅力在于对服务对象的服务提供上能够触及和调适与服务对象有关的且推动服务对象问题解决和能力发展的周围系统，这是社会工作服务的宏观视野和系统思维。社会工作所触及的贫困议题，直接面向为对贫困群体提供直接服务，但不应局限于贫困群体这一直接面向，而更应拓展并触及与直接服务贫困群体有关的间接服务贫困群体的有关系统。一般的间接服务贫困群体的有关系统包括扶贫政策系统、其他扶贫力量系统（政府、企业、社会组织）等。“用生命影响生命”是社会工作专业魅力的生动写照，但我们也有自身的专业局限，有些时候我们没有用“社会工作生命”直接影响“服务人群生命”的能力，但我们可以通过用“社会工作生命”影响“中间人（服务人群的有关系统）的生命”，再去影响“服务人群生命”，以实现专业目标。

因此，社会工作在参与贫困治理过程中，除应聚焦以贫困人群为主的服务对象之外，更应强化对贫困群体有关系统的间接服务的行动理念。如在贫困治理过程中，社会工作还可以对各类反贫困行政系统、各类民间反贫困组织等反贫困力量提供相关反贫困主题教育培训，也可以对实践过程中所发现的政策偏差、政策漏洞进行政策性建议，同时还可利用其专业需求评估优势，设计反贫困服务项目。这就要求反贫社会工作者要有宏观视野和系统思维，善于总结和发现反贫困中存在的政策、实践、人力优化等问题，及时拓展反贫困社会工作的空间领域，有效进入政府和其他反贫困组织在反贫困中“腾留”出的让渡空间，积极扩展政府和其他反贫困组织在反贫困中未触及的空白空间。

2. 目标策略层面

（1）社会工作参与贫困治理的整体目标

社会工作作为参与贫困治理的主体之一，有着同其他主体一致的目标导向，但又同其他治理主体存在差异，有着反映自身专业特性的目标导向。从整体上来看，社会工作参与贫困治理在目标上有异于政府的地方，基层政府在实施扶贫过程中主要以任务目标为导向，而社会工作则是以任务目标和发展目标为导向的双目标，既以贫困群体真正脱贫为任务目标，又以贫困群体脱贫能力、返贫风险应对能力的提升和发展为目标，真正实现社会工作专业“助人自助”的专业品性。

（2）社会工作在参与贫困治理的整体策略

社会工作在参与贫困治理过程中，应该清楚其专业优势和专业定位，在策略选择上应凸显社会工作的专业服务优势。整体上应坚持以唤醒贫困群体改变意识、链接贫困群体可用资源、增强贫困群体主体权能为主的服务策略。

一是唤醒贫困群体的改变意识。贫困是个体、社会和环境等不同作用的结果，贫困的改变应以贫困群体改变意识的形成和提升为前提。社会工作在参与贫困治理过程中，要以贫困群体为服务主体，更要以贫困群体为改变主体，改变贫困群体的被动心理和依赖心理，转变贫困群体“要我改变”的被动思维，唤醒贫困群体对自身贫困的认识和改变意识，消除贫困群体“贫困是命中注定的”非理性认识，树立并强化贫困群体“我要改变，我能改变”的理性信念和主动反贫困意识，增强贫困群体的改变能力。只有唤醒贫困群体对贫困的理性认识和改变意识，才能确保贫困群体的反贫困动力，实现社会工作服务过程的双向互动。

二是链接贫困群体的可用资源。社会工作专业的优势不在于专业自身掌握资源的多少，而在于社会工作资源链接的能力。贫困意味着“缺乏”或“匮乏”，改变贫困的难点也在于“缺乏”资源去推动贫困的改变。这种“缺乏”不仅包括资源本身的缺乏，也包括获取资源机会的缺乏。“在当代社会，贫困群体缺乏的有可能是生活资源、经济资源，也有可能是教育资源、医疗资源、文化资源以及社会资源，更有可能是获取资源的机会，比如就业机会、教育机会以及表达机会等。所有这些要素，都可以统称为资源增强贫困群体主体权能”①。贫困地区缺乏资源又隐藏着资源，社会工作在参与贫困治理过程中，要能够准确评估服务对象的需求、拥有资源和缺失资源，带动服务对象去挖掘和开发身边资源并链接、整合其他所需资源，解决服务对象资源缺失问题，提高服务对象资源挖掘、开发、整合、利用水平和能力。贫困不仅会限制想象，更会在长期贫困中忽视身边优势资源的存在。笔者 2016 年同一家社会工作服务组织前去甘肃的一个贫困村开展需求评估，看能为这个贫困村做些什么，当问及村民你们除了贫困有没有别的优势或资源的时候，基本上所有村民都说就这么一个穷地方哪有优势和资源。但在我们走访调研过程中，发现这个村庄周边生态环境很好，树木茂盛，花草遍地，发展蜜蜂养殖有着独特的自然优势，最后我们链接了中蜂蜂苗发放给村民，并组织专家对村民进行中蜂养殖技术培训，2016 年中蜂养殖户每户仅养蜂收入就平均增加了 6000 元。

三是增强贫困群体的主体权能。贫困的发生除个体原因之外也有着深刻的社会原因，单纯依靠贫困个体的改变和努力无法从根本上解决贫困问题。社会工作者在反贫困过程中，仅靠单一的社会工作实践远远无法应对复杂的贫困问题，必须将贫困个人层面的改变和社会层面的改善进行结合，用整合的模式开展反贫困服务。这就要求社会工作在参与贫困治理中运用增能视角，开展贫困群体的增能社会工作服务。贫困群体的增能社会工作服务核心在于帮助服务对象学会掌控自己的生活环境，实现自己的生活目标，最大化地挖掘自己的生活潜能。贫困群体的增能社会工作服务要求社会工作者扮演协同者的角色，并且在反贫困过程中从三个层面对服务对象进行增能：首先应从个人层面减轻或消除因贫困带给贫困对象的负面影响，如贫困污名化，提升贫困个体的环境应对能力、增强贫困个体改变贫困的方向感和自信心。其次是从人际层面帮助贫困个体之间建立相互支持的关系，通过彼此的互动、分享和互助，培养集体的社会身份，拓展贫

① 刘斌志、吕静淑：《精准扶贫社会工作者的能力建设：核心能力及其培育策略》，载《西华大学学报（哲学社会科学版）》2018 年第 3 期，第 35 页。

困群体问题解决的视野。最后是从政治层面让贫困群体在集体实践中培养和加强集体的社会身份①。

3. 服务领域层面

针对当前贫困现实，我们认为，社会工作在参与贫困治理过程中，应在以下领域（人群）开展主要的反贫实践。

（1）贫困地区教育

正如前文所说，贫困文化和文化贫困都将阻碍贫困的改变，而文化的贫困主要体现在贫困个体的教育水平上。人类长期的反贫困实践也再次证明，教育是阻断贫困代际传递的最有效途径。西部地区尤其是西部偏远民族地区，尽管近年来在教育基础设施上有了明显改善，但贫困地区教育也面临着一些现实问题。一是很多贫困地区和贫困家庭，轻视教育，对子女的教育重视度远远不够，义务教育阶段（尤其是初中）的实际辍学率较高。这种现象在西部民族地区尤为明显，地区性的整体性辍学较为常见。尽管教育部门也付出了很多努力，劝返了很多辍学学生，但个别贫困地区实际辍学率仍居高不下。2018 年，有领导在去某县一所中学检查辍学情况时，发现每个教室都坐着几个怀孕的“女学生”，这些“女学生”还处于义务教育年龄段，她们是在上级领导检查前学校老师前去辍学家庭劝返回来应付检查的，我们可以看到这不只是简单的辍学率之高，早婚早育现象也极其严重。二是受撤点并校的影响，出现了贫困地区教育分化和教育成本上升的趋势。农村地区撤点并校的结果是农村小学数量急剧减少，并且农村小学在校学生人数少之又少，并以贫困家庭和特殊家庭学生为主，有些学校学生人数不及老师人数，维持个位数多年，大多学生已转至县城求学，引发了大量的陪读现象，也增加了求学的成本，同时农村学校和县城学校教师水平差距明显，教育分化和成本上升趋势越加明显。

因此，社会工作在参与贫困治理实践中，应从贫困地区和贫困家庭的教育入手，重视对贫困家庭的教育服务。社会工作在贫困地区教育服务中应以贫困家庭和学校为服务载体，积极发挥学校社会工作优势，利用反贫

① 童敏：《社会工作理论》，北京·社会科学文献出版社，2019 年版，第 459—476 页。

困社会工作和学校社会工作的合力作用，助力贫困家庭教育理念转变，提高贫困家庭对子女教育的重视度，加强贫困家庭在农就读学生、转城学生、陪读群体的心理建设和教育资源引入，助推贫困家庭子女教育发展，阻断贫困的代际传递。

（2）贫困地区特殊人群

社会工作专业从开始就以弱势人群为主要服务对象。贫困地区大多受地形、气候和环境的影响，外出务工人员较多，很多贫困农村为留守村、空心村，“三留守”群体极为普遍。2017 年底，全国农村留守儿童达 697 万人，在排名前 7 位的省区中，西部地区就有四川和贵州两省，其中四川留守儿童数量是我国最多的省，多达 76.5 万，贵州多达 56.3 万。贫困家庭留守儿童在贫困和亲情缺失的双重影响下，呈现出更多的心理问题和服务需求。在贫困地区留守儿童服务上，社会工作应尤其注意将家庭为主的隔代教育和以学校为场域的学校社会工作进行结合开展留守儿童、候鸟儿童的关怀服务。西部地区不仅留守儿童数量多，留守老人和留守妇女也有很大的群体规模。社会工作在参与贫困治理过程中，应该以“三留守”群体为重点服务人群，运用优势视角和增能视角，推动贫困地区“三留守”群体的心理建设、精神慰藉、互助支持和生活质量，真正推动底层人群需要的实现。同时社会工作在反贫困服务中，要聚焦因病致贫、因残致贫等特殊长期贫困的家庭，发挥社会工作资源链接优势，为其提供持续的资源对接和康复社会工作服务。

（3）易地扶贫搬迁服务

因为深度贫困地区的特殊环境，近年来，国家在精准扶贫过程中实施了大量的易地扶贫搬迁工程。易地扶贫搬迁也成为偏远贫困地区扶贫的有效手段和主要选择。易地扶贫搬迁让贫困村、贫困户远离了曾经“偏远的角落”，搬迁后村容村貌、居住形态、公共基础建设等方面发生了巨大变化，但我们也应当看到易地扶贫搬迁户也面临着整体性搬迁和向城郊搬迁带来的生产、生活、环境等方面的适应性问题，尤其是有些贫困县一次性将贫困户从深山老林等“偏远角落”直接搬迁到县城附近的“现代化”闲置楼盘里，这种城郊化搬迁当没有带来村民收入的增长时可能使他们成为城市底层人口或城郊底层人口，给贫困户带来易地搬迁后的二次伤害或更深层次的贫困以及对比之后更为严重的贫困感。因此，社会工作在参与贫困治理过程中，要根据易地扶贫搬迁的不同情况，对易地扶贫搬迁贫困户提供有针对性的服务，包括易地搬迁前的发展性评估、搬迁过程中的动员服务、搬迁后的适应性服务以及相关就业服务等。政府应通过加大购买社会工作服务项目，在易地扶贫搬迁安置点设立社会工作服务站，开展驻地社会工作服务。

4. *自身能力层面*

因为社会工作专业和社会工作专业服务组织在我国发展时间较短、反贫困经验不足，使得社会工作在参与贫困治理时表现出专业性不强、反贫困成效不高的问题。为此，社会工作服务组织和社会工作者应加强自身能力建设，提高社会工作参与贫困治理的专业服务能力。就社会工作服务组织而言，应在加强组织管理水平、组织运营水平和组织规范化上下功夫，提升机构的可持续发展水平和能力。就社会工作者而言，应在以下方面加强自身能力建设：对贫困群体经济社会生活情况和需求的了解能力；知晓扶贫政策，系统了解已有扶贫实践和经验并同现行扶贫系统的合作能力；不断学习扶贫开发知识，重视社会工作本土化、本地化的能力；对贫困地区文化的了解能力；加强与反贫困相关的专业实习，增强参与农村反贫困的适应能力①。

基于农村贫困问题的制度性、结构性、文化性特征，社会工作者在参与贫困治理过程中尤其要强化三个方面的能力：一是综合理解农村贫困问题的能力。要综合理解农村的贫困问题，社会工作者需要同政府系统相关部门、其他社会力量进行合作，在合作基础上采用综合的方法持续地介入贫困群体。二是跨文化的能力。一方面要了解贫困农村地区、贫困群体的生存方式和生活方式，理解他们的文化；另一方面要理解已有反贫困系统的工作方式。三是坚持和妥协的能力。社会工作参与反贫困特别是在面对

---

① 王思斌：《精准扶贫的社会工作参与——兼论实践型精准扶贫》，载《中国社会工作》2016年第3期，第5页。

深度贫困时，需要价值观上的坚守和工作上的坚持。要对本土性的非专业的反贫困实践做法进行适当妥协，才能使社会工作力量真正进入或嵌入反贫困系统和不同领域①。

我们认为，社会工作参与反贫困能力的提升，要求社会工作者具备多元社会工作学科知识，特别是通过发展性社会工作、金融社会工作、农村社会工作、绿色社会工作的综合运用和整合能力，形成反贫困社会工作的合力，大力开展以社区为本的反贫困社会工作。正如古学斌所说："社会工作参与农村减贫，不只是为贫困者提供物质救助，也不是简单地帮助贫困者增加收入，提高消费水平，因为贫穷不仅表现为物质层面收入——消费水平的不足，也表现为社区层面社会文化的贫乏和生态致贫等，因此，社工更应该致力于探寻贫困的社会文化根源并大力推动社区减贫。"②

5. 制度建设层面

社会工作作为社会福利制度的传递体系，不仅是一种道德性实践，更是一种政治性实践。社会工作参与贫困治理的广度和深度不仅受专业服务水平和能力的影响，也与其所处的外在环境有关，尤其是外在制度环境。在我国，社会工作参与贫困治理的制度建设较为缺失，使得社会工作在参与贫困治理过程中平台较少、渠道狭窄。因此，在坚守反贫困社会工作实践的同时，社会工作教育界、实务界需要发声呼吁顶层制定强有力的系列制度，让社会工作参与贫困治理拥有实质的制度基础。在制度建设上，尤其应建立健全社会工作参与贫困治理的引入制度、激励制度、保障制度等，不仅为社会工作提供合法合理的反贫困空间，更应为其提供持续的服务保障。同时，要继续推进并完善政府购买社会工作服务制度建设，规避项目制运作中出现的漏洞及风险，真正形成社会工作参与贫困治理的长效机制，让社会工作能够在贫困治理中持续发力、长效高效服务。

---

① 王思斌：《社会工作要增强参与反贫困的能力》，载《中国社会工作》2017 年第 10 期，第 61 页。

② 古学斌：《农村社会工作理论与实践》，北京·社会科学文献出版社，2018 年版，第 177 页。

**参考文献：**

［1］古学斌．农村社会工作理论与实践［M］．北京：社会科学文献出版社，2018.

［2］童敏．社会工作理论［M］．北京：社会科学文献出版社，2019.

［3］中民．发展社会工作，助力扶贫济困［J］．中国民政，2016（7）：33.

［4］王思斌．精准扶贫的社会工作参与——兼论实践型精准扶贫［J］．社会工作，2016（3）：3-9.

［5］王思斌．社会工作要增强参与反贫困的能力［J］．中国社会工作，2017（10）：61.

［6］刘斌志，吕静淑．精准扶贫社会工作者的能力建设：核心能力及其培育策略［J］．西华大学学报（哲学社会科学版），2018（3）：30-39.

# 从文化寻迹中开出自信之花

## ——儿童为本的社会工作教育扶贫实践探索

邱振铭　李月　张勇　朱雨欣

（四川农业大学）

## 一、社会工作参与精准扶贫

贫困问题由多方面的因素共同作用，解决贫困问题是党和国家高度关注的民生与社会发展问题。随着我国综合实力的不断提升，党中央、国务院对脱贫攻坚进行了强有力的推动并出台了一系列的政策、意见和决定。2015 年 11 月，发布《中共中央 国务院关于打赢脱贫攻坚战的决定》（以下称简称《决定》），脱贫攻坚已经成为全国性的战略行动。扶贫开发、脱贫攻坚是系统工程，需要认真谋划和推动，需要各方有效参与。《决定》指出，要实施扶贫志愿者行动计划和社会工作专业人才服务贫困地区计划。社会工作在精准扶贫、脱贫攻坚中能发挥独特的功能，这缘于社会工作的基本角色和功能，源自社会工作与精准扶贫具有同构性[1]。社会工作参与精准扶贫、脱贫攻坚的讨论在学界因着中央的决策变得非常丰富，不同的研究者从不同的角度和切入点，系统分析了社会工作在精准扶贫中的功能与优势，亦有学者从具体的实践中反思社会工作在精准扶贫中的机制和路径，讨论不同的社会工作实践模式在不同的贫困地区、针对不同贫困群体的运用。于是在众多参与扶贫的力量中，社会工作也开始崭露头角。

为了实现 2020 年全面脱贫的目标，全党全国全社会铆足了劲，攻坚克难，动员各方资源和力量。在这个新形势、新背景之下，社会工作参与脱贫攻坚也显得越发迫切，由民政部联合其他部委发布的系列文件中，对社会工作参与精准扶贫提出了明确的要求。2017 年民政部、财政部、国务院扶贫办发布《关于支持社会工作专业力量参与脱贫攻坚的指导意见》，同年 11 月，民政部、国务院扶贫办联合制定了《社会工作教育对口扶贫计划实施方案》。因为社会工作与精准扶贫的同构性，在脱贫攻坚中能以其独特的专业性发挥重要的作用，同时也对社会工作提出更高的要求。新阶段脱贫攻坚为中国的社会工作提出了迫切的专业使命并提供了重要的工作平台，对社会工作的发展具有积极意义。这样也需要重新审视社会工作的传统知识体系，在脱贫攻坚的具体情境中，如何从社会发展和可持续发展视角提出社会工作理论与实务模式将成为新的讨论议题[2]。不同的研究者亦从不同的视角对社会工作参与精准扶贫有不同的论述。解决贫困地区、贫困人口的贫困问题，国家提出了“两不愁，三保障”的基本政策。物质或经济层面的脱贫相对容易实现，这也是传统扶贫工作中常用的手段和方式。回顾早前的扶贫工作，国家和地方实际投入多、有效产出少，即时成效明显，长久效果不佳。须知，社会工作参与精准扶贫并不在于物质的扶贫，不是单纯的“数字脱贫”或是“硬件脱贫”，重点在于“人的建设”，是能力建设的过程[3]。贫困地区人们的生活问题、住房问题、医疗问题和教育问题等基本需要的问题要解决，实现不愁吃、不愁穿，住房安全、基本医疗和义务教育有保障，同时要培力当地的困难群众，激发其内生力量，实现个人、家庭、社区的可持续发展，实现真正的脱贫致富。在精准扶贫过程中转变传统的扶贫观念和方式，避免因物质扶贫而导致部分困难群众出现“等靠要”的思想，将扶贫与扶智、扶贫和扶志相结合。

为落实党的十九大精神，进一步贯彻民政部、国务院扶贫办提出的“实施社会工作教育对口扶贫计划”要求，全国社会工作专业学位研究生教育指导委员会、中国社会工作教育协会于 2017 年 12 月联合启动“中国社会工作教育百校对口扶贫计划”，鼓励高校社会工作专业师生深入贫困地区，利用专业知识精准扶贫，113 所高校将对口援助 77 个国家级贫困县。该计划的启动实施，是新时代贯彻落实党的十九大精神，在脱贫攻坚中发挥社会工作专业教育作用，推动贫困地区社会发展，缩小社会工作教育区域差距，夯实社会工作发展基础的关键举措。同年，中共中央办公厅和国务院办公厅印发《关于支持深度贫困地区脱贫攻坚的实施意见》，为响应中央重点支持“三区三州”脱贫攻坚的文件要求，中国社会工作教育协会协同相关高校积极探讨社会工作教育对口扶贫路径和模式，动员高校社会工作专业师生深入贫困地区开展专业服务。

自 2017 年启动中国社会工作教育百校对口扶贫计划以来，参与精准扶贫的高校越来越多，服务经验越来越丰富。2018 年，中国社会工作教育协会协同江西、安徽和云南三地的高校，在中央财政专项资金的支持下开展社会工作教育对口扶贫服务示范项目，动员多所高校近 500 名社工专业师生，对口 15 个国家级贫困县，实施对口扶贫项目，开展社会工作专业服务，累计服务 4903 人次。2019 年，为回应中央重点支持“三区三州”脱贫攻坚的相关要求，中国社会工作教育协会组织协调相关高校社工系在四川、甘肃和西藏三地开展社会工作教育对口扶贫服务示范项目。社会工作参与精准扶贫的工作有序推进并取得一定的成效，高校社会工作专业的师生亦在项目实践过程中有积累与沉淀，有助于社会工作本土化的发展。

社会工作在精准扶贫中的作用、机制已经有很多的讨论和分析，作为具体的社会工作教育扶贫项目该如何组织、开展与实施，在参与精准扶贫的过程中，社会工作可以发挥的作用和优势在哪？这样的讨论需要在实践中进行，通过实践-反思-再实践的过程形成社会工作教育扶贫的理论与实践知识。本文尝试以中国社会工作教育协会组织实施，中央财政专项资金支持的雷波县困境儿童社会工作服务示范项目为依托，探索儿童为本的社会工作教育扶贫实践，梳理实践经验，在文化寻迹中呈现彝族村落儿童的个人自信和文化自信，帮助儿童树立未来生活的目标，实现助人自助，能力培育，扶贫与扶智、扶志相结合。

## 二、项目实施地的基本情况

2019 年，中国社会工作教育协会获得中央财政专项资金支持的服务示范项目落地在四川省凉山彝族自治州雷波县，具体的项目实施地为雷波县马湖乡三个彝族村落，分别是大水井村、唐家山村和大杉坪村。凉山彝族自治州位于四川省西南部，北起大渡河与雅安市、甘孜藏族自治州接壤，南至金沙江与云南省相望，东邻云南省昭通市和四川省宜宾市、乐山市，西连甘孜藏族自治州。地势西北高，东南低，北部高，南部低，全州面积6.04万平方千米，下辖1个县级市，15个县，1个自治县。凉山州是全国最大的彝族聚居区，是四川省民族类别和少数民族人口最多的地区，自古就是通往祖国西南边陲的重要通道，亦是古时“南方丝绸之路”的必经之地。雷波县，位于四川省西南边缘、凉山州东部、金沙江下游北岸，东南隔江与云南省永善县相望，北与宜宾、乐山地区相邻，西接美姑县，西南紧连昭觉县、金阳县，总面积2838平方千米。作为国家级贫困县，是国家扶贫开发重点县之一。同时，雷波县也是国家级生态县，具有“中国彝族民歌之乡”“中国优质脐橙第一县”“全国食品行业农产品品牌建设示范县”等称号。县内旅游资源品种繁多，自然资源较为丰富，东有省级风景名胜区、省级地质公园、全国第三大高山深水湖泊马湖；南有百里画廊金沙江大峡谷；西有27万亩连片大草原；北有大熊猫在世界上最南端的栖息地麻咪泽省级自然保护区和原始森林。主要的人文旅游资源有彝族文化、民歌文化、三国孟获文化。

马湖乡位于雷波县东北部，离城45千米，全乡面积90平方千米，现辖马湖、唐家山、大杉坪、大水井、鲶鱼堡、东升、中山、菖蒲、方竹、荆竹10个行政村，其中3个彝族村，42个村民小组，1942户，9898人，境内彝汉杂居，民风淳朴、环境清幽。当地主要的农产品有莼菜、枇杷、砂仁、脐橙和青菜。因当地水质优良，适合莼菜种植和生产，在农业专家的指导下成为扶贫开发的经济作物之一。马湖乡与黄琅镇之间有马湖，为四川省级风景名胜区、省级地质公园，它是全国第三大高山深水湖泊，也是四川四大天然湖泊之一，湖面南北长5.5千米，东西宽2.5千米，面积7.33平方千米，最深处134米，平均水深66米，蓄水4.81亿立方米。马湖水终年不干，水位稳定。湖面海拔1100米，是小凉山高山峡谷地带中的一个天然淡水湖泊。早年的马湖乡主要为汉族居住地，在2003年前后，因为种种原因，有部分彝族居民从原址搬迁安置在马湖乡，成为该乡现今的3个彝族村。村中的长者是易地搬迁安置的见证者，离开原本熟悉的生活环境，来到一个陌生的新环境，需要重新开始，对他们存在不少的挑战，对原本生活在马湖乡的当地群众而言也带来一定的困扰。彝族有自己的语言、文字，过去也有自己的治理模式和等级结构，因为观念、习俗的差异，在新环境中难免会有冲突和争议，马湖当地的原住民也对搬迁安置的彝族居民有排斥，拒绝与他们来往。这其中的原因不是本文要探讨的重点，这是民族文化、生活方式、礼仪习俗的不同所造成的结果。今天再看两者的关系已经有了很好的调和，但其中还是会存在一定程度的张力。只不过经过这十来年的适应，安置于此的彝族居民慢慢在转变，虽然不是 3 个彝族村的居民聚集在一起生活，但他们都保持着彝族人自有的生活方式，同时也在调整自己的步调，适应新的环境变化。对于搬迁安置后的新生代彝族居民，马湖就是他们的出生地，这里就是他们唯一的家，他们不像父辈或祖父辈经历搬迁安置，需要内外调适，他们可以享受上辈人所创造的，所接受的就是上辈人所传承的，在他们中间依旧保留着传统的习俗和文化，只是这习俗和文化经历变迁，遭遇主流文化的冲击，多少会有变化，也许它已经变了味道，正如村中有的年长者所说，“我们所传承的已不再是原汁原味”。即使是这样，依旧希望这文化被传承，在璀璨的民族文化中留有一席之地。

四川省是一个人口流动大省，也是劳动力输出大省之一，对于凉山州、雷波县抑或马湖乡，劳动力的输出都占有一定比例。而在彝族的家庭中，多子女是非常普遍的现象，只有 1 个孩子的家庭几乎没有，2 个孩子的家庭也少见，3 个孩子的家庭是正常，4 个或以上孩子的家庭是平常。在项目落地前期的走访过程中，走进村里，看到的孩子多半是大带小，手牵手。常常会看见一个十来岁的孩子手里牵着一个弟弟或妹妹，怀里抱着或背上背着一个弟弟或妹妹。多子女家庭中，孩子的照顾、教育、安全等问题都需要关注，他们正处于成长的关键时期，但因为家庭经济困难的原因或者家庭成员（主要监护人）个人的原因，如违法犯罪被判入狱、吸毒隔离等就会造成他们的成长困境。据不完全数据统计，截至 2013 年凉山州困境儿童数高达 25000 人，2018 年官方数据显示全州有 7000 余名孤儿。雷波县 2019 年官方数据显示全县共有特殊困难儿童 1049 名，失去父母的孤儿253名。马湖乡全乡享受农村低保的有426户，合计1470人，这426户中有一定数量的彝族居民和彝族儿童。困境儿童的保障内容不仅在生活方面，也包含卫生健康、教育和安全等方面的内容，由于缺少良好的家庭环境和家庭教育，对不少困境儿童而言，学校就是其成长发展最重要的场所之一。马湖乡中心校是全乡唯一的一所完全小学，学校创办于1953年，占地面积8894平方米。中心校现有19个教学班，在校学生1050人，其中寄宿制学生190人，教职工42人，生源来自全乡10个行政村的学龄儿童，彝汉儿童在一起共同学习和生活，但是因为彝族儿童从小受教育的程度和水平较低，他们中的不少人和同班同学相比年龄都要偏大，而且学习能力相对较弱。学校除了小学教育外，为了回应各村幼儿教育的需要，在部分村落附设了8个幼儿教学点，幼儿辅导员34人，学生497人，其中的彝族幼儿因不会讲普通话，需要有会说彝语的老师开展教学，所以在3个彝族村中均建有各自的幼儿教学点，并且聘请会说彝语的幼儿教师，这些专门的幼儿教师中有的是当地的返乡大学生。

中央财政专项资金支持的项目落地马湖乡，与前期的工作息息相关。总体来说有两方面的因素：首先，2017年底中国社会工作教育协会在四川成都启动“中国社会工作教育百校对口扶贫计划”并确定第一批参与高校名单，2018年初安徽、江西、云南、四川等省高校分别依托在地资源申请中央财政专项资金项目并在对口支援地区开展服务。四川部分高校在联合国儿童基金会的资助和民政部、四川省民政厅、中国社会工作教育协会的指导支持下，于凉山州雷波县和美姑县开展社会工作教育扶贫工作。四川农业大学社会工作系参与了前期的筹备工作以及之后试点项目的具体实施，委派了一名驻校社工进入马湖乡中心校，开展了为期一年的学校社会工作服务，为之后的央财项目奠定了基础。其次，四川农业大学作为一所以农业为主的综合性院校，在农业产业扶贫方面能发挥重要的功能，雷波县亦是学校对口支援扶贫的贫困县。在2018年雷波县困境儿童社会工作服务试点项目落点马湖乡时，四川农业大学新农村发展研究院以及学校部分农业专家已经在马湖乡有一定的工作基础，同时学校领导高度重视马湖乡的扶贫工作，校领导多次前往实地调研考察并派驻了一名干部挂职其中一个彝族村的第一书记。产业扶贫、技术扶贫和社会工作教育扶贫，经济发展、技术提升和社会资本建设，因着学校内部资源与优势的共享与整合，成为一种创新方式，这是一次跨专业的团队合作，实现了精准扶贫的多方参与。

马湖乡 3 个彝族村作为项目实施地意义重大，一方面，既回应中央对“三区三州”脱贫攻坚的重视，切实解决扶贫与扶志、扶智相结合的问题，以培力增能为核心，激发在地群众的内生力，实现脱真贫、真脱贫；另一方面，以彝族村作为切入点，也是社会工作对民族议题以及和民族相关的扶贫问题的回应，前文已经提到社会工作教育扶贫的关键在于人，是个人及家庭能力建设的过程。项目以困境儿童为服务对象，拓展到他们的家庭和社区，以彝族特色文化为媒介，协助儿童重新认识自己的民族文化，发现彝族文化之美，发扬继承文化传统，在这个过程中重塑儿童的文化认同与归属，绽放自信之花。

## 三、儿童为本的服务行动框架

社会工作教育扶贫是高校社会工作专业、社会工作服务机构以及其他相关部门共同发力的一项工作，在项目设计中有如下几点考虑：首先，通过对贫困地区“三留守”人员和贫困家庭开展直接服务，满足其社会心理服务需求，解决个人所面临的问题，发掘服务对象脱贫和发展的内生动力；其次，通过对相关人员开展社会工作专业培训，帮助提升当地社会工作教育水平，以专业教育促进贫困地区专业服务发展，项目始终有周期会结束，服务的传承与发展需要有在地的组织可以接续，亦是在地内生力量的表现之一；再次，通过组织社会工作专业师生深入一线开展服务，培养、支持与陪伴在地反贫困社会工作专业人才，促进当地社会组织的发展；最后，作为教育扶贫服务试点，形成教育对口扶贫服务模式，为下一步更大规模地推广实施夯实基础。不同的贫困地区、不同的问题、不同的对象，具体的项目设计和实施策略也不尽相同，需要因地制宜，结合实际情况进行设计，以保证服务的效果。

雷波县困境儿童社会工作服务示范项目是以儿童为本，关注儿童个体及其家庭和村落，综合运用社会工作的专业方法，开展个案咨询与辅导、小组工作和能力建设以及社区动员和社区活动，整合在地资源，与当地党委政府、学校、其他组织协同配合，以期实现跨专业的合作，多方参与的工作模式。前文已经介绍了雷波项目落地马湖乡的主要影响因素，不同专业的合作、信息的共享、资源的联动，促进精准扶贫更精准聚焦，充分发挥各方力量的优势，以产生最大的效能。从个体到社区，由点到面，纵横联结，形成相互交错并作用的网络，突破传统服务中参与主体单一性、服务内容局限性等问题，最终实现个人、家庭、社区的全面协同发展。脱贫攻坚战是一场全员参与的系统性战役，社会工作作为其中一支力量并不是单打独斗、独自作战，一方面需要与不同的扶贫力量相互配合、相互协作、互利共赢；另一方面需要充分发挥社会工作的专业优势，整合链接各方资源，支持扶贫对象，解决其身心灵社等方面的问题，实现助人自助。社会工作介入精准扶贫的核心在于对“人”的支持，以人为本是扶贫过程中极为重要的理念。在过去的扶贫经验中，面对贫困人群时常常关注的是他们的问题在哪，采取的是“问题模式”的分析介入策略，忽视了他们自身及其家庭和社区所具有的资源、优势与能力，所以社会工作参与精准扶贫重在改变传统扶贫过程中所采取的“问题模式”，转化以问题为导向的分析与介入视角，积极从“优势”和“资产”的角度，看待贫困人群，挖掘其个人、家庭和社区的资源和潜能，达到扶贫的精准有效及可持续发展。本服务案例中，社会工作者以彝族儿童为主体进行介入，针对当地儿童开展意识提升和能力建设等服务，从彝族的传统文化入手，协助他们探寻民族文化的特色，重新认识彝族文化的丰富和内涵，组织动员儿童参与文化保育与传承，进而带动家庭、社区的参与，链接当地政府、村委会、学校、民间艺人及社会其他资源，形成个人-家庭-学校/村落的全方位介入体系，搭建跨专业合作，多方参与的工作模式。

项目团队通过前期深入评估马湖乡 3 个彝族村落（大水井村、唐家山村和大杉坪村）的实际情况，设计了系统完整的服务方案，为当地儿童及其家庭、各村村民提供包括需求评估、家庭探访、儿童课堂、社区活动、

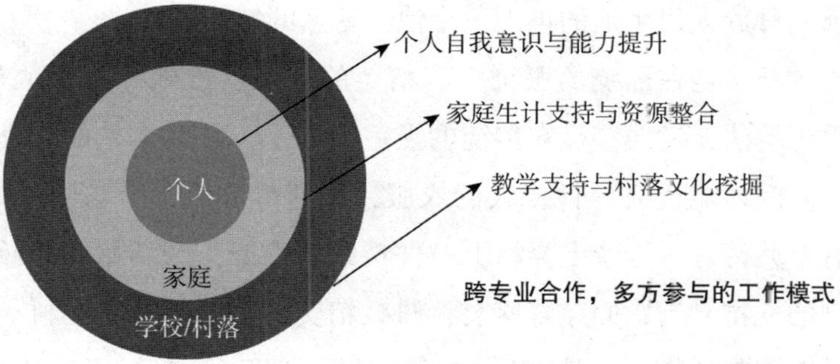


**图 1　个人-家庭-村落的全方位介入**

扶贫教育、卫生宣传、生计发展、心理辅导等多种形式的服务内容。最终，项目团队共完成入户需求评估 300 份，针对 3 个彝族村的儿童及其家庭成员开展个案咨询与辅导 812 人次，结合彝族文化特色开展不同主题的小组 6 个，合计 50 余节次；开展大型社区活动 10 次，在当地形成较大的影响力，服务受到乡政府及村“两委”的肯定与好评，3 个村落儿童的变化明显，不仅是个人的卫生习惯得到改善，也明显地看到儿童能力的提升和对人、事物态度的转变。儿童的显著变化基于服务设计的理念，转变过往的“问题模式”，从“优势”和“资产”的角度出发，挖掘并激发儿童自身的潜能，探寻当地的民族文化，增强文化认同，提升文化自信。在实际的服务中，以彝族漆器和彝绣为突破口，重现彝族文化的经典，协助他们重拾民族精华，展现民族魅力。

## 四、服务的具体内容及成效

当服务方向朝着漆器和彝绣发展的时候，孩子们并不清楚接下来会发生什么事，甚至他们也没有想到最后会收到意想不到的结果。这个过程是曲折而美丽的，这个过程也是艰难而快乐的。在大杉坪村的新村委会办公楼旁有一间专门的民间工艺室，那是漆器老师和彝绣老师的工作室，也是项目团队对漆器、彝绣最初的幻想。看着工作室里摆放的各种漆器物件，以彝族传统的黑、红、黄三色，配以石粉调和的漆，成就了一件件精致的作品，它不仅是一件件可以欣赏的艺术品，更是一件件可以使用的日用品，这就是彝族人民生活的再现，是他们智慧的结晶。

彝绣的精华全在传统的服饰上，精美的线条、恰到好处的颜色搭配、别致的手工绣法，针线穿梭在传统的黑色布料上，技艺娴熟的妇女也需要花上不少时间才能绣完一件成人的衣服，而这件衣服却有着特别的含义。若是家有女儿待嫁，母亲定会绣上一件精致的衣服作为新娘的嫁妆，那是一份特别的礼物。当她们穿着盛装，佩戴精美的头饰，聚集在村委会的广场上，随着响起的音乐，跳起达体舞的时候，那真是美！无论年龄大小，每个人的衣服都显得那样别致，那样与众不同。虽然市场上会有机器缝制的衣服，但村里的妈妈们还是喜欢围坐在村头的大树下，一边拉家常，一边绣衣服。第一次在村头大树下遇见她们，就让我们羡慕不已，惊叹这独特的绣法和手艺。这些妈妈们不管是年轻的还是年长的，不急不慢地绣着自己手中的衣服，有的人会停下来哄哄身边玩耍的孩子，有的人会抬头看看走过的陌生人，农闲时节，不管风里雨里，针线都穿梭在她们的手里。

在走访并熟悉村落的过程中，一方面发现了村里丰富的传统文化资源，另一方面又犯难：如何可以让村里的儿童对这些传统工艺有兴趣？当我们与他们接触的时候，他们似乎对外来人以及外来的新鲜东西更感兴趣，比如大学生志愿者们以及他们的手机和其中的游戏。儿童的天性里就有好玩耍的成分，如何在玩的过程中让他们对本民族的文化有新的认识，成了我们工作的要点。也就是在和他们玩的过程中，我们发现他们虽然爱玩，但是也有自己的喜好和坚持，他们中的不少人爱唱歌、爱跳舞，达体舞是音乐响起就能跳的舞蹈，哪怕是很小的孩子，也能很快地融入。也许他们对我们所稀奇的漆器和彝绣觉得习以为常，正是在这种习以为常里容易忽视它的独特和价值。当我们提出要和他们一起来尝试制作漆器和彝绣作品时，他们表现出相当高的热情，不过整个过程却是非常的艰辛，坚持到最后才收到了意想不到的结果。服务过程中社会工作者与当地儿童同步参与，从最初的关系建立到最后的服务收尾，循序渐进、有序进行，虽然过程曲折艰辛，但是结果却美好欣慰。由此可见，文化资源是一种梯度差异的存在。漆器和彝绣是一种更为艰辛的生计方式和工艺存在，而歌舞是一种更容易产生互动的艺术存在。社工必须由易入难，先建构互动情境，才能促进融入，进而推进服务的深入。

## （一）服务内容

以儿童为主体的服务设计，对社会工作者也有相应的要求，服务中社会工作者集思广益、团结协作，利用专业所学，综合运用个案工作、小组工作、社区工作等专业方法，围绕彝族文化特色，组织动员儿童进行村落文化探寻，了解彝族文化内涵，重新认识并欣赏彝族文化魅力，学习并制作漆器、彝绣等彝族传统手工艺品，建立文化归属与信心。

1. 跟随儿童的脚步，感受他们的快乐

在进入服务村落之前，我们对彝族的儿童有不同的想象，也担心语言交流的问题，当真正接触他们时，他们真是可爱质朴，语言上除了某些年龄较小，不会说普通话的孩子外，绝大多数都能够正常的交流。他们一方面对我们这些外来人感到好奇，在最初的时候显得若即若离，熟络之后就变得有话可说。这是作为社会工作者与服务对象建立关系的最基本要求，在与孩子接触的时候，最好的方法是能够跟随他们的脚步，感受他们的快乐。另一方面他们也常给我们带来惊喜，虽然有时候他们会比较调皮，甚至会给大学生志愿者带来一些麻烦，但是因为长时间的相处和彼此熟悉之后，他们变得愿意向我们敞开心灵，也乐意让我们更多地了解他们，进入他们的生活。这个过程也让我们重温童年的快乐，和孩子们一起田间漫步、拍照记录，他们喜欢用各种搞怪的方式上镜，然后看着自己的照片就会开心地大笑，又或者和他们一同在河里冲个凉，然后唱着彝族最火的歌回家。在这样的互动中，与孩子们的关系越来越近，对他们的了解也越来越多，有利于后续工作的开展。

2. 带着儿童重新认识漆器和彝绣

当我们走进大杉坪村时，随处可见的彝族文化标识让人很强烈地感受到民族特色的气息，这是作为一个外来人的反应。作为土生土长的当地儿童来说，他们的反应会是什么样呢？当我们问到村中这些标识是什么意思、有什么特别的含义等问题时，孩子们的反应是不知道、不清楚。那这些文化符号的意义是什么呢？当我们提出这样的问题请他们思考时，他们就开始重新去了解和认识属于他们的民族文化。在大学生志愿者的协助下，孩子们开始走访村中的老人，从他们口中了解彝族的文化特色，听他们讲村子里发生的事情和彝族先辈过去的故事。他们一起走村串巷，寻找村中的文化印记并做记录，孩子们的发现很丰富。漆器并不是每家都有，但是孩子们开始明白黑、红、黄是彝族图案中主要的三种颜色。他们收集并绘制在村中所看到的不同图案标识，越深入的了解，越明白其中的意义，这是一个重新发现和寻迹的过程。因为我们的好奇和提问，孩子们从他们的常见中开启了一场特别的文化寻迹之旅。当我们再一次走进村委会旁边的民间工艺室时，孩子们看着摆放的漆器和彝绣作品开始有了欣赏的眼光，不时会有孩子发出赞叹，也有孩子会询问如何可以做到这样的效果？随即我们就追问：如果我们也来制作一些漆器或彝绣作品，大家觉得有没有可能呢？他们彼此相望并没有给出肯定的回复，不过都表示愿意尝试一下。改变就是在愿意尝试开始的。其实我们也不确定孩子们是否真的可以完成，毕竟漆器和彝绣的工艺要求确实比较高，需要有一定的训练才有可能实现。不过他们有愿意尝试的心，那就不妨试一试。于是大家在小组里开始商讨要完成一件作品需要什么材料，要有哪些支持，最终希望呈现的作品是什么？由志愿者带着孩子们一起商讨、确定，虽然小组的头脑风暴对他们来说有压力，有时候也会没有一点的回应，但因着要试一试，大家就一起想办法。从最后的结果看，这个讨论的过程虽然是相当困难的，但结果是可喜的。

3. 整合村中资源，寻师拜师学艺

当孩子们决定试一试后，我们面对的第一个问题就是：怎么做？漆器怎么做？彝绣怎么绣？不光孩子们不懂，我们更是外行，完全没法进行指导，也不知道从何处下手。正当我们也陷入困境时，孩子们提到在之前的老人访谈中，有人提起村里有一个会漆器的老师，可以寻求他的帮忙。这个老师是谁？在哪里？如何联系？这样的问题又摆在我们面前，这时孩子们的潜能被激发，有的孩子说他知道这个老师是谁，住在哪里。虽然说不上他的联系方式，但是可以带着我们一起去他家拜访。孩子们的行动让我们看到希望，也提醒我们重新审视村中的资源。在与村委会干部和驻村书记沟通之后，我们获取到更多关于漆器老师的信息，与孩子们一起尝试制作漆器的想法也得到村委会领导的支持。在孩子们的带领下，找到了村中的漆器老师，第一次见他是在他家的猪圈里。那天刚下过小雨，路面还有点儿湿滑，我们一行四人徒步到了漆器老师吉觉那里，见他正在搬卸遮盖猪圈的板材，于是便主动上前帮忙，搬完表明来意，说明想法。吉觉老师倒是很愿意帮忙，不过他的时间比较紧张，恐怕没有时间可以现场教学，另外他表示要将漆器学精通需要花一定的时间，需要反复练习，对于孩子来说可能定力不够、耐心不足，建议孩子们以其他物品替代或者用图画的方式呈现即可。对于他的担心，我们也有考虑，不过我们还是希望试一试。于是他提出可以到他的工作室里看看作品，然后给我们做简单的介绍。在吉觉老师介绍完之后，我们对于漆器的基本工艺有了了解，真正要完成还是有技术性的问题需要解决，比如图案的勾勒、画笔的制作等。大学生志愿者也一同听了吉觉老师的介绍，对于技术性问题他们提出了几个可能的解决方案，在实际操作的时候也是按着这样的方案执行，效果虽不是完美，但也达到了预期值。

漆器的问题基本解决了，彝绣该怎么办呢？看了吉觉老师工作室里的漆器和彝绣作品，他提出可以让孩子们绣十字绣，因为这种绣法比较简单，易学易上手，而彝族服饰上的彝绣需要有专人教授方法，而且比较费时。看上去困难确实比较多，但我们相信一定有解决的办法。我们开始从村里的刺绣妈妈们那里寻求支持和帮助，其中真有一位妈妈愿意帮助我们，但是她不会讲普通话，我们之间没法正常的交流，我们又找到她的孩子，她的儿子在我们的漆器小组中，是其中一位组员。他说可以请他的姐姐帮忙，姐姐刚刚上初中，她有时也会跟着妈妈一起刺绣。在姐弟俩的协助下，我们和他们的妈妈交换了想法，她表示愿意教孩子们如何刺绣并提供其他有需要的支持。虽然刺绣的女孩们绝大多数都没有学过彝绣，有些连针线都没有用过，在老师的帮助下，她们开始了解彝绣、学习绣法，从零开始，然后一针一线地完成自己的处女作。

漆器和彝绣是彝族传统文化中两样有代表性的东西，但是它们都有一定的技术和工艺要求，这对我们来说是非专业的，是需要寻求支持和帮助的。整合资源，协调各方的支持，既是完成这一任务的需要，亦是社会工作者的一项能力要求。当孩子们的潜能被挖掘并被激发时，一切皆有可能。

4. 从绘画开始，从简单的开始

漆器的制作工艺并非想象中的那样简单，从调色到上色，从绘图到填色，过程需要极其耐心和坚持。当我们采购了原材料，准备开始制作的时候，才发现吉觉老师给我们的忠告和建议是有道理的。为了让孩子们对漆器的绘图更加得心应手，大学生志愿者带着孩子们从绘画开始，先在纸上用铅笔、颜料笔绘画漆器作品中可能会出现的各种图案，这些图案与自然、生活有关，是彝族先辈在生活中的智慧总结。这些看似简单的图案，都有丰富的内涵，寓意着彝族人民对自然的认知和对生活的向往，是天人物我的统整合一。从纸上的绘画开始，帮助孩子们强化基础，多数孩子原本的绘画功底是比较弱的，借着这样的绘画帮助他们勾勒图案，也让孩子获得更多的成就感，培养并激发其个人能力，为在杯碗等器皿上勾画图案，完成漆器作品做准备。

彝绣亦是一个长期积累和练习的过程，和漆器一样也需要耐心和坚持。对于初学者而言，先要会走直线，会拉直线，需要手、眼和心的协同配合。在老师教了基本的绣法之后，志愿者带着孩子们从简单的线条开始绣起，从起针到穿线，让孩子们找到自己的节奏，然后一步一步增加图案的难度和复杂度。相较于漆器而言，彝绣不需要太多的工具和材料，主要是针线和布料，即使绣错了还可以拆线之后再来一次，所以在简单的练习上可以重复进行，这个过程也是对孩子们的一种考验。把握住自己的节奏之后，就可以在布料上设计想要绣出来的图案，图案设计的过程也是孩子们艺术创作的过程，可以有不同的表达，亦是他们对生活或对未来的一种畅想。

从简单的、易完成的内容开始，让孩子们在其中获得成就感，让他们在当中有好的体验，循序渐进，最终实现起初所设定的目标，完成漆器和彝绣作品。

5. 在小组中彼此支持与同行

漆器和彝绣均是以小组的形式来推动。单纯个人的行为一方面较难实现最终的目标并完成两件彝族特色的作品，除非有一个强有力的外部监督力量；另一方面也与最初的服务设计初衷不符，当与孩子们商定制作漆器和彝绣作品时，是和一群有意愿的孩子共同商定的结果。这个团体性的决定也会带来对成果的共享，虽然其中的作品都是每个人独立完成的，但在小组中彼此可以有支持和鼓励，因着小组动力的原因，可以推动小组不断前行。漆器小组是从开始的绘画兴趣小组慢慢转变而来的，在绘画的基础上，增加文化特色的内容，形成对民族文化的新认知。从开始的开放性小组转变为之后的半封闭性小组，主要原因是完成漆器作品的过程相较于绘画更具有挑战，这种挑战不仅是对工作人员，更是对组员。彝绣小组从成立初期就是围绕着彝绣的相关内容展开，包括对彝绣的了解、学习绣法、设计绣品图案、完成作品等一系列内容，组员相对稳定且目标清晰，最终也容易产出成果。

通过小组的互动，组员之间相互支持，在某种程度上也形成了内部的相互督促机制，这对于小组目标的实现具有积极意义，但是也要灵活把握这种督促机制的程度，避免给组员造成无形的比较和压力，否则可能会适得其反。

6. 利用社区活动进行作品展示

在文化寻迹的过程中，儿童参与的积极性被有效调动，如何通过儿童的参与带动家庭或者社区的参与？如何避免我们的服务被视为只是带着儿童玩了一些游戏，做了一些手工？家庭和社区的宣传与动员就显得非常有必要，通过社区活动，动员村民参与了解项目服务内容，反馈儿童在接受服务后所带来的改变，展示他们通过努力而完成的漆器和彝绣作品，让更多村民看到新生一代对本地、本民族传统文化的认识、肯定与传承。从当地儿童对彝族文化的新认识，到他们以另一种方式呈现对民族文化的认可与延续，村民会以另一种眼光看待孩子的成长和改变。

借助社区活动，扩大影响力，尤其是以接地气、村民易接受的活动方式，如晚会、游戏、歌舞等，这是村民喜闻乐见的内容，因为有孩子的参与，孩子背后的家庭就会被带动，一个个家庭被带动，整个村落也就容易活跃。在最后的大杉坪村第一届村晚活动中，孩子们最终的成果受到了当地村民的认可与好评，当一件件作品呈现在众人眼前时，村民们对他们（被认为是家长或成人眼中的小屁孩）竖起大拇指，另眼相看，甚至在之前对孩子们持保留意见的吉觉老师也不禁赞赏他们的水平。与大师级的作品相比，孩子们的作品虽然还显得稚嫩，并不是那么完美，但是这背后却是一代新人对丰富的祖辈文化的再思与接续。

7. 总结回顾并给予儿童适当奖励

在小组结束时和最后的社区活动中，对孩子们一路的成长和改变进行总结回顾，帮助他们整理其中的经验，以便运用于之后的生活和学习中。同时，对于孩子们的付出和改变给予适当的奖励。在大杉坪村的孩子们淳朴到颁发一张我们手写的纸质奖状给他们，他们都可以开心一整天并把那张奖状视为珍宝收藏起来。奖励只是一种形式，目的在于激励和保持孩子们已取得的进步，将其中的经验转化为之后的动力。潜能被激发的孩子们，带给我们惊喜，也收获可喜的成绩，不少孩子就是在小组的过程中慢慢建立起自信，能够大声地表达自己的想法，能够勇敢地站在众人面前歌唱。从传统文化的探寻到漆器、彝绣作品的完成，孩子们经历了一次升华，这既是个人信心的起点，更是民族文化的自信。孩子们在这样的文化寻迹中开出自信之花，绽放美丽光彩。

## （二）服务成效

系列服务之后，彝族儿童从文化寻迹中长出不一样的自信。漆器和彝绣作品已经完成了，所有的成品也在中国社会工作教育协会 2019 年年会的慈善嘉年华晚会上被慈善拍卖，善款的具体数额孩子们还不清楚，但他们一早就知道他们的作品会被人收藏或使用。从孩子的视角看，他们可能觉得从开始到结束就是在完成一项任务，任务完成了就可以停下来歇一口气，他们也可能会忘记这件事，但是他们一定在其中有不同的收获，这个收获也许要在多年之后才会发挥作用。这个经历就是在孩子们心中种下一颗种子，等到有一天这颗种子在他们心里面生根发芽了，不久它就会开花结果。这样的结果，值得我们共同期待。这是社会工作介入精准扶贫所强调的“人的建设”。从另外一方面来看，就社会工作者的角度，孩子们是经历了一次特别的旅程，结识了一群不同的大学生志愿者，体会到了不同以往的大学生支教志愿服务。这对孩子的影响可以概括为两方面：从自我突破到自我成长，从文化寻迹到文化自信。

1. 从自我突破到自我成长

当我们第一次来到孩子们中间，多数的孩子是离我们远远的，他们总是在远远的地方看着我们，有一些孩子会主动跑过来问东问西，有一些孩子当我们走近他们时就一溜烟跑了。这是孩子们对于陌生人的正常反应，随着时间的推进，孩子们与我们的接触越来越多，参与活动的人数也在增加，有的孩子甚至带着弟弟妹妹一起来，大学生志愿者愿意和他们一起玩，陪他们做游戏，渐渐地把他们的心结打开。对于多数孩子来说，他们开始突破自我，消弭了身体和心理上的防线，不再是靠近时就跑，不再是说话时就低头，好像什么都不知道，他们开始愿意和我们说一点儿心里话，也会把他们的心事讲给我们听，快乐的、开心的、伤心的、难过的，我们成为他们的知心大朋友，每天下午在村委会广场相见是彼此默契的约定，有时候因为天气的原因没能如约出现，孩子们也会在村委会广场等待守候；有时候可能会比约定时间晚到一点，他们总是早早地就到了广场。当我们越多地关心他们，愿意坐在他们的身边，蹲下来和他们说话，玩他们喜欢的游戏，他们也不断地放松自己的心灵，一次比一次有突破、有成长。尤其是那些在漆器和彝绣小组中的孩子们，其中有些孩子的自我突破和成长让我们欣喜。为何会如此呢？这就是社会工作的魅力所在，真诚、尊重、接纳、同理心，等等，不是以专业的权威来要求，而是走进孩子的世界，走进他们的生活。

对于完成漆器和彝绣的孩子们，他们所做的事情就是一次自我的突破，这是过去所没有的事情，也许我们没有在当地开展服务，他们也少有机会这样来接触和了解漆器和彝绣。他们的勇于尝试只是成长的一个开始，未来还会有一系列的成长。当一对姐妹花完成了她们的刺绣作品，唱出内心想唱已久的歌之后，她们又完成了一次突破，这也是一次成长。分别时姐姐说她长大后要去成都读大学，因为有机会再见到这些大学生哥哥姐姐。未来会是什么样，现在还无法定论，不过有一点可以确信：当孩子们经历这些之后，他们已然变得不一样，成长就是在一次次的突破之后，勇往直前。

2. 从文化寻迹到文化自信

每个人对文化的理解不尽相同，可是文化的作用却不言而喻。在当今多元文化相互作用的时代，我们可以清晰地看到有些文化在慢慢消失，有些文化被视为落后无用，少数民族文化正遭遇着各方面的冲击，民族的语言、服饰等开始失去了原有的吸引力，对于年青一代这种影响更为明显。因为我们不在彝族的文化体系中，所以当我们以一个外来者的身份进入时，我们对其中的文化标识、文化符号、文字、服饰等充满了好奇，这就好像我们身着工作服进入村子，孩子和村民们对我们充满了好奇一样。对事物的好奇可以让人抱有活力和想象，也能激发人的潜能。

以儿童为本，探寻在地文化的实践思路，带我们回到对文化的重新认识和理解上。儿童本身的观察力、探索力和好奇心有利于社工更好地将其组织动员起来，了解日常所见的文化标识和文化符号等的含义，再思在地传统文化。在文化探寻发现的过程中，孩子们对文化的认识逐渐深入，对传统的文化产生兴趣，对传统的工艺萌生好奇，在此过程中重新认识到民族文化的魅力和价值。民族文化的教育在现行的教育体制中还有所欠缺，当家庭教育中的文化部分也有缺失时，儿童对民族文化的认同就会降低，甚至完全不了解民族文化特色，这就会造成对文化的漠视甚至贬低。

在实务工作中，我们通过对民族文化的探寻、总结和梳理，发现其中的亮点，加强民族文化教育，促进儿童对民族文化的欣赏与认同，以具有民族特色的漆器和彝绣为媒介，整合村中资源，组织动员儿童参与文化寻迹，尝试制作并完成漆器和彝绣作品，对传统文化进行再思，构建对民族文化的新认知。在文化寻迹的过程中，带领儿童观察并发现原本熟悉的村落中不同的文化标识、文化符号，在长者访谈中了解村庄的文化历史，追溯彝族先辈的生活足迹，了解并学习漆器和彝绣等传统工艺的制法与流程，分享讨论文化寻迹中的感受、收获和新的发现，协助儿童在文化寻迹中增强对民族文化的归属感与自豪感，正确认识彝族文化的丰富内涵，建立文化自信。

## 五、服务案例的检讨与反思

社会工作教育扶贫的重点不在经济开发、产业扶贫，当然这并不代表社工不能整合资源实现经济和产业发展的功能，其重点在于人的组织和能力的建设，针对不同群体的组织与培力，方式、路径和策略也会有差异，但核心问题还是在于“人的建设”。在本服务案例中，彝族儿童是主要的服务对象，具体实践从儿童的视角出发，以民族特色文化为切入点，组织在地儿童进行文化探寻，对文化进行再思，提升文化认同感，实现文化自省，建立文化自信。反思整个实践过程，我们有如下的检讨与思考。

### （一）服务过程中社工具有较强的主导性

进入彝族村落开展服务，这对于参与实践的团队成员来说是一次全新的体验。虽然前期已经做了相关的准备、培训等工作，但实际面对彝族群众，接触彝族儿童时还是会有预想不到的状况，最大的问题应该是语言沟通的障碍，尤其是对于年长的彝族老人、部分妇女和年幼的孩子，如果没有翻译很难明白其所表达的内容。项目设计中的服务对象是学龄儿童，他们进入小学之后会学习普通话，有些也会讲川话，所以在沟通和交流上基本没有问题。没有接触他们之前，不了解他们的特点和习性，单纯地对少数民族同胞有一种“自我感觉良好”“应该是质朴热情”等的想象，在慢慢的接触中才发现这些单纯的想法也是被建构的，实际的情况也许和想象的有很大的出入和差距。村里的男孩多数都比较活跃，也常常挑战大学生志愿者的极限和忍耐，以至于志愿者有时也会出现情绪急躁的状况。服务团队成员一方面需要组织动员在地的儿童积极参与，另一方面在过程中又会遭遇各种突发状况，诸如同伴之间因为玩具产生的纷争，又或者游戏过程中出现的摩擦等情况，常常应接不暇，刚刚止住这边的纷争，那边又传来孩子的哭声。所以过程中应该一直有一位主要的负责人来协调控场，占据主导地位，具有较强的主导性。这种主导性也带有一定的权威性，对于那些比较调皮的儿童来说具有一定的威慑力，这对团体性的服务有帮助，但是容易忽视那些被控制的儿童的个人体验和反应，需要在私下与他们有约谈和交流，同时也需要了解他们行为背后的原因，理解他们所关注的焦点。在持续的服务中，慢慢发现每个儿童都是天真可爱的，没有谁是故意要捣蛋，他们的行为不过是要引起社工更多的关注。服务中一方面需要强调社工的主导性，另一方面也需要关注儿童的个别需要，秉持个别化和差异化的原则。

### （二）专业关系的建立中需要保持平等性

服务对象是未成年的儿童。他们是一个个鲜活的个体，和每个参与实践的工作人员一样都有参与、表达、分享的权利，视儿童为具有独立意识、主体性和能动性的个体，以平等的姿态与其相处。在与他们初期的接触中，放低身份，主动走进他们的生活，融入他们的活动或游戏。这样的处理对不同的儿童效果也不同，有些孩子面对生人就会下意识地躲闪离开，有些又会表现得较为亲近，不管是哪种反应，作为社会工作者都需要认识到每个儿童的独特性，在接触过程中保持平等性，不以专业身份或有资历的态度出现，缩短关系中的距离感，让儿童在关系中感受到信任、温暖、平等和接纳。

社会工作对于专业伦理的要求与训练，需要社会工作者内化并践行，并不只是一种知识的教授或者技巧的学习，更是在实践过程中能够不断地操练、反思、再操练，最终成为社会工作者内里的一种构成，在与服务对象接触时有一种自然的流露，这就是社会工作常常强调的“生命影响生命和生命感动生命”。在这样的一次实践中，对于社会工作专业的学生来说是一次成长，一方面他们给当地的儿童带来改变，另一方面在与儿童接触的过程中他们也受到影响、得到帮助。就如有的学生在实践之后反思这次服务经历是其成长过程中不会再有的特别经历，遇见一群温暖可爱的天使，带来数不尽的感动。这也是社会工作专业之所以吸引人的地方，是人心深处最温暖的体验，总是给人力量，让人看见前进的希望。

### （三）社会工作者综合能力提升的重要性

社会工作参与精准扶贫既是发挥专业的优势，助力打赢脱贫攻坚战，也是社会工作本土化、专业化发展的基础之一，更是社会工作专业教育、专业实践的重要平台。这对于社会工作者或社会工作专业学生来说是一次难得的学习、历练和成长的机会。在本服务案例中，主体的团队成员是社会工作专业高年级的学生，配以专业教师作为督导，实地参与、跟进并指导服务开展。在实践过程中，社会工作专业学生能够将课堂所学运用于实际，但是对于其中不少学生而言，实务经验相对缺乏，能力技巧不够娴熟，当面对彝族儿童的各种需要和反应时显得手足无措。服务中的组织能力、协调能力、应变能力、方法技巧的运用能力等综合能力都需要进一步提升。借着这样的实践机会，专业学生可从中进行反思与检视，重新理解课堂教育中所掌握的知识，将书本中的理论知识转化为服务中的实务能力，同时因为参与实践，能对理论学习中出现的疑惑进行思考和讨论，亦可补充传统知识教育中的实践经验不足等问题。

社会工作是强调实践性的专业，既有理论基础又有实践体系，包含于价值理念（heart）、理论知识（head）和方法技巧（hand）的三角关系中。社会工作的专业教育和专业实践是专业化发展的重要保障。专业教育解决社会工作是什么、做什么、怎么做等问题，专业实践是对专业教育的检验，促进社会工作者实务能力的培养与提升，并实现社会工作者的成长与发展。专业教育中对社会工作者有基本的素养要求，包括角色素养、知识素养、能力素养、心理素养等内容，是一项综合性的素质与能力要求；而专业实践是将这些素养、能力反映在具体的服务情境中，不仅是对知识的理解和掌握，更是对知识的运用和实行。面对不同的实务情境，不同的服务对象，社会工作者能够综合运用各种方法与技巧，具备综合素质与能力是检验一名社会工作者是否合格的重要标准。如本服务案例中，社会工作者深处凉山州的彝族村落，不通彝语、不了解当地文化，服务开展受到限制时，就需要找到突破口，从不同的层面对所处的环境、所面对的群体进行了解与认识，通过接触当地政府、村委会（村委会干部）、挂职干部、村落中的活跃村民等，对整体情况有较好的把握，从中梳理具体的服务线索和思路，综合运用专业方法，以个别化的访谈、小组式的座谈、集体性的活动组织等作为具体的方法和手段，推动服务的开展，达到服务的目的。

### （四）在少数民族地区服务的文化敏锐性

本次服务实施地在彝族村落，多年前他们因为易地搬迁安置来到马湖，这个过程一定经历了很多的难处和不易。尽管面对新的陌生环境，彝族人民依旧保留着自己的民族传统，在新的居住地开辟新生活。传统文化特色在村落中随处可见，也继续传承并发扬漆器、彝绣等传统工艺。对于外来的社会工作者而言，需要对民族文化保持足够的敏锐性。每一种少数民族文化对该民族都具有重大影响，文化是一个民族的魂，也是民族魅力所在。当社会工作者进入少数民族地区开展服务时，需要对文化有敏锐的觉察。文化背后关联着当地的风土人情和生活习性，所谓入乡随俗，进入少数民族地区对在地文化的了解是对少数民族同胞的尊重。

再者，进入少数民族地区的社会工作者对文化的敏锐性可以激发其服务的创新性，能够传承并发扬在地文化，促进在地民众和社区的可持续发展，这亦是社会工作介入少数民族地区开展服务时所要关注的议题之一。以文化为切入点开展的服务可以有不同的面向，侧重点也会有所不同。在彝族村落的服务中，选择以儿童为对象，他们没有经过上一辈人的搬迁安置、易地迁移的难处和不易，他们对此并未有强烈而明显的感觉，对民族文化的感知相对较弱，但是他们身上却流淌着彝族的血液，有着鲜明的彝族特点。基于这样的观察以及和当地儿童的互动，确定了以文化探索为路径，协助他们重新认识彝族文化特色，尝试制作彝族传统手工艺品，以此强化对文化的认同和归属，建立文化自信，是非常必要的。

### （五）社工教育扶贫中积极关注“人的建设”

社会工作参与精准扶贫有其重要的历史背景，在全党全国全社会都动起来，为了要打赢这场脱贫攻坚战时，社会工作与脱贫、扶贫发生了千丝万缕的联系。相比产业扶贫、经济脱贫，社会工作进入贫困地区所带来的效益并不在此，社会工作教育扶贫也不是完成经济指标，而是在于提升社会资本，在于“人的建设”和能力的提升。社会工作的起源和发展都是围绕“人”，要打赢脱贫攻坚战，实现脱真贫、真脱贫的核心关键也在于“人”，扶贫与扶志、扶智的结合也是在于“人”。贫困的问题并不是最难解决的问题，而陷入贫困中的人的问题才是最根本的问题。人的问题解决了，其他的问题也就变得容易了。所以在社会工作教育扶贫中要特别关注人以及人的培力和赋能，无论针对的人群是妇女、儿童或老人，还是其他群体，核心都在于人。

此次项目实践中，我们将关注点聚焦于彝族村落的困境儿童，一方面因为他们所处的家庭已经或正在面临贫困的问题，这是脱贫攻坚战要解决的问题；另一方面因为儿童具有较强的可塑性和学习能力，将精力、人力和物力投入在儿童身上，是一个长效的投资，是一个能力建设的过程。改变一个孩子，就会改变一个家庭，改变一个家庭就可能改变一个社区，改变一个社区就会改变一个地方，这样的改变是一个正向的、往前的。对于儿童家庭所面临的问题，国家层面的“两不愁，三保障”政策已经可以解决，但是人的内在的动力激发，人的能力建设不仅是外在得到满足就能实现的。“人的建设”是一个十年树木、百年树人的过程，对于儿童的投入在短期的成效也许并不明显，但是从长远来看会带来巨大的改变。

回顾马湖乡彝族村落的儿童社会工作服务，这样的经历对当地儿童也是重要且宝贵的。有人将社会工作者比喻为拾海星的人，项目中所接触到的每一个彝族儿童就好比一个个散落沙滩的海星，在他们的成长经历中没有这一群社工出现他们会继续长大，有这一群社工出现他们也依旧会长大，唯一不同的是这群出现在他们生命里的社工带给了他们不一样的体验，在他们小小的心里埋下了一颗小小的种子，这颗种子会在里面发芽成长。就如离别时，有的孩子说“我们这里每年的暑假都会有很多的大学生志愿者来支教，他们会来给我们上课、带我们做游戏，你们也做了类似的事情，但是不知道为什么你们就是和他们不一样”。社会工作专业服务和其他的志愿服务不一样，这不一样是因为不同的理念、不同的方法；这不一样是社会工作者以真诚的心陪伴孩子们的成长；这不一样是社会工作者看重人的价值和潜力，重在培力与同行。

**参考文献：**

［1］王思斌．精准扶贫的社会工作参与——兼论实践型精准扶贫［J］．社会工作，2016（3）：4-7.

［2］向荣，陆德泉，陈韦帆．发展型社会工作对深化精准扶贫的助力策略分析［J］．贵州民族大学学报（哲学社会科学版），2018（3）：73-76.

［3］马晓晗．教育扶贫——贫困地区社会发展的智力支持之源［J］．中国社会工作，2018（4）：21-22.

**附件 1：**

## 漆器小组计划书

| | | | |
|---|---|---|---|
| 活动名称 | 绘画漆器小组——小小艺术家 | | |
| 活动时间 | 2019 年 7 月 18 日—8 月 6 日 | 活动地点 | 大杉坪村农民夜校 |
| 活动对象 | 大杉坪村 10—12 岁儿童 | 活动人数 | 8—15 人 |
| 社工 | 3 人 | | |
| 活动目标 | 总目标：发展大杉坪村儿童们的兴趣，同时将绘画和手工技巧与民族特色漆器文化结合，提升民族自豪感<br>分目标：<br>1. 回应大杉坪村孩子们对绘画、手工兴趣的需求，激发和满足兴趣需求，丰富大杉坪村儿童们的文娱生活<br>2. 从儿童入手，重拾漆器文化，改变一村一户手艺人的局面，帮助民族文化更好地传承<br>3. 促进孩子们友好交流，增加社区融合 | | |
| 活动流程 | 第一节　有缘相识<br>一、小组签到：带领员进行清场，组织组员依次有序进行签到<br>时间：5 分钟<br>物资：笔 1 支、签到表 1 张<br>二、热身游戏——名字萝卜蹲：通过萝卜蹲游戏活跃小组氛围，帮助组员尽快适应小组<br>时间：10 分钟<br>游戏规则：名字萝卜蹲，每人先介绍自己的名字，给一分钟时间记忆。指定一人开始，被指定的人说："××蹲，××蹲，××蹲完，××蹲。"被叫到的那个称呼代号的，蹲下重复指令，以此循环，最后留在场上的选手胜出<br>三、破冰游戏——同心圆：通过同心圆游戏加深组员熟悉程度，帮助组员适应彼此<br>时间：15 分钟<br>物资：媒体设备<br>游戏规则：所有人排成相对的两个同心圆，随着歌声同心圆转动，内外圈旋转方向相反。歌声一停，停止转动，面对面的两个人彼此握手寒暄并相互自我介绍，介绍内容应包括姓名、年龄、兴趣、爱唱的歌等。歌声再起时，游戏继续进行。游戏结束后小组带领员可向组员提出如下问题："某某，你的新朋友爱好是什么呢？"<br>四、澄清小组目标及内容：工作员向组员介绍本小组的活动目标、具体内容以及相关要求，帮助组员正确认识本小组<br>时间：10 分钟<br>五、建立小组契约：分享对团队的预期并做澄清和调整，工作员与组员一起订立小组规范，引导组员完善小组<br>时间：25 分钟 | | |

续表

<table>
<tr><td>活动流程</td><td>物资：大画纸 1 张、笔 11 支<br>六、组员分享及工作员总结，并告知组员下次活动时间及地点，做好活动记录和评估记录<br>时间：5 分钟<br><br>第二节　播种<br>一、小组签到：带领员进行清场，组织组员依次有序进行签到<br>时间：5 分钟<br>物资：笔 1 支、签到表 1 张<br>二、热身游戏——歌词接龙：通过歌词接龙游戏活跃小组氛围，帮助组员尽快进入小组活动状态<br>时间：10 分钟<br>游戏规则：组织小组成员唱民歌，小组成员围成一圈，指定成员开始，一人一句彝族民歌，如果小组成员不会，就邀请另一个小组成员帮唱<br>三、初识画作：给小组成员展示小孩感兴趣的绘画作品，并且讨论看到绘画感受到了什么，以提起小组成员对绘画的兴趣<br>时间：25 分钟<br>物资：媒体设备、PPT<br>四、感受画作：展示几组意境不相同的画，并且邀请小组成员分享看到之后的个人感受<br>时间：15 分钟<br>物资：事先准备好的几组画<br>五、绘画心情：邀请小组成员在白纸上画下自己此刻的心情或者对自己很重要的事情的心情<br>时间：10 分钟<br>物资：白纸若干、笔若干<br>六、回顾总结整节活动，告知下节活动相关内容。并布置家庭作业：自己回家做一些简单的手工带到小组活动<br>时间：5 分钟<br><br>第三节　萌芽<br>一、小组签到：带领员进行清场，组织组员依次有序进行签到<br>时间：5 分钟<br>物资：笔 1 支、签到表 1 张<br>二、热身游戏——抓手指：通过抓手指游戏活跃小组氛围，帮助组员尽快进入小组活动状态<br>时间：10 分钟<br>游戏规则：学生围成一个圆圈，面向圆心站好，然后把左手张开伸向左侧人，把右手食指垂直放到右侧人的掌心上。带领员发出踏步走的口令后，全体绕圈走，当带领员发出特定口令后，所有儿童用左手掌抓别人右食指，被抓者右手指要缩回，被抓到则被淘汰<br>三、手工作品及视频展示：给小组成员展示手工作品及相关视频，以提起小组成员对手工的兴趣</td></tr>
</table>

续表

| | |
|---|---|
| 活动流程 | 时间：15 分钟<br>物资：手工成品和视频<br>四、彩色的折纸品：学习基本折纸技巧，并在带领员引导下现场完成简单折纸。完成折纸后再学习一些基本图形绘画。最后完成对折纸成品的绘画填充<br>时间：30 分钟<br>物资：便利贴若干、水彩笔一盒<br>五、回顾总结本节活动，询问小组成员感受及建议，并预告下节活动内容，布置家庭作业<br>时间：10 分钟<br><br>第四节　发展<br>一、小组签到：带领员进行清场，组织组员依次有序进行签到<br>时间：5 分钟<br>物资：笔 1 支、签到表 1 张<br>二、热身游戏——抢椅子：通过抢椅子游戏活跃小组氛围，帮助组员尽快进入小组活动状态<br>时间：10 分钟<br>物资：椅子若干<br>游戏规则：将板凳围成一个圈，人也站一个圈。工作员喊出“开始”，组员开始围着凳子转圈。当工作员喊出“停”，组员就要抢坐在板凳上。因为差一个椅子，所以会有一人没板凳，没抢到椅子者将被淘汰。淘汰者下场时，同时撤下一个椅子，继续进行第二轮。如此反复，直到 2 人争 1 个椅子时，冠军就诞生了<br>三、学习基本图形组合：工作员展示用提前准备好的基本图形卡片（圆、三角形、正方形……）进行组合。指定要组合成的物品，由儿童使用图形卡片进行自由组合<br>时间：20 分钟<br>物资：图形卡片若干<br>四、画牛头：尝试用图形画出村子里常见的牛头图腾，并尝试画出内部线条<br>时间：25 分钟<br>物资：铅笔若干、白纸若干<br>五、回顾总结本节活动，询问小组成员感受及建议，并预告下节活动内容，布置家庭作业<br>时间：10 分钟<br><br>第五节　茁壮成长<br>一、组织签到：带领员进行清场，组织组员依次有序进行签到<br>时间：5 分钟<br>物资：笔 1 支、签到表 1 张 |

续表

| | |
|---|---|
| 活动流程 | 二、热身小游戏——你画我猜：通过游戏活跃小组氛围，帮助组员尽快进入小组状态<br>游戏规则：三人一组，自由组合，一人可以用手势做出动作，另外两人猜词语。负责比画的人不能说出包含所猜的词中的任何一个字（读音相同亦不可），不能说拼音或英文单词。在7分钟内猜对词语数量最多组的获胜<br>时间：10分钟<br>物资：词语单<br>三、彝族图纹的认识与寻找<br>首先，工作员向组员展示彝族图纹图片，并为其讲解相关内容，帮助其了解自身民族文化；其次，邀请组员分享身边的牛头图腾（哪里有、图腾式样等）；最后，邀请组员就自己了解的彝族其他的特色、故事等进行分享<br>时间：30分钟<br>物资：彝族图腾图片<br>四、我笔下的漆器图纹<br>工作员向组员展示不同漆器图纹式样，讲解、教授组员进行勾画，并让组员自行绘画至熟练，并留下作品，进行展示<br>时间：15分钟<br>物资：彩笔一盒、白纸若干张、铅笔若干、图纹图片<br>五、回顾总结本节活动，询问小组成员感受及建议，并预告下节活动内容，布置家庭作业<br>时间：10分钟<br><br>第六节　彩色的梦<br>一、组织签到：带领员进行清场，组织组员依次有序进行签到<br>时间：5分钟<br>物资：笔1支、签到表1张<br>二、热身小游戏——老鹰捉小鸡<br>游戏规则：组员们一人当母鸡，一人当老鹰，其余的当小鸡。小鸡依次在母鸡后牵着衣襟排成一队，老鹰站在母鸡对面，做出捉小鸡姿势。游戏开始时，老鹰叫着做赶鸡动作。母鸡身后的小鸡做惊恐状，母鸡极力保护身后的小鸡。老鹰再叫着转着圈去捉小鸡，众小鸡则在母鸡身后左躲右闪<br>时间：10分钟<br>三、学习基本上色技巧<br>工作员发放填色图片，工作员教授组员进行上色，并说明注意事项，要求在规定时间范围内完成，未完成者可作为家庭作业<br>时间：20分钟<br>物资：填色图片若干张<br>四、我的色彩与图纹<br>给组员提供材料，让组员们在前一次的家庭作业图纹画上进行填色<br>时间：25分钟 |

续表

| | |
|---|---|
| 活动流程 | 物资：彩笔1盒、白纸若干张、铅笔若干、图纹图片<br>五、回顾总结本节活动，询问小组成员感受及建议，并预告下节活动内容，布置家庭作业：向家中长辈了解三色文化<br>时间：10分钟<br><br>第七节　手艺的奥秘<br>一、组织签到：带领员进行清场，组织组员依次有序进行签到<br>时间：5分钟<br>物资：笔1支、签到表1张<br>二、热身小游戏——盲人摸象：通过游戏活跃小组氛围，帮助组员尽快进入小组状态<br>游戏规则：将一人眼睛蒙住作为“盲人”，其余人作为“大象”藏于会议室的各个角落，“盲人”需要在规定时间内摸到三头“大象”，否则表演节目<br>时间：10分钟<br>物资：眼罩<br>三、我笔下的彩色图纹：在前一次上色的基础上继续完成、熟悉，使组员对色彩更为敏感<br>时间：20分钟<br>物资：彩笔1盒、白纸若干张、铅笔若干<br>四、参观手艺工作坊：邀请漆器手艺人带领组员们参观手艺工作坊和展示馆，并讲述漆器的制作过程和文化故事<br>时间：30分钟<br>五、回顾总结本节活动，询问小组成员感受及建议，并预告下节活动内容，布置家庭作业<br>时间：5分钟<br><br>第八节　手艺的传承<br>一、组织签到：带领员进行清场，组织组员依次有序进行签到<br>时间：5分钟<br>物资：笔1支、签到表1张<br>二、热身小游戏——交通障碍：通过游戏活跃小组氛围，帮助组员尽快进入小组状态<br>游戏规则：在室内设置若干不规则障碍物，小组成员两两分组，一人蒙眼，一人指挥，用时最短穿越过障碍物的队伍获胜<br>时间：10分钟<br>物资：障碍物若干、眼罩1个、计时器<br>三、工作员在黑板上向组员展示已画好的图形，并进行绘画过程演示，组员根据工作员的演示在白纸上自行练习绘画黑板上的图案<br>时间：20分钟<br>物资：白纸若干、黑板、画笔若干<br>四、工作员将准备好的颜料和画笔发放给组员，向组员讲解如何进行图纹描边，最后让组员自行对已画好的图纹进行上色描边 |

续表

| | |
|---|---|
| 活动流程 | 时间：25 分钟<br>物资：颜料两盒、画笔若干<br>五、回顾总结本节活动，询问小组成员感受及建议，并预告下节活动内容，布置家庭作业<br>时间：10 分钟<br><br>第九节　手绘漆器<br>一、小组签到：带领员进行清场，组织组员依次有序进行签到<br>时间：5 分钟<br>物资：笔 1 支、签到表 1 张<br>二、热身游戏——打沙包<br>游戏规则：组员分两队，先一队在中间，另一队在两边打，所有人机会完了，两队就互调。在中间的人，被沙包打了一下，减一个机会，如果接到一个，则加一个机会，每个人开始只有一个机会。在外边的人如果接到对面的，中间人不许动<br>时间：10 分钟<br>物资：沙包 1 个<br>三、手绘漆器<br>工作员将事先打好底的漆器半成品和毛笔发放给组员，并指导组员进行漆器绘制<br>时间：40 分钟<br>物资：漆器半成品若干、毛笔若干、漆器专用漆、调和胶 1 桶、汽油若干、香蕉水若干、棉签 1 盒、纸巾 1 包<br>四、告别时间：工作员进行回顾总结，正式结束小组，处理离别情绪，组员相互告别<br>时间：15 分钟 |
| 备注 | 一、组员招募<br>1. 招募对象：大杉坪村 10—12 岁儿童<br>2. 招募方式：<br>（1）村内走访宣传<br>（2）寻找儿童骨干力量进行成员招纳<br>（3）利用游戏活动吸引儿童<br>3. 招募要求：对小组活动有较高热情，遵守小组规定，符合招募条件的儿童成员<br>二、预计困难与应变计划<br>预计困难：<br>1. 招募不到足够的参加者<br>2. 招募成员人数过多<br>3. 活动过程中出现组员迟到、早退、缺席情况<br>4. 小组开展途中有组员提出退出<br>5. 组员参与积极性不高 |

| | |
|---|---|
| 备注 | 应变计划：<br>1. 扩大儿童年龄招募范围，鼓励已有组员带入成员<br>2. 根据小组的目标和性质，以及部分儿童需求也可再开一个小组<br>3. 在小组初期明确小组纪律，若违反小组纪律次数过多，取消参与资格<br>4. 及时了解退出原因并补充组员，若多数组员退出，进行自我检讨和计划调整<br>5. 工作员要及时介入，调节气氛，鼓励组员融入<br>三、评估方法<br>1. 在小组活动初期进行期望澄清与明确，小组活动最后一节进行回访询问，根据组员反馈评估组员前后改变，分析小组效果<br>2. 在小组活动最后一节，组员进行分享和意见<br>3. 依工作员在小组活动进行时的观察及分析（如沟通模式）<br>4. 从出席率及参与、投入程度进行评估 |

**附件 2：**

彝绣小组计划书

| | | | |
|---|---|---|---|
| 活动名称 | 彝绣——指尖上的七彩时光 | | |
| 活动时间 | 2019 年 7 月 26 日—8 月 6 日 | 活动地点 | 大杉坪村幼儿园二楼 |
| 活动对象 | 大杉坪村彝族妇女及儿童青少年 | 活动人数 | 9 人 |
| 社工 | 3 人 | | |
| 活动目标 | 总目标：为村里的青少年提供学习彝绣的机会，培养兴趣，掌握彝绣的基本技巧，提高彝绣技艺。同时对独特的彝绣文化进行传承，培养彝族儿童青少年对民族文化的归属感和自豪感，增强民族责任心<br>分目标：<br>1. 帮助村里年轻一辈的女性了解彝绣历史和文化，培养儿童青少年对彝绣的兴趣<br>2. 为村里的儿童青少年提供学习彝绣的机会，帮助他们掌握彝绣的基本技艺，在实践中提升他们的动手能力<br>3. 在学习彝绣的过程中传承彝绣文化，培养未来的彝绣传承人 | | |
| 活动流程 | 第一节<br>一、前期准备<br>工作人员在收集资料过程中发现：在村子中发现彝秀在老一辈人中普及率很高，但是在青少年群体中，会刺绣的人很少；手工绣制的衣服与机器绣制的衣服竞争激烈；彝族部分妇女平时会聚集在银杏树下一起刺绣、讨论 | | |

续表

| | |
|---|---|
| 活动流程 | 二、刺绣师傅招募<br>通过和刺绣妇女讨论刺绣产品和衣服的过往，讨论手工刺绣和机器批量生产衣服的差异，引起彝族妇女对手工刺绣技术的珍惜；通过和彝族妇女讨论彝绣文化的内涵来过渡彝绣的传承性；通过引入本村青少年邀请彝族妇女作为老师来教习刺绣技术；告知刺绣老师小组成立的目的与意义；通过教习本村青少年学习刺绣，带领学习者感受彝绣的同时提升学习者能力，并对彝绣传承作出贡献<br>三、招募儿童青少年学习者<br>通过前期观察与访谈，寻找对刺绣感兴趣并且耐心有时间的儿童青少年作为学习者，同时带学习者初步参观与讨论彝族妇女刺绣<br>四、物资准备<br>确定小组成员组成及数量以后，向老师请教刺绣需要准备的物资<br><br>第二节<br>一、小组签到：带领员布置场地，组织组员依次有序进行签到<br>时间：5 分钟<br>物资：笔 1 支、签到表 1 张<br>二、带领员及组员进行自我介绍<br>时间：10 分钟<br>三、订立小组契约<br>时间：15 分钟<br>物资：马克笔 1 盒，白纸 1 张<br>四、观看老师刺绣过程，提出问题并表达感受<br>时间：20 分钟<br>五、组员讨论最终图案及最终产品<br>时间：20 分钟<br>物资：笔 1 支、白纸 1 张<br>六、工作员总结，并告知组员下次活动时间，布置家庭作业，让组员寻找彝族的传统图案并了解它们的意义和历史，工作员做好活动记录和评估记录<br>时间：10 分钟<br><br>第三节<br>一、小组签到：带领员布置场地，安排组员座位，组织组员依次有序进行签到<br>时间：5 分钟<br>物资：笔 1 支、签到表 1 张<br>二、组员分享自己找到的彝族传统图案，讨论其代表的意义和历史<br>时间：15 分钟<br>三、对边角料进行裁剪，在边角料上画出自己发现的彝族传统图案<br>时间：20 分钟<br>物资：黑色布匹边角料若干，剪刀 4 把，粉笔若干 |

续表

| | |
|---|---|
| 活动流程 | 四、学习彝绣基本针法并尝试刺绣<br>由老师教授彝绣的基本针法，组员按照自己绘画的图案进行刺绣，此期间老师对有问题的组员进行一对一的示范讲解<br>时间：30 分钟<br>物资：针线、布料<br>五、工作员总结，并告知组员下次活动时间，布置家庭作业，让组员观察彝绣作品或其他彝族物品，发现彝族常用的颜色，寻找其含义，工作员做好活动记录和评估记录<br>时间：10 分钟<br><br>第四节<br>一、小组签到：带领员布置场地，组织组员依次有序进行签到<br>时间：5 分钟<br>物资：笔 1 支、签到表 1 张<br>二、小组组员分享所了解到的彝绣的主要颜色所代表的含义，帮助组员更深层次认识彝绣<br>时间：15 分钟<br>三、老师检查小组组员的绣品，指出优缺点，并指导组员进行修正<br>时间：20 分钟<br>物资：针线及布料若干<br>四、老师教组员学习新的图案绣法，组员们开始新一轮的练习<br>时间：30 分钟<br>物资：针线、布料若干、粉笔<br>五、总结本节活动，布置家庭作业，让组员回家向长辈了解他们与彝绣的故事<br>时间：10 分钟<br><br>第五节<br>一、小组签到：带领员布置场地，组织组员依次有序进行签到<br>时间：5 分钟<br>物资：笔 1 支、签到表 1 张<br>二、组员分享提前了解到的长辈们关于彝绣的故事，并交流感受<br>时间：15 分钟<br>三、组员轮流观看其他组员的绣品，互相评价，交流经验和技巧<br>时间：10 分钟<br>四、组员继续完成上一节活动中未完成的绣品<br>时间：20 分钟<br>物资：针线、布料<br>五、组员开始在最终成品的布料上刺绣<br>时间：20 分钟<br>物资：针线、布料<br>六、工作员总结，并告知组员下次活动时间，布置家庭作业，让组员思考为什么会彝绣的往往是女性，工作员做好活动记录和评估记录<br>时间：10 分钟 |

续表

| | |
|---|---|
| 活动流程 | 第六节<br>一、小组签到：带领员布置现场，组织组员依次有序进行签到<br>时间：5 分钟<br>物资：笔 1 支、签到表 1 张<br>二、组员分享及讨论会彝绣的人基本都是妇女，对此表达自己的看法<br>时间：15 分钟<br>三、小组沟通：游戏——交通堵塞，增强组员之间的沟通与交流<br>时间：20 分钟<br>物资：交通堵塞道具是比参加人数多一个的塑胶地垫<br>游戏规则：将塑胶地垫呈一字形在地上铺开，让学员全部站在地垫上，留中间一个地垫不站人；组员分成两边相对而站，通过中间的空格进行移动；移动的方式是只能前进一格或跳一格，不能后退；完成两边人的互换，并且大家维持同一个方向<br>注意：组员只能前进不能后退，只要有人后退就要重来；当有人知道答案时，不能透露消息，需要每个人都知道答案<br>四、讨论工作安排：告知组员刺绣的进度以及需要完成的内容，让组员讨论接下来该如何安排时间，完成作品<br>时间：10 分钟<br>五、现场表演刺绣：带领组员共同参与社区活动，在社区活动的现场进行刺绣展示，向村民们呈现小组刺绣的成果<br>时间：30 分钟<br><br>第七节<br>一、小组签到：小组成员到齐并在活动场地入座后进行签到<br>时间：5 分钟<br>物资：签到表 1 张、笔 1 支<br>二、现场刺绣展示的分享：小组成员和工作员讨论第六节小组活动中，在村民面前刺绣的感受和想法<br>时间：15 分钟<br>三、继续完成刺绣作品<br>时间：35 分钟<br>物资：针线及布料<br>四、中场休息：一起合唱一首大家都喜欢的歌曲<br>时间：10 分钟<br>五、视频录制邀请<br>邀请组员录制视频，谈一谈自己的绣品以及在刺绣小组里的感受和想法<br>时间：15 分钟<br><br>第八节<br>一、小组签到：带领员布置现场，组织组员依次有序进行签到<br>时间：5 分钟<br>物资：笔 1 支、签到表 1 张 |

续表

| | |
|---|---|
| 活动流程 | 二、成品展示与经验交流<br>收集每一位组员的成品并展示经过后期处理的最终作品，让组员们看到自己努力的成果并分享过程中的体会和感受<br>时间：15 分钟<br>三、离组处理：告知组员小组正式结束，大家一起回顾小组过程并分享自己的成长与改变<br>时间：20 分钟<br>四、颁奖，结合社区联欢晚会，对每一位组员的努力表示肯定，为组员进行颁奖<br>时间：40 分钟 |
| 备注 | 背景：彝绣是彝族的传统文化，承载着彝族人民生活的气息，是彝族的重要标志之一。曾经，彝绣是彝族女性必备的技能，而如今在大杉坪村只有一部分彝族妇女仍在坚持用手工彝绣制作衣服。年轻一辈的女性有的外出工作，有的忙于学业，一些人不愿意继承长辈们的彝绣技艺，还有一些人对彝绣有着浓厚的兴趣却没有时间和机会学习。因此，彝绣小组的组建希望能为村里的儿童青少年提供学习彝绣的机会，培养兴趣，掌握彝绣的基本技巧，提高彝绣技艺。同时对独特的彝绣文化进行传承，培养彝族儿童青少年对彝族传统文化的归属感和自豪感，增强民族责任心 |

# 社会工作教育扶贫的专业自觉与制度反思

周绍宾
（重庆师范大学社会工作系）

社会工作参与决战脱贫攻坚，助力建成全面小康社会，既是党和政府“广泛动员全社会力量，合力推进脱贫攻坚”，实施“社会工作专业人才服务贫困地区计划”的结果，也是社会工作主动回应社会需求，参与社会服务，履行专业责任的表现。我们社会工作团队在深入学习领会党中央、国务院和中国社会工作教育协会有关脱贫攻坚的指示精神基础上，从2013年参与首批边远贫困地区、边疆民族地区和革命老区（简称“三区”）社会工作专业人才支持计划开始介入农村反贫困工作，到2018年加入中国社会工作教育协会反贫困社会工作专业委员会，其间经历了从单纯的项目督导到驻点社工扶贫再到综合的社工督导服务，从被动接受扶贫任务到主动参与脱贫攻坚，总体感受是，有成绩，更有困惑。立足我们的经历、经验，对社会工作教育扶贫进行总结反思，提升团队专业自觉性，探讨社会工作参与脱贫攻坚的制度建设，不仅对促进我们自身的工作，也可以为参与社会工作教育扶贫的同人提供鉴戒，从而更好地服务于决胜脱贫攻坚战。

## 一、社会工作教育扶贫的专业自觉

### （一）关于自觉的认知和思考

“自觉”在《现代汉语词典》中的解释是“自己感觉到”“自己有所认识而觉悟”，也就是人对自己有所认识而主动践行并不断地加以总结、反思和觉察。它是人类在自然进化中通过处理内心世界和外部环境的矛盾关系发展而来的基本属性，是人的基本人格，也体现和代表着一个人认知水平的高低。

在古代汉语中，“自觉”一词最早出现在《孔子家语·致思》：“丘吾子曰：吾有三失，晚不自觉，悔之何及!”其背后典故的大概意思是说，孔子到齐国去，遇到哭得很惨但又不像家有丧事的丘吾子，就问他哭什么，丘吾子告诉孔子他因为失去了三样东西：发觉、醒悟太晚，悔之莫及，因而悲哭。丘吾子失去的三样东西：一是少年时喜欢学习，四处游学，后来回去时至亲已死；二是长期侍奉齐君，而齐君骄傲奢侈失去人才，觉得臣节有亏；三是平生的至交好友，现都分离且断绝联络。并发出“树欲静而风不停，子欲养而亲不待也，往而不可追者，年也；去而不可得见者，亲也”的千古感慨，在告别孔子后，投水而死。这一典故对后世中国人的价值思维、行为认知甚至家国情怀都产生了重要影响。它告诫我们要珍惜亲情友情，要对国家和社会尽忠尽责，要及时反思完善自我，要对做过的事情不断总结，以提高分析和解决问题的能力。

古今中外凡成大事业者，都非常重视及时的反省和不断的总结。孔子的学生曾子曰：“吾日三省吾身，为人谋而不忠乎？与朋友交而不信乎？传不习乎？”近代中国著名记者和出版家邹韬奋说“自觉心是进步之母”；人民教育家、思想家陶行知先生强调“要特别注意主动力的培养”，使其关注于全部的学习、工作和生活中，自动就是自觉的行动，自觉的行动可以收到事半功倍的效果。

习近平总书记更是站在深化改革和完善中国特色社会主义制度的高度强调自觉的重要性，并提出了思想、政治和行动“三位一体”的自觉观。他在主持召开中央全面深化改革委员会第九次会议时强调，全面深化改革是我们党守初心、担使命的重要体现。改革越到深处，越要担当作为、蹄疾步稳、奋勇前进，不能有任何停一停、歇一歇的懈怠。要紧密结合“不忘初心、牢记使命”的主题教育，提高改革的思想自觉、政治自觉、行动自觉[1]。

总之，所谓自觉，简单地说，就是人们不假思索就以恒定的方式去做，是意识与行为、内隐与外显之间的有机统一，是个体的一种不需要刻意思考便能自动作出有效反应的行为模式。

## （二）社会工作的专业自觉

社会工作从产生、发展到走向成熟，无论在像美国这样的西方先发国家，还是在像中国这样的后发国家，都必然会经历一个相对较长的过程，尽管这个过程会因为各自的国情不同而有所差异，但伴随这个过程的一定会有一代又一代诸多社会工作前辈的不懈努力，不断总结和反思，也就是说一定会有一个专业自觉促进专业成长、专业成熟的过程。

中国社会工作的发展相对较晚，其间还经历过30多年的中断与空档时期，要获得更好的发展，就需要从各个方面加以总结和反思，实现专业的自觉。社会工作专业恢复重建以来，专业自觉就备受社会工作同人的关注，特别是中国社会工作教育协会及其各个专业委员会的年会与学术研讨会，专业反思常常成为中心议题，追求卓越成为许多社会工作教育者的情怀。如中国社会工作教育协会2001年年会，在分析展望转型期中国社会工作发展机遇的同时，相当一部分学者、专家提交的论文都涉及中国社会工作面临的困难与挑战并提出了相应的对策。正是这些从专业化、职业化、社会化、规范化以及专业发展中的发展策略、专业自律、学科体系、课程体系、教学方法、实务领域、实务体系等方面的全方位反思与探讨，为其后近20年中国社会工作及教育的快速发展厘清了思路，为专业自觉树立了典范[2]。再如2019年山西太原召开的中国社会工作教育协会年会，明确以“新时代我国社会工作的高质量发展”为主题，更是体现了中国社会工作从快速发展阶段到走向成熟阶段的专业自觉性与专业自觉能力的提升。

在反思中国社会工作发展，促进社会工作专业自觉的各种辛勤努力中，王思斌教授无疑是最具代表性的，也是最值得尊敬和学习的楷模。王思斌教授不仅从社会工作人才培养和专业服务中的社会责任与担当中来阐述社会工作的专业自觉，更是从社会工作的专业自律、专业能力、制度建设和具体的服务领域来系统反思和总结社会工作的专业自觉[3]。《社会工作之真善美》不仅是王思斌教授“与社会工作的缘分”的专业自觉，更是中国社会工作共同体的专业自觉。苏联的文艺理论家波斯彼洛夫认为“人们在自觉的、有目的的生产劳动与社会活动的基础上，也逐渐获得了从事自觉的、有目的的审美的活动，即从事审美创造与发展的能力”。按照这样的观点，王思斌教授的《社会工作之真善美》展现的何尝不是一种“从事审美创造与发展的能力”？是一种真正的专业自觉的真、善与美！

此外，还有许多学者以“专业自觉”为基本概念来反思和检视社会工作的发展，如郑杭生和彭秀良。不过郑杭生教授在淡及社会工作专业自觉时主要强调的是根据中央精神，抓住机遇和中国实际推动中国特色社会工作学科发展的自觉性[4]。而彭秀良所说的专业自觉是指社会工作教育者和研究者要将社会工作作为一门独立的学科来看待，来培育和建设[5]。

### （三）社会工作教育扶贫的专业自觉

社会工作教育扶贫的专业自觉，是社会工作专业自觉的重要组成部分，是社会工作专业力量介入脱贫攻坚过程中的应有之义，突出的是“社会工作教育扶贫”，强调的是作为社会工作教育主体在参与脱贫攻坚工作过程中，能否做到专业自知、专业反思、专业觉察和专业敏感，不断检视脱贫攻坚过程中的正误得失，在这个过程中不仅做好脱贫攻坚工作，也不断总结经验提升和完善自我。这里的社会工作教育主体是一个系统，可以从多个方面去理解和界定，包括作为一个专业（或学科或职业）的社会工作、社会工作专业的举办方也就是社会工作专业所在的学校或院系、社会工作专业师生以及社会工作教育主管部门，并由此构成一个较为庞大的社会工作教育行动体系。社会工作教育行动主体在参与脱贫攻坚过程中要做到能秉持专业价值，遵循专业伦理，坚守专业规范，发挥专业优势，驾驭和评价社会工作参与脱贫攻坚的过程和结果。这一过程和结果应该可以从两个方面去考察，一方面是脱贫攻坚的精准与成效，另一方面是通过脱贫攻坚实践的检验反过来促进社会工作及其教育的本土化成长。所以，社会工作教育扶贫的专业自觉实际上也是一个扶贫与专业教育成长相辅相成的双向互动关系。这种自觉与成长，有助于社会工作专业自信的建立。

## 二、社会工作教育扶贫的价值和策略

社会工作教育扶贫的专业自觉首先反映在态度认知方面，这体现出社会工作专业自觉的觉悟水平和政治敏锐性上。扶贫开发事关全面建成小康社会，事关人民福祉，事关巩固党的执政基础和国家长治久安。打赢脱贫攻坚战，是促进全体人民共享改革发展成果、实现共同富裕的重大举措，是体现中国特色社会主义制度优越性的重要标志。社会工作能不能主动响应党和政府号召，能不能有力贯彻中央和国务院的决定，能不能及时有效回应社会和贫困群众的需求，积极参与脱贫攻坚行动，充分反映了社会工作及其工作群体政治觉悟水平的高低和政治敏锐性的强弱，在很大程度上也可以反映出社会工作发展的成熟程度。

### （一）社会工作教育扶贫要有使命感

社会工作参与脱贫攻坚，是党中央和国务院赋予社会工作教育群体在“打赢脱贫攻坚战”中的神圣使命。2015 年 11 月《中共中央 国务院关于打赢脱贫攻坚战的决定》提出，要“着力加强教育脱贫”和“实施社会工作专业人才服务贫困地区计划”；2016 年 11 月，国务院把“实施社会工作专业人才服务贫困地区系列行动计划”列入《“十三五”脱贫攻坚规划》；2017 年 6 月，民政部、财政部、国务院扶贫办发布《关于支持社会工作专业力量参与脱贫攻坚的指导意见》，就社会工作专业力量参与脱贫攻坚作了详尽部署，提出“实施社会工作教育对口扶贫计划”。2018 年 6 月《中共中央 国务院关于打赢脱贫攻坚战三年行动的指导意见》再次强调要“实施社会工作专业人才服务贫困地区系列行动计划，支持引导专业社会工作和志愿服务力量积极参与精准扶贫”。因此，社会工作教育群体（社会工作高校、主管部门及领导、专业教师、专业学生）能参与脱贫攻坚应该感到光荣和自豪，对此有没有鲜明的态度和深刻的认识，直接决定社会工作教育群体参与脱贫攻坚的主动性和积极性。

## （二）社会工作教育扶贫要有责任感

社会工作参与脱贫攻坚，既是党中央和国务院赋予社会工作教育群体的神圣使命，更是社会工作教育群体义不容辞的责任和义务。这种责任和义务，不仅仅是缘于社会工作救难解困的传统，更是缘于当代中国社会发展和人民追求美好生活的强烈感召。为贯彻落实党中央、国务院及国家有关部委关于社会工作参与脱贫攻坚的指示精神，2017 年 11 月，民政部办公厅、国务院扶贫办综合司联合印发了《社会工作教育对口扶贫计划实施方案》，强调要充分发挥中国社会工作教育协会（简称“社工教育协会”）、全国社会工作专业学位研究生教育指导委员会（简称“全国 MSW 教指委”）、社会工作相关院校等社会力量作用，加大对贫困地区（包括深度贫困地区）的对口扶持力度，力争到 2020 年，促成至少 200 所社会工作相关院校与贫困县建立社会工作专业培训、教师实践和学生实习实训基地，帮助贫困地区培养社会工作专业人才，增强贫困地区运用社会工作理念、知识与方法开展扶贫工作的能力，增强精准扶贫实效。全国 MSW 教指委和社工教育协会先后于 2017 年 10 月、2018 年 2 月、2019 年 6 月发出《关于启动百校对口扶贫计划的重要通知》《关于启动第二批百校对口扶贫计划的重要通知》和《关于进一步落实民政部等三部委文件精神加快推进社会工作教育扶贫若干工作的通知》，积极组织动员会员单位参与脱贫攻坚行动计划，反映了社会工作教育群体对社会工作参与脱贫攻坚的高度自觉和强烈的责任意识。作为会员单位，积极响应协会和教指委号召，参与脱贫攻坚责无旁贷，是专业自觉的充分体现。

然而，我们必须看到，社会工作教育扶贫的态度认知，社会工作参与脱贫攻坚的使命感和责任感，在社会工作教育群体内部是不平衡的，有主动和被动，有积极和消极，有务实和务虚等不同表现。比如到 2019 年 11 月社工教育协会年会期间，参与社会工作教育扶贫的 200 多家成员单位仍然还有 40 多所院校没有实质性的扶贫行动，连最基本的也是“硬中之硬”和“重中之重”的“以签约、挂牌的形式建立实习实训基地”任务都没有完成，更没有形成专人负责和常态的工作机制，这是必须引起社会工作教育群体特别是那些还没有行动的成员单位高度重视和深刻反思的，否则，我们只能说是社会工作教育扶贫的专业自觉的不自觉。

同时，我们也要看到并警觉的是，在社会工作教育扶贫中可能还存在着“两头热中间冷”的现象。所谓“两头热”，一头指的是上面作为部署安排的一些政府部门和组织，如民政部、财政部、国务院扶贫办以及全国MSW教指委和社工教育协会等，对社会工作专业力量参与脱贫攻坚给予积极支持和鼓励并寄予厚望，另一头指的是下面作为组织实施的社会工作高校院系和专业师生对参与脱贫攻坚的踊跃参与和热情投入。所谓“中间冷”主要是指的处于社会工作教育扶贫系统的中间环节，如各社会工作专业院系所在的学校层面和地方高等教育主管部门。当然，这种“两头热中间冷”也不平衡，上面有些对高校具有决定影响力的部门也未必很积极地参与其中，下面有些社工专业所在的学校领导层面也很支持，甚至亲临社工教育扶贫一线指导。在一定意义上，或许正是因为上面那些具有决定性影响力的部门积极性不够，对中间层面一些主管部门和学校产生了相应的影响，导致这一层面的冷淡。40多所没有实质性扶贫行动的院校或许面对的就是这种情形，从而导致广大社工师生们空有一腔热情。

### （三）社会工作教育扶贫要有正确的策略选择

正确的认知态度只能回答要不要积极参与社会工作教育扶贫以及在参与扶贫过程中是否认真负责的问题，虽然俗话说态度决定一切，但具体如何参与、介入点在哪里、需要涉及哪些工作内容等问题必须要有一个正确的策略，这关乎社会工作教育扶贫投入的人力物力、时间和精力，更影响社会工作教育扶贫的实际效果。

选择如何参与扶贫工作，从哪个方面介入，重点开展哪些服务和工作，全国MSW教指委和社工教育协会有一个总体的要求和说明，涉及参与贫困群众救助帮扶（需求评估、精准识别、资源链接对接、心理支持、专业服务等）、参与贫困群众脱贫能力建设（思想转变、内生动力、潜力提升、自助互助等）、促进易地搬迁贫困群众融合适应（疏导情绪、关系调适、链接资源、重建网络等）、参与贫困地区留守儿童关爱保护（监护随访、成长辅导、法制宣传、临界预防等）、针对其他特殊困难人群开展关爱服务（精神慰藉、生活照顾、权益保障、社会支持等）、提升贫困地区社会工作教育水平、支持贫困地区社会工作实习实训基地建设、支持贫困地区加强社会工作专业人才队伍建设、支持贫困地区加强社会工作组织建设、其他促进贫困地区发展的社会工作专业活动等10大类。从贫困地区社工服务的实际需求、社会工作服务环境和社工教育单位的具体情况来看，帮助贫困地区培养社会工作专业人才不仅是基本任务，也是核心任务，也是社工教育单位最擅长和容易实现的目标。

一家社工教育单位要同时展开这10个方面的工作基本上是不可能的，有太多的困难和条件制约。一般情况下，一家社工教育单位都会依据自身的力量和能够依托的资源有选择性地介入。比较常见的是组建师生服务团队，在一个贫困地区设立一个或多个服务点（通常是贫困村）开展直接的综合性社会工作服务，这种服务需要投入的人力物力、时间精力等资源相对较多，服务内容也涉及多个方面，效果也比较明显，特别是面上的宣传和社会效应，容易引起关注进而得到更多的支持，但如果服务周期过短的话，服务的深度效果可能与预期存在差距，而且当外援社工服务团队撤离后很容易出现脱贫反弹。

如果社会工作在一个地区还没有成为一种常态的制度安排，没有良好的社会工作发展环境，没有成熟的社会工作服务机构和社会工作者，社会工作还没有为群众甚至政府部门所知晓和认同的时候，参与扶贫的社会工作者一定要意识到，直接面对贫困村社和贫困农户开展的帮扶服务固然重要，但面对的工作环境的改变或者说社会工作生态系统的建设或许更为重要，不仅要从“社会工作外部系统”去推动政府和社会层面形成积极支持社会工作发展的外部环境，而且更要从“社会工作内部系统”直面当地的社工机构和社工队伍现实状况，帮助当地培育社工机构，培养社会工作专业人才，增强当地运用社会工作理念、知识与方法开展扶贫工作的能力，这样的社会工作服务和反贫困才是可持续的，也充分体现了社工教育扶贫中的精准性对接，否则，社会工作的“嵌入式”发展也好，“融合式发展”也好，都是无从谈起的。

从重庆“三区计划”和扶贫社会工作服务项目以及其他一些地方的社会工作服务项目实施情况来看，在初始阶段大多都是外来的社工机构和社工队伍在执行，项目周期也比较短，一般是一年，即便一个区县安排了连续几年的项目，往往也是一年一个村（社），第一年在一个地方，刚好把社区及群众的需求和问题弄清楚，与村（社）干部和群众建立起了初步的信任关系，逐渐明确服务思路，并开展了一些赢得群众欢迎的服务活动，也可以说社会工作服务初见成效，但第二年又变换项目执行地点，所有工作不得不从头开始，社会工作服务很难深化。同时，虽然多数项目都有“选派和培养”的任务，但往往是对选派的社工的直接服务社区和群众的考核远远重于对本土社工人才的培养的考核，结果选派下来的社工因难以适应当地“社工孤岛”般的环境而离职或回撤，本土社工人才又没有很好地培养起来，致使社会工作在受援地区难以落地生根。当然这样并不是说这些项目没有对当地的社工环境培育和本土社工的培养起到促进作用，作用还是有的，还是播下了社工的种子，有的区县社工机构和社工也是在其基础上发展起来的，只是说没有预期和应有的效果明显。

我们团队参与社会工作教育扶贫，说早也早，说晚也晚。说早是因为我们从 2013 年参与重庆“三区计划”就开始了，重庆首批“三区计划”只有 6 个区县的 6 个社区（村），由同一家机构承接，社工力量严重不足，在专业性方面也比较薄弱，根据民政部门的指导意见，我们对接了黔江和秀山两个区县的“三区计划”督导任务，当时重庆的社工机构只有屈指可数的两三家，远郊区县基本上还是社会工作处女地，没有社工，也没有社工机构，“三区计划”在这些地方起到了拓荒与播种的作用，是重庆社会工作介入反贫困的初步尝试。说晚是因为我们直到 2018 年 4 月，在广西桂林召开第二次中国社会工作教育扶贫动员大会暨教育扶贫研讨会时才正式加入协会组织的社会工作教育扶贫序列。虽然在 2013 年到 2018 年的 5 年间，我们并没有中断参与“三区计划”和教育扶贫工作，其间甚至专门组织了一个项目组到 Z 县白桥溪社区执行了 1 年的“三区计划”项目，但是因为认识和组织协调的问题，效果并不理想，特别是在项目结束后，随着该县的脱贫“摘帽”，我们社工团队就撤出了当地的扶贫社会工作。加入第二批百校对口扶贫计划后，到底该怎么做？是向民政部门申报项目驻村开展社会工作综合扶贫服务，还是充分利用现有资源开展较为单一的社工督导服务？相对于贫困社区和人群，我们把前者称为“直接的扶贫参与模式”，这种模式下社工团队要直接面对贫困村社和贫困农户，需要组织更多的社工和更多的资源，而且其受益面和影响带动力有限，主要是项目所在的村社，一旦社工团队撤出，服务就很难持续；后者我们称为“间接的扶贫参与模式”，这种模式下社工团队直接面对的是当地本土的社工机构和社工队伍，通过当地本土的社工机构和社工去为贫困村社和贫困农户服务，我们主要提供技术支持，集中力量孵化和培育当地本土的社工机构和社工队伍，当地本土的机构和队伍一旦成长起来，其影响和带动面就更大，甚至是全域性的，而且即便我们社工团队撤出，当地本土社工的服务依然可以长期继续。

鉴于此，经过团队内部讨论并与地方政府部门（主要是民政部门）沟通协商，我们选择了实施“间接的扶贫参与模式”和策略，把社工教育扶贫的重点放在了帮助当地培养社会工作专业人才上，支持当地加强社会工作专业人才队伍建设和社会工作机构培育成为我们的主要工作目标，服务内容和形式主要是结合政府购买的社会工作服务项目提供专业督导和社工人才队伍培训。这种服务不单是局限于扶贫社会工作项目，而是整合了当地所有的社工机构、社工项目和社工人员，实际上是一种“捆绑式”的综合服务。为了督导和培训工作更精准、更具针对性和更切合实际，我们需要经常和本土社工一起深入不同的项目点特别是扶贫社会工作所在的村社进行走访，与村社干部、扶贫对象进行交流，实地观摩本土社工的服务现场，与本土社工一起探讨服务过程中的各种案例及应对之策。

## 三、社会工作教育扶贫的实践与困难

从加入第二批百校对口扶贫计划后，我们团队分别与K区、F县和X县等三个区县的民政部门和社工机构合作，一方面参与协助当地面上的社会工作发展工作，主要是面向民政机关工作人员、直属机构员工、乡镇民政干部及村社干部宣讲社工知识；另一方面是点上的社工督导、社工机构发展和社工项目推进工作，主要对象是社工机构和一线社工。三个区县均刚脱贫“摘帽”或面临脱贫“摘帽”整改与巩固任务，减少贫困地区和人群对政策性脱贫的依赖，更多地依靠自己的劳动和能力巩固脱贫成果，防止返贫。社会工作有自己的独特优势，可以在这方面发挥积极的作用。目前三个区县的社会工作虽然取得了一定程度上的发展，社工服务机构有所增加，队伍逐渐稳定，社工的专业服务能力也有所提高，但社会工作及人才队伍建设还面临很多困难，与区域脱贫转型期社会经济发展和群众多元服务需求还有很大的差距，专业力量的跟进和支持非常必要和迫切。

### （一）受援区县社会工作基本情况

K区是2017年国家574个扶贫开发工作重点县之一，地处渝东北三峡库区腹地，辖区面积3959平方千米，辖40个镇乡街道（28个镇、7个街道、5个乡）、535个村（社区），总人口169万，其中乡村人口105.13万，户籍人口城镇化率37.62%。60周岁以上人口30.47万，占总人口的18.08%，老龄化比较严重。居民人均可支配收入21560元，农村常住居民人均可支配收入13443元。虽然在2018年如期摘掉了30多年的国家级“贫困帽子”，但仍属市级贫困区县，有市级深度贫困镇1个，区级贫困乡镇2个，贫困村135个，绝对贫困人口11300多人。同时，因劳务输出量大，农村“三留守”现象比较突出。

K区社会工作在重庆远郊区县发展相对较早，2013年2月就注册成立了重庆三峡库区第一家社工服务机构，到2019年共有社会工作服务机构7家，考取社会工作资格证书（含社会工作师、助理社会工作师和社会工作员）的165人，加上在社区、救助管理站、福利院和军休所等单位和福利机构的“半专业社会工作者”，民政统计的社会工作专业人才近300人，但专职社工只有17人。先后执行过“三区计划”、留守儿童、农村老复员军人（主要是抗美援朝老兵）、农村扶贫、流浪困境儿童、婚姻家庭、社区社会工作室等多个领域的社会工作服务项目。留守儿童社会工作服务项目和在乡老复员军人社会工作服务项目还曾被评为市级品牌项目。

F县地处三峡库区腹地、重庆地理中心，辖区面积2901平方千米，辖30个镇乡街道，330个村（社区），户籍人口82万，其中乡村人口57.8万，户籍人口城镇化率29.8%，低于K区，更低于全市平均水平。60岁及以上人口15.6万，占总人口的19%，老龄化比K区严重。居民人均可支配收入19186元，农村常住居民人均可支配收入11869元。虽然在2017年就摘掉了国家级“贫困帽子”，但也仍属市级贫困县，有市级深度贫困乡镇1个，深度贫困村28个，贫困人口1996人、临界贫困12873人。同样，F县农村留守现象较为突出。

F县社会工作发展在重庆相对于主城和其他区县，发展较晚，虽然自2013年就有“三区计划”项目落户该县，但本土的社工机构却是从2015年才开始注册成立，2017年在县民政局的推动下，统筹全县5家社工机构成立了F县社会工作发展基地，并得到了市民政局的支持，社会工作开始得到较快发展，截至2019年，考取社会工作资格证书（含社会工作师、助理社会工作师和社会工作员）的231人，专职社工11人。先后组织实施了市、县财政补助资金支持的社工服务项目12个，服务内容涵盖社会治理、农村扶贫、社区养老、社区矫正、健康城市建设、儿童成长等领域。

X县是重庆最边远的县之一，属于少数民族聚居地区，辖区面积2462平方千米，辖4个街道、23个乡镇、257个村（社），户籍人口66.78万，其中乡村人口46.41万，户籍人口城镇化率30.5%，其中土家、苗族等少数民族占总人口的58.5%。2018年全县居民人均可支配收入19664元，农村常住居民人均可支配收入11116元。与K区和F县一样，该县虽然摘掉了国家级“贫困帽子”，但仍属市级贫困县，有市级深度贫困乡镇1个，贫困村85个，贫困人口和临界贫困1万多人。

X县虽然边远，但社会工作在远郊区县中也算是启动较早的，2013年重庆首批“三区计划”就落户该县G社区。2016年，重庆某高校的社工师生也来到该县，先后在两个贫困村执行了3年的“三区计划”项目，对该县社会工作的发展起到了积极的推动作用，本土社会工作机构和社工队伍也逐步形成。至2019年，X县有本土社工机构6家（实际运作4家），持证社工52人，专职社工8人。先后执行过扶贫、婚姻家庭、社区、儿童青少年等领域近10个项目，积累了一定的社会工作实务经验。

## （二）受援区县社会工作发展存在的困难和问题

作为区位比较边远、经济发展相对落后的K区、F县和X县，虽然近几年社会工作也得到了一定的发展，初步形成了登记注册社会工作服务机构、培养储备专业社会工作人才、拓展各领域的社会工作专业服务等组成的社会工作基本格局，但还很不成熟，还面临很多困难和问题。这些困难和问题，既是当地社工发展必须要面对和解决的困难和问题，也是社工教育扶贫必须要面对和解决的问题。

第一，专业社会工作人才缺口大，专职社工队伍不稳定。三个区县总人口有318万，村（社区）1122个，各类学校852个，市级深度贫困乡镇4个，贫困村200多个。按照《重庆市中长期人才发展规划纲要(2010—2020年）》和重庆市民政局等15部门联合印发的《关于加强社会工作专业岗位开发与人才激励保障的实施意见》对街道（乡镇）、社会福利院、工会、未成年人保护机构、民办社会工作服务机构等设置社会工作专业岗位、配备社会工作专业人才作了详细的规定，并提出城乡社区要建立社会工作室（站），力争2020年城市社区配备2名（含）以上社会工作专业人才、农村社区配备1名（含）以上社会工作专业人才。考虑边远地区的实际情况，城乡社区均按1名社工配置，不考虑其他单位和部门，至少需要1122名社工，但现在三个区县社工专业人才583人，缺口近一半多，很难满足地区社会经济发展和广大群众多样化多层次的服务需求。事实上这些社工专业人才特别是社工证持有者大部分都是在民政机关部门或直属福利机构。社工机构的专职社工仅有36人，而且2018—2019年度还有7人因各种原因离职或被辞退。

第二，财政支持力度不够，社工机构筹资困难，服务项目难以持续。由于还未完全脱贫或刚“摘帽”，社会经济发展水平滞后，区县财政较为紧张，难以形成对社会工作的有力支持，每年除了争取一定的市级财政补助资金来支持开展社会工作服务项目外，区级财政基本上没有设立专项资金用于购买社会工作服务项目，仅仅在民政业务培训中顺带安排些社会工作知识和技能培训。同时，因为这些区县的社工机构都是新成立不久，自我造血能力不强，缺乏有效的渠道筹集资源，单一地依靠政府购买项目，在项目及经费不稳定的情况下，很难实现自身健康发展，甚至有的社工机构有名无实，成为“僵尸”机构。如三个区县的 19 家社工机构，在 2018 年仅有 10 家机构承接了服务项目，“僵尸”机构差不多占了一半，“僵尸”机构的存在，不仅影响社会工作事业的健康发展，而且严重损害社会工作机构和社会工作者的专业形象，即便有项目的机构，有的一年也只有一两个项目，一两名专职社工，甚至在 2019 年还有 1 家机构申请注销。

第三，社工机构一线社工的服务能力有待提高，社工教育扶贫的空间很大。现在一些地方社会工作有一种“怪现象”，那就是持有社工证或学习社工专业的不一定愿意或坚持在社工服务一线，而正在社工一线服务的不一定有社工证或具有社工专业教育背景。从三个区县的社工机构和一线服务社工情况来看也有这种现象，当地的社工机构大多是成立不久的新机构，专职社工人数不多，拥有社工专业背景和资格证书的占比不大，服务的项目领域特别是农村社工或扶贫社工项目较少，服务时长较短，组织、管理和服务经验有待积累，服务能力有待进一步提升。但好在他们基本上又都是本乡本土的人，大多具有大学专科及以上学历，对家乡有感情，对社工有情怀，是自愿投入社工行业的，而且有较强的学习积极性，有的通过参加考试已经获得了社会工作员、助理社会工作师或社会工作师资格证书，只要社会工作的发展环境得到改善，社工队伍的稳定性就很强，培养本土社工的潜力较大。如三区县现有的 36 名一线专职社工，持有社工证或社工专业毕业的仅占 60%，无论从提升社工专业素质、职业资格，还是队伍稳定来讲，社工教育在这些地区的帮扶空间都很大。

第四，社工主管部门因分管人员调整及其在认识上的差异导致社工发展的起伏不定。受援区县社会工作的发展相对滞后，对发展社会工作有着较大的需求，社工机构和一线社工也有强烈的学习愿望，希望获得专业上的支持和帮助，这决定了社工教育扶贫必将大有可为、大有作为，这也是社工教育单位能与受援区县开展合作的前提与现实基础。但是，这种合作常常是不稳定的，其中一个很重要的因素就是合作主管部门分管人员特别是分管领导在调整后，如果出现认识上的不一致，就可能导致合作出现裂痕。说得再直白一点，就是如果前任分管领导对社工有所了解和认同，对发展社工的有关政策文件领会到位，能看到发展社工对满足群众需求，推进社会服务和社会治理创新起到重要积极作用，对当地社工发展的支持力度也较大，同时也能接纳或主动联系并积极支持社工教育扶贫合作，但因为制度安排或因工作需要出现轮岗、调任的后继者，如果没有同样的认识，就会弱化对当地社工发展的支持，与社工参与扶贫单位的合作也可能中断或者得不到有效的支持。这种情况在我们的受援区县中或者已经成为事实，或者已是一种担忧。同时，这种分管人员调整后在认识上的差异导致社工被弱化的情况，不仅在受援区县存在，而且在提供支持的社工教育单位也存在。

第五，与其他脱贫攻坚力量缺乏有效的沟通与整合，导致社工扶贫的专业优势难以发挥。脱贫攻坚是个系统工程，为精准、高效打赢脱贫攻坚战，如期完成脱贫攻坚任务，各区县在深度贫困乡镇和村（社）都派驻有扶贫工作队，工作队员跨专业、跨行业、跨部门，具有跨界合作人才优势。针对各乡镇、村（社）扶贫任务，有关市、区级职能部门积极开展对口帮扶，签订扶贫责任协议，在资金和项目上给予大力支持。因此，可以说在决战决胜脱贫攻坚期间，贫困乡镇和村（社）的资源是比较丰富的，要政策有政策，要资金有资金，要项目有项目，但各方对贫困、扶贫的理解及工作重点往往不尽相同，造成各自为政。扶贫工作队和村社干部通常比较注重产业发展和经济上的脱贫，社工通常比较侧重教育扶贫、健康扶贫，注重对贫困人群的心理、情感、精神、社会参与等方面的关爱服务，注重贫困人群和贫困社区内生力量的培育。贫困人群自我关注的主要是增加收入，如何改善生活，实现生活富裕。虽然各区县也有相应的脱贫攻坚领导小组进行统筹协调，但原则上主要还是更多倾向于产业发展、基础设施建设等方面，对福利服务及“支持社会工作专业力量参与脱贫攻坚”基本上是闻所未闻或充耳不闻或置之不理。因此，社工在参与扶贫服务的时候，不仅要充分利用专业知识和方法直接面对村民开展心理、精神、健康、教育等非经济领域的服务，在扶贫扶智与能力建设上下功夫，展示自己的“存在”，更要利用长于沟通协调和资源整合的优势，与驻村扶贫工作队、村社干部多交流，主动“嵌入”传统的扶贫体制机制中，在跨界的扶贫工作团队中发挥专业支撑作用，以凸显自己的“存在”。但是，因为我们的社工都比较年轻，工作年限时间短，乡村生活经验和专业服务能力相对不足，加上条件限制基本上不长驻村里，甚至“隐身”，缺少与扶贫工作队、村社干部及村民的深入沟通、交流，导致社工扶贫的专业优势难以发挥，服务效能难以有效体现，对专业督导的需求很强烈。

### （三）受援区县社会工作教育扶贫的实践

鉴于上述的实际问题与需求，在前期工作的基础上，我们在三个区县的社会工作教育扶贫中，把培育社工机构和培养社会工作专业人才，提升社会工作专业服务能力作为工作重点，采取集中培训、个别督导、案例分享、线上线下等方式给予当地的社工机构和一线社工技术上的大力支持。在帮扶期间，协助建立社工组织服务平台 1 个，培育和孵化社工服务机构 15 个，为 40 多名一线社工、500 多名社区专职工作者和乡镇民政干部提供社会工作知识培训 9 场，专题辅导 15 次，提供每月一次的现场督导和不定期的线上交流服务。协助三区县承接市级社会工作服务项目 19 个并提供项目督导服务，其中社会工作服务机构培育项目 1 个，扶贫社会工作服务项目 3 个，婚姻家庭社会工作服务项目 2 个，民政服务机构项目 2 个，示范村（社区）社会工作室（站）项目 11 个，另外还有基金会资助社会工作服务项目和公益众筹社会工作服务项目 6 个。这样，就拓宽了当地社会工作资金来源和服务领域，社工机构和社工队伍得到一定程度的发展，使三个区县成为重庆远郊区县社会工作相对活跃的地区，社会工作在参与脱贫攻坚、特困人群服务、社会治理与服务创新中取得了突出的成绩。我们的具体做法是：

第一，加强与相关政府部门特别是民政部门的沟通交流，充当协调者角色。

区县社会工作的发展，不仅需要国家层面宏观的政策指导，更需要在地方社会行政中获得相关职能部门的大力支持，而地方职能部门在执行政策的时候，需要考虑经济发展、财政收支、产业布局、部门协调、业绩考核等诸多因素，在经济发展滞后的地区，总体上还没有摆脱以发展经济为主导，即便扶贫也仅局限于经济扶贫的前提下，要发展社会工作，要“支持社会工作专业力量参与脱贫攻坚”必然面临诸多困难，除了民政部门外，其他部门通常是“不合作”“冷处理”，但社会工作的发展仅靠民政部门独家发力是难以推进的，所以，在开展社会工作教育扶贫的过程中，不仅要与民政部门取得共识，获得民政部门的大力支持，进而更要通过民政部门的引荐、协调，与其他相关职能部门沟通交流，以获取更多部门的支持，扩大社会工作在行政系统的知晓度和认同度。比如，在F县，通过这种沟通、交流与协调，不仅在扶贫村能使社工有效参与村“两委”和扶贫工作队的相关工作，合力决战脱贫攻坚，而且还成功说服有关部门购买社工服务项目。在这个过程中，作为社工督导，首先是充当了一个关系协调者的角色，虽然沟通协调的工作并非完全没有障碍，且在不同的区县表现出较大差异，但总体上来说还算顺利，这是开展社工教育扶贫的重要内容，也是取得一定成效的前提条件。

第二，协助开展社工知识和社工人才的分类培训，充当教育者角色。

社工教育扶贫的重点和关键是为受援地区培养更多的合格的社会工作专业人才，增强受援地区运用社会工作理念、知识与方法开展社会服务和扶贫工作的能力，增强精准扶贫实效。要达到此目的，不仅要关注社工服务机构和社会福利机构的社工专业人才培养，而且要注重社工发展环境的营造，要让整个地方社会行政系统能充分了解和接纳社会工作。因此，我们在推进社工教育扶贫工作中，在组织部门、民政部门的领导和支持下，统筹开展社会工作知识和人才的分类培训，充当社会工作教育者的角色。一是协助组织开展社会工作资格考试的考前公益培训；二是社工机构的业务能力培训；三是社区（村）干部的社工知识培训；四是乡镇民政干部和福利机构相关人员的社工知识培训。通过这样的分类系统培训工作，极大促进了受援区县社工资格考试报名人数，提高了社工资格考试的过关率，提升了社工机构及社工的专业素养和服务能力，对传统的社区服务工作和福利机构服务工作起到了促进作用，在社区、福利机构和民政系统营造了更好的社工发展氛围。

第三，协助社工机构的内部治理和发展，充当行政管理和资源链接者角色。

一个地方要发展社会工作，承接政府和其他社会组织购买和资助的社会服务，就必须建设正式的、规范的、有公信力的社会工作专业机构，以便于招募和团结有志于社会服务的社会工作者，进而去完成特定的社会工作服务目标和任务。一个地方社会工作发展得好不好，也自然要看它有没有一定数量的好的社工机构和能否聚集一批能胜任专业服务任务、能满足当地群众需求的社工队伍。我们对口帮扶的三个区县的社工机构大多都是新近一两年才成立的，最早的一家也不过才 5 年，在机构的功能定位、组织架构、人员招聘、项目开发、资金筹措、团队建设、运营管理等方面都存在一定的问题，因此，本着督导员“对于机构的管理也仍然负有责任”的基本理念[6]，需要对机构的发展予以跟进，在其中充当行政管理和资源链接者角色。比如在社工招聘录用方面，由于当下社工的待遇整体偏低，而且在全国社工都面临较大缺口的情况下，作为边远贫困地区能招录到持证的或社工专业本科毕业的社工已属不易，要吸引优秀社工更是难上加难，所以，有的机构一开始基本上是“来者不拒”，导致机构社工徒有其名，在服务资质和服务能力上都很难满足项目执行和群众服务的需求，加上社工服务相对比较辛苦，需要不时地入户走访，到极为分散居住的农户家中调查，还得时常面对服务对象的负面情绪，因此，许多人都坚持不了多长时间就离职跑路，人员更替频繁，项目指标难以完成，服务质量难以保证。在此情况下，我们一方面尽可能地安排和协调本科毕业实习生去顶岗实习，另一方面，通过社工专业教师信息交流群，挖掘各地在读社工专业特别是专科层次的本土户籍学生，鼓励他们回乡从事社工专业服务，结果证明，这是一个比较切合实际又可行的办法。另外，对一些不是社工专业学习背景但愿意加入社工行列的求职者，我们注重对基本素养、敬业精神、学习态度、亲和力等方面的考察，并给予一定的时限要求获得社会工作员及以上社工资格证书，同时要求加强社会工作理论知识的自学，实务方法技巧的培训。这样就比较好地解决了社工的从业要求和队伍的稳定问题。再如机构项目少、经费少的问题，除了尽可能地争取市级财政资助的社工服务项目外，我们还积极鼓励、协助和指导各机构申报各类基金会、公益众筹项目，全面拓宽机构服务经费来源，效果不错。目前三个区县的非政府财政资助社工服务项目数量大概占比三分之一，服务经费占比在四分之一左右。另外我们还尽可能地通过各种渠道，联系爱心企业、扶贫单位与社工机构合作开展不同类别、不同形式的社工专业服务。

第四，社工服务项目的全程督导和陪伴社工一同成长，充当支持者与同行者角色。

我们都明白，督导的作用和方法在社会工作中有着特别重要的价值和意义，而且，一般情况下，督导是由机构中工作经验丰富、对工作任务有深入而全面认识的领导者或资深员工来担任。但是，对于社会工作刚刚起步的地区和新成立的机构而言，一切都才刚刚开始，既没有工作经验丰富的社工，也来不及对刚落地的社工服务项目开展深入的思考和研究，要设立内部督导和建立完善的督导制度是困难的，所以，在我们进入受援区县之前，当地的社工服务机构和社工服务项目，要么没有督导，要么就是虚设，偶尔有上级主管部门委托的社工专业教师或社工专家来给予指导，满足不了社工机构发展、社工成长和项目推进的需要，这也是在我们的社工教育扶贫中，把督导服务作为重点的原因所在。但因为愿意或能够胜任这种督导任务的老师也是不充足的，根据市民政局的指导意见，高校社工专业教师担任社工机构或社工服务项目督导，需要有中级社工师以上资格、执行过一定数量的社工服务项目，或者具有讲师以上职称、从事社工专业教育 5 年以上、参与过一定数量的社工服务项目，加上受援区县路程较远，条件相对较差，要派遣出足够数量的督导确实不容易。因此，每一个区县的督导服务都不单是局限于扶贫社会工作项目，而是整合了当地所有的社工机构、社工项目和社工人员，形成一种“捆绑式”的综合服务，尽管对于督导来说比较辛苦，但相对地提高了效率。

针对社工服务项目的督导基本上是全程跟进，从项目设计、评估需求、制订计划、服务实施到项目评估结项，以至到项目执行过程中具体问题和困难的会诊，一开始几乎是手把手地传帮带。每次到点督导大致分成几个部分，一是结合所在区县的社工项目情况，开展社工专业知识专题讲座；二是听取不同项目点的社工就项目推进情况所作的陈述分享；三是对各个项目进行一一点评；四是就各位社工在服务中的具体问题进行咨询答疑；五是社区入户走访或现场活动观摩及分享。当然，社区入户走访或现场活动观摩不是每次都有，而是根据社工们在项目执行中的实际情况来决定，但前面四个环节通常是不可缺少的。不过，好在队伍逐渐稳定后的社工伙伴们品质和素养都不错，即便那些不是社工专业背景的社工，因为好学好问，领悟力强，又都比较能吃苦，加上基本上都是本乡本土的人，对当地的社会经济状况、文化习俗、风土人情比较了解和适应，因而上手也比较快，对于社会工作服务基本流程、基本方法都能很快掌握。

对于这些年轻的社工伙伴们比较困难的是在服务过程中的一些疑难杂症的诊断和应对。事实上，这些疑难杂症对于督导老师也是极大的挑战和考验，有时对于督导老师来说也未必能很好应对和考验过关。比如在扶贫项目中所遇到的贫困人群中有一些比较固执、倔强以致不怎么讲理的人和一些懒惰的人，村社干部和扶贫工作队员往往拿他们没办法，于是便把他们转介给社工。年轻的社工对这些人也是很头疼，但又不好推辞，也不能推辞，这是脱贫人群中真真最难啃的“硬骨头”。社工求助于督导，说实话，督导也头疼。对于固执、倔强的人相对容易一些，因为他们虽然固执、倔强，但一般都比较耿直、豪爽、讲义气，只要讲清楚政策和道理，在扶贫政策执行中做到公平公正，再在产业上帮扶一把，通常都能收到好的效果。但对于懒惰的人就困难多了，通过做工作，使之改掉陋习，实现自强自立，脱贫致富，是很不容易的事。督导与社工通过一起进村入户，多方走访，包括走访村干部、家人、亲戚和邻居，然后直面当事人，在弄清楚情况后再反复讨论，最终确定三个基本的切入点，即熟人社会、地方性知识、生计产业。熟人社会，主要是指利用熟人社会的面子、脸面或道德舆论形成压力，达到“我被改变”。因为这些懒惰的人通常活动范围不大，少有外出打工或生活经历，即“懒得动”“懒得跑”，而且大多数原生家庭的经济条件相对较好或者在众多兄弟姐妹中排行靠后，被父辈或兄弟姐妹惯坏了，对父母和家人产生依赖，从小就不太会做事，做不来事或养成懒的习惯，即便现在大了、老了，甚至父母已去世、兄弟姐妹已成家分家失去了依赖，他们还是依旧的懒，但他们又大多还是会在意自尊与脸面，只要给他们梳理清楚这些关系，他们迫于情面，不得不作出一些改变。地方性知识，就是利用当地文化的道义和伦理追求，循循善诱，达到“我要改变”。对于少有外出，受外面的文化思想观念影响不大，更多具有传统观念的这些懒惰的人来说，靠低保金或亲戚邻里救助生活，更难以找到媳妇，没有儿女，这都是不忠不孝、可怜可恨的表现，因此，充分利用忠孝和善信来加以引导，使其愿意自主改变。生计产业，就是在主观愿望发生改变之后，适时地传授和培训劳动技能，协助寻求生计道路，发展产业，增加收入，使其通过自食其力并获得自信，达到“我能改变”。经过这样的工作路径和一年多的努力，这些人确实发生了明显的改变，不仅自己种植粮食作物和蔬菜，有的还养生态鸡或种植沃柑，走出了靠自己劳动脱贫致富的重要一步。

## 四、社会工作教育扶贫的制度反思

得益于党和政府的高度重视与大力支持，中国社会工作及教育在30多年的时间特别是2016年以来获得了迅猛的发展，成为社会福利服务体系和高等教育中一支强劲的力量，逐渐介入社会福利、社会救助、慈善事业、社区建设、婚姻家庭、精神卫生、残障康复、教育辅导、就业援助、职工帮扶、犯罪预防、禁毒戒毒、矫治帮教、人口计生、纠纷调解、应急处置等领域并发挥作用。正因为如此，在决胜脱贫攻坚的关键时期，中共中央、国务院及相关部委相继发文，提出要“实施扶贫志愿者行动计划和社会工作专业人才服务贫困地区计划”，强调要“支持社会工作专业力量参与脱贫攻坚”和“实施社会工作教育对口扶贫计划”，社会工作及教育群体也不辱使命，以其自身的专业特质和优势，在脱贫攻坚中日益扮演起难以替代的角色，其服务触角也已深入教育扶贫、医疗扶贫、就业扶贫、灾后重建、生态扶贫、易地搬迁扶贫等多个领域，扶贫对象也从个人、家庭、群体延伸至社区、组织等多个主体维度[7]。另外，我们也要看到，无论就社会工作整体的发展，还是单就社会工作参与脱贫攻坚，都仍然面临许多困难和问题。这些困难和问题，有的属于社会工作及教育群体内部的问题，如对参与脱贫攻坚的认识不足，反贫困经验不足，服务方法有待改进，扶贫服务能力有限，介入反贫困的广度和深度不够等；但更多的也可能属于社会工作及教育群体外部的问题，如地方社会行政体制和反贫困系统对社会工作及参与脱贫攻坚的认同和接纳不够，社会工作及教育群体参与脱贫攻坚的平台和空间缺乏，社会工作及教育群体参与脱贫攻坚的投入与保障不足等，说到底，就是支持的力度不够，相关制度或者缺失或者还不配套，以致社会工作教育群体在参与脱贫攻坚中常常被边缘化。

关于社会工作的发展和社会工作参与反贫困都需要加强制度建设。已经有不少学者给予关注和呼吁，作为参与脱贫攻坚的一线社工更是深有体会。这其中既有社工大佬，也有学界新兵，前者如王思斌教授，后者如李欢同学。王思斌在 2016 年 11 月民政部召开的全国社会工作推进会上就强调“社会工作发展中的短板是什么？主要是制度建设与社会认同”[8]。李欢根据参加 C 市“三区计划”扶贫项目的实习经历和体会，感叹“在我国，社会工作是在体制框架下运作的职业，专业社会工作尚处于发展阶段，农村社会工作领域的政策制度更是寥寥，无论是人才培训制度、评议制度、激励制度都有一定欠缺，而且社会制度层面存在一定的非整合性，成为专业社会工作发展的不利因素”[9]。李迎生不仅系统回顾了近十年来中国社会工作政策发展的轨迹，认为我国近年来虽然出台了不少社会工作政策与法规，但总体而言，对社会工作发展的意义、社会工作政策的重要性和权威性认识还是不够，仅在民政系统、教育领域受到了较为广泛的认可[10]；而且根据各地社会工作参与精准脱贫的实践认为社会工作可以精准介入对贫困户和贫困村的精准识别、精准帮扶、精准管理和精准考核的整个过程中。但需要在完善顶层设计、建立机构平台、推进多元合作、健全资金保障等方面加强制度性配套建设[11]。

其实，从社会工作恢复重建以来，特别是 2006 年以来，已经出台的社会工作及参与脱贫攻坚的基本政策、基本法规和基本制度还是比较多的。

中共中央十六届六中全会不仅作出了“建设宏大的社会工作人才队伍”的战略部署，还提出了社会工作人才队伍发展的四项基本制度，即培养制度、评价制度、使用制度和激励制度。2010 年中共中央、国务院颁布的《国家中长期人才发展规划纲要（2010—2020 年）》，不仅将社工列为经济社会发展急需的六大专业人才队伍之一，而且就社会工作人才培养体系、学科建设、继续教育、评价制度、岗位开发、组织建设、政府购买服务等作了基本要求。2011 年中共中央组织部、政法委等十八部门联合发布的《关于加强社会工作专业人才队伍建设的意见》和 2012 年中央组织部、政法委、民政部、人力资源和社会保障部等十九部门联合发布的《社会工作专业人才队伍建设中长期规划（2011—2020 年）》更是从社会工作专业人才教育与培训制度、社会工作岗位管理体制、社会工作人才的评价激励机制等多个角度，对如何建设宏大的社会工作队伍，进一步推动社会工作制度建设，提出了具体办法和规范。2016 年民政部、中央综治办等十二部门联合印发的《关于加强社会工作专业岗位开发与人才激励保障的意见》就加强社会工作专业岗位开发、岗位聘用、薪酬待遇、职业发展空间、职业地位、表彰奖励、资金支持等作了明确要求。此外，还有大量涉及社会工作主要业务领域的相关政策法规。与此同时，中央各部委及各地方政府也先后出台了一系列文件，对社会工作及其在不同领域的实践进行了社会工作制度、行政管理体制上的规制、创新和探索。

就社会工作参与脱贫攻坚而言，也有中共中央、国务院《关于打赢脱贫攻坚战的决定》《关于打赢脱贫攻坚战三年行动的指导意见》，民政部、财政部、国务院扶贫办《关于支持社会工作专业力量参与脱贫攻坚的指导意见》，中央组织部等六部门《边远贫困地区、边疆民族地区和革命老区人才支持计划社会工作专业人才专项计划实施方案》等涉及扶贫或专项扶贫政策文件。

但为什么在社会工作领域，在社会工作介入脱贫攻坚领域，在社会工作教育扶贫领域，我们还是感觉支持乏力，感觉制度缺失，感觉融入当地已有的反贫困系统的艰难呢？

正如前面我们已经分析过的，虽说有社会工作专业群体内部的问题，但社会工作专业群体外部的制约因素应该是更主要的。社会工作专业群体的“内功”当然要加强，正如王思斌教授强调的要“增强社会工作发展定力”[12]，“社会工作要增强参与反贫困的能力”[13]，但社会工作专业群体的“外力”也更待夯实，只有从政策、制度层面更加有力地确保社会工作专业群体能有效进入当地的反贫困系统，才能更加有效地发挥社会工作在反贫困中的专业优势。

夯实社会工作及介入脱贫攻坚的政策和制度基础，营造更加包容、接纳和良好的社会工作发展外部环境所关联的因素很多，但其中有三个问题是极不容忽视的：一是提高对政策顶层设计的认识问题；二是强化基本制度的权威性问题；三是完善具体制度的系统整合和配套问题。

### （一）提高对政策顶层设计的认识，增强落实政策的主动性和积极性

改革开放以来，特别是2006年党的十六届六中全会以来，党和国家高度重视、不断深化和完善对发展社会工作的顶层设计，从《中共中央关于构建社会主义和谐社会若干重大问题的决定》作出“建设宏大的社会工作人才队伍”的战略部署，社会工作首次写入中央全会决议，到2015年“发展专业社会工作”首次写入政府工作报告，社会工作顶层设计思想完成了从党到政府的有效对接，党和政府在发展社会工作、推进社会建设、创新社会治理上取得了牢固共识。与该顶层设计思想相适应的是《国家中长期人才发展规划纲要（2010—2020年）》《关于加强社会工作专业人才队伍建设的意见》《关于政府购买社会工作服务的指导意见》等一系列关乎社会工作发展的大政方针的相继出台，从而构成了中国社会工作的宏观政策体系。这种思想和共识要真正地传递到社会行政的底层才能得到真正有效的贯彻落实，但事实上，对这种思想和顶层设计的理解和认识又呈现出不平衡性，整体来说从中央到地方各级政府和部门及其工作人员，越往下越是有更多的人理解不透，认识不深，甚至到了一些街道或乡镇一级工作人员几乎是一无所知。从政府行政组织的层级结构来看，区县主管领导和主管部门及其主管领导是起关键性作用的，虽然区县经济发展和财政水

平对发展社会工作及介入脱贫攻坚有一定的影响和制约，但不是最主要的，因为经济发展再滞后，财政压力再大，社会福利、社会救助、慈善事业、社区建设、婚姻家庭、精神卫生、残障康复、扶贫济困等相关领域的基本经费总量还是比较大而且是有所保证的，因此，只要认识到位，结合这些领域开展社会工作服务是完全可能的，而且一定是可以取得更好的效果的。

## （二）提升基本政策和基本制度的权威性，强化地方行政执行力

要建立稳定的社会工作制度，就必须要强化社会工作基本制度的权威性。所谓社会工作的基本制度，就是通过贯彻和体现党和国家发展社会工作的顶层设计思想和重大战略部署的基本原则、对社会工作发展发挥重大影响的制度。前面提及的中央文件及部委文件中的社会工作人才队伍的培养制度、评价制度、使用制度、激励制度、社会工作岗位管理体制、岗位开发、岗位聘用、薪酬待遇、职业发展空间、职业地位、表彰奖励等都属于社会工作的基本政策或基本制度范畴。这些年，我国围绕发展社会工作及人才队伍建设，也确实出台了不少社会工作政策与法规，初步形成了社会工作的基本制度体系，但这些社会工作基本政策、基本制度的形式多见于决定、意见、规定、通知等，仅在《社会救助暂行办法》《中华人民共和国反家庭暴力法》等法律法规中涉及社会工作服务的条款，缺少社会工作发展的专门法律和条例，从而弱化了社会工作政策与基本制度的权威性。比如根据我们在一些区县的观察，虽然都在学习、贯彻和落实《关于加强社会工作专业人才队伍建设的意见》《关于政府购买社会工作服务的指导意见》等文件精神，有的还作了区域内社会工作专业人才队伍建设规划，但最后却没有落实；虽然也都在学习、贯彻和落实《关于打赢脱贫攻坚战的决定》《关于打赢脱贫攻坚战三年行动的指导意见》《关于支持社会工作专业力量参与脱贫攻坚的指导意见》等文件精神，但从区县一级以至街道乡镇具体的脱贫攻坚和扶贫工作方案中，几乎很难看到有关社会工作的内容或相关安排，社会工作专业力量要进入脱贫攻坚特别是产业发展、生计安排几乎是不可能

的，甚至有的遭到明确拒绝。

如何有效提升社会工作政策、基本制度的权威性呢？最主要的就是推动社会工作的专门立法，用法律的形式把社会工作基本制度确定下来，特别是社会工作就业制度、薪酬制度、奖励激励制度、社工考核制度等基础性的制度。不通过立法确立下来，就很难保证社会工作基本政策和基本制度得到有效实施而变成流于形式，也就难免在政策执行中出现因人而异的情况，社会工作政策的执行力度与社会影响力就会大打折扣。

## （三）完善具体制度的系统整合，实现跨部门的协同配合

社会工作的具体制度主要是指在贯彻落实社会工作发展战略和基本制度过程中各种具体措施、办法的总和，包括属于执行和操作层面的规程、规范等。由于我国的政府行政组织体制中存在条块分割，不同领域归属不同行政主管部门，不同领域和部门间不仅存在工作对象、工作内容、工作方法和工作目标等方面的分工差异，也存在资源分配、业绩考核、社会评价等利益竞争，社会工作虽然属于社会福利服务的范畴，但其实际或可能介入的实务领域，不管是按照服务对象的生理和社会特征划分，还是按照服务对象所遇到的困难划分，或者按照社会工作的特点来划分，都已经远远超出了现行行政部门的一般划分，很难与其一一对接。就我们常说的社工直接提供社会服务的社会福利、社会救助、慈善事业、社区建设、婚姻家庭、精神卫生、残障康复、教育辅导、就业援助、职工帮扶、犯罪预防、禁毒戒毒、矫治帮教、人口计生、纠纷调解、应急处置等主要领域这种现状，也不是某一行政部门可以胜任的。所以，《关于加强社会工作专业人才队伍建设的意见》强调要“建立组织部门牵头抓总，民政部门具体负责，机构编制、发展改革、教育、公安、司法、财政、人力资源社会保障、卫生、人口计生、信访、扶贫等部门以及工会、共青团、妇联、残联等组织密切配合，社会力量广泛参与的工作格局”。以此实现社会工作具体制度的系统整合和跨部门的协同配合。但现实的情况是，到了区县一级行政体制，组织部门通常更关注于常规的组织建设、干部管理监督、干部教育培训等工作，要把薄弱的社会工作人才建设提上议事日程怕是心有余

而力不足；民政部门具体负责社会工作通常只能在民政系统内展开，社会工作最后演变为民政社会工作或民政部门的社会工作，而其他系统和部门的社会工作推进却步履维艰。因此，就社会工作教育扶贫而言，除了社工师生团队派驻贫困地区、贫困村社直接开展面向贫困群体的专业服务外，在其他部门的大力支持、协同配合下，把乡村扶贫社工纳入“强化乡村振兴人才支撑计划”，培养一支“懂农业、爱农村、爱农民”，“留得下、稳得住”的“家乡社会工作者”，并帮助他们建设既在党和政府坚强领导下，能得到各相关职能部门的支持、配合，又能保持自身专业独立性的社工组织或服务平台显得异常重要。

再以社会工作教育扶贫为例，虽然中共中央、国务院《关于打赢脱贫攻坚战三年行动的指导意见》明确要求“实施社会工作专业人才服务贫困地区系列行动计划，支持引导专业社会工作和志愿服务力量积极参与精准扶贫”，但具体出台《关于支持社会工作专业力量参与脱贫攻坚的指导意见》是民政部、财政部和国务院扶贫办，主管社会工作教育的教育部和省市教育委员会（厅）却没有参与其中，具体负责指导和执行的是中国社会工作教育协会和全国社会工作专业学位研究生教育指导委员会，但这两家单位是行业指导单位，不具有行政领导的权威，这样就会弱化教育主管部门对社工高校参与脱贫攻坚的支持力度，也会弱化习惯了在教育主管部门领导下工作的社工高校的积极性和主动性。前面说的社工教育扶贫中“两头热中间冷”的现象怕也是这种非系统整合和协同配合的结果。同理，其他行政部门对社会工作教育扶贫的支持也很难保证，《关于支持社会工作专业力量参与脱贫攻坚的指导意见》所要求的组织领导、服务协同、激励保障等措施就难以实施和兑现。

因此，无论就社会工作面上的发展，还是社会工作教育扶贫的点上工作来说，各级党委政府均需要设立更具统筹协调力度的社会工作牵头抓总部门，完善具体制度的系统整合，促成跨部门的协同配合，推动国家发展社会工作的各项政策在各个层级的全面执行与落实。

总之，制度化建设才是解决社会工作教育扶贫、决胜脱贫攻坚的根本之策。加强社会工作立法，完善社会工作相关制度，对社会工作参与脱贫攻坚，特别是在完成脱贫攻坚任务后的后续减贫时代，发展贫困群体的自主能力，减少对政策收入的依赖，更多地依靠自己的能力巩固脱贫成果，创造美好生活具有重要意义。

**参考文献：**


［1］习近平．在中央全面深化改革委员会第九次会议上的讲话．http：//www.gov.cn/xinwen/2019-07/24/content_5414669.htm.

［2］王思斌．转型时期的中国社会工作——中国社会工作教育协会2001年会论文集［M］．上海：华东理工大学出版社，2003：3，35，88，105.

［3］王思斌．社会工作之真善美［M］．北京：北京大学出版社，2018：77-80.

［4］郑杭生．在纪念马甸会议20周年会议上的致辞，转引自彭秀良．自觉和内省：中国社会工作发展的未来转向［J］．重庆工商大学学报（社会科学版），2018（6）．

［5］彭秀良．三十年后再出发——纪念马甸会议召开三十周年［J］．中国社会工作，2017（11）．

［6］阿尔费雷多·卡杜山，丹尼尔·哈克尼斯．社会工作督导［M］．北京：中国人民大学出版社，2008：38.

［7］李迎生，徐向文．社会工作助力精准扶贫：功能定位与实践探索［J］．学海，2016（4）．

［8］王思斌．总结聚力反思向前，中国社会工作［J］．2017（1）．

［9］李欢，周永康．发展取向的资产建设：社会工作参与乡村扶贫实践研究［J］．重庆工商大学学报（社会科学版），2019（10）．

［10］李迎生，李冰．走向系统：近十年来中国社会工作政策发展的轨迹［J］．社会科学，2016（12）．

［11］李迎生，郭燕．推动社会工作精准介入反贫困实践［J］．中国人民大学学报，2018（5）．

［12］王思斌．增强社会工作发展定力［J］．中国社会工作，2017

(6上).

[13] 王思斌.社会工作要增强参与反贫困的能力[J].中国社会工作，2017(10上).

# 社会工作教育介入边疆扶贫研究

## ——基于对西藏自治区M县一个社会工作教育扶贫项目的考察

王景迁　褚梦卉　贺　斌

（鲁东大学）

党的十九大明确指出，中国特色社会主义进入新时代，我国社会主要矛盾已经转化为人民日益增长的美好生活需要和不平衡不充分的发展之间的矛盾。几十年来，社会工作事业在我国已经获得了前所未有的大发展，尤其是近年来，在社会救助、精准扶贫、社区治理等领域发挥了重要作用，推动了社会的和谐发展，进一步提升了人民的幸福感与获得感。但是也应看到，当前我国社会工作事业的发展还很不平衡，这种不平衡主要表现在城市与农村之间的不平衡、东西部地区之间的不平衡、经济发达地区与经济欠发达地区之间的不平衡、北上广深特大型城市与其他城市之间的不平衡、内地与边疆地区之间的不平衡。这种不平衡是由我国特殊的国情导致的，是与我国社会经济发展总体不平衡相呼应的，是我国社会工作发展的必经阶段。但是，这种不平衡也给社会工作本土化发展提供了空间，为社会工作中国化发展提供了机遇。

习近平总书记在参加十二届全国人大一次会议西藏代表团审议时，明确提出了“治国必治边、治边先稳藏”的重要战略思想，在我们党的历史上第一次深刻、透彻、全面地阐明了治国、治边、稳藏的内在关系，这对于我们进一步理解我国社会工作发展不平衡问题提供了很好的理论视角①。边疆治理与内地治理在方法与路径上既有共性，也有其特殊性，社会工作

① 《时隔五年再次召开西藏工作座谈会，习近平给出治藏新方略》，央广网，2020-08-30。

的发展也是如此。此外，在理论界，我们对非边疆地区的社会工作发展倾注了颇多心力，关注大城市，关注典型地区，关注特殊人群，对个案、小组与社区的研究已经很深入，但是对边疆地区社会工作的发展却鲜有涉及，更谈不上边疆社会工作的自觉与自为问题。边疆社会工作的提出，在我国已经有近百年历史，但是中间由于各种原因基本停滞，我们为什么在当下重提边疆社会工作，社会工作在边疆治理现代化中应该具有什么样的历史担当，具体途径是什么，面临哪些困难，破解途径是什么，具有哪些特殊性？这些都是目前理论界与实务领域亟待回应的问题。本文以西藏自治区 M 县一个社会工作教育扶贫项目为例，对上述问题试作探析。

## 一、项目缘起与项目实施地情况

2017 年 12 月 1 日，全国社会工作专业学位研究生教育指导委员会和中国社会工作教育协会联合在四川成都举行中国社会工作教育扶贫动员大会，鲁东大学入选首批“中国社会工作教育百校对口扶贫计划”，成为我国在西藏自治区实施社会工作教育项目的第一个高校。

2018 年 7 月下旬，项目负责人一行四人前往西藏自治区 M 县进行项目对接工作与调研。经过双方协商，在 M 县正式建立“中国社会工作教育‘百校对口扶贫计划’项目实施基地”，县委主要领导为基地挂牌。该基地是成都会议以来在全国最早建立的“中国社会工作教育百校对口扶贫计划”项目实施基地。

2019 年初，民政部发布了《2019 年中央财政支持社会组织参与社会服务项目》以后，鲁东大学法学院积极参与项目申报并获得立项。7 月 1 日，项目启动仪式在山东烟台举行，中国社会工作教育协会的领导与专家莅临会议指导。同年 7 月至 12 月，鲁东大学法学院社会工作专业师生 30 人前往西藏自治区 M 县执行该项由中央财政支持社会组织参与的社会服务项目。

M 县位于西藏东南部，地处雅鲁藏布江下游，是西藏高原海拔最低、最温和、雨量最充沛、生态保存最完好的地方。M 县域内地势北高南低，海拔在200—7787米，平均海拔1200米。2017年，全县总人口13725人，门巴族8157人，珞巴族1619人，藏族1011人，其他民族32人，乡村人口10819人[①]。2017年全县共有建档立卡户561户2109人[②]，2019年2月，全县脱贫摘帽。M县长期受制于自然条件，基础设施建设落后，是我国最后通光缆与公路的一个县。

我们的项目实施地为该县T镇的三个村子，其中L村是易地扶贫搬迁村，我们的工作主要在L村展开。L村距离县城14千米，原居深山，2018年10月全村正式迁入现居地。全村有36户146人，是一个以珞巴族为主要民族的村子，占人口比为98%，其他人口为门巴族与藏族，党员20名。农牧民人均纯收入8426.71元，人均现金收入6863.01元。村里有新建办公场所与党群服务中心一处，三层建筑，面积有598.19平方米，但是在项目执行期间该处场所一直没有使用，处于闲置状态[③]。村里的集体活动都是在露天进行，村委会一般都是在村书记与村主任家里召开。村子里目前尚没有产业基地，村民们正在尝试建立合作社，利用大家的力量一起实现增收[④]。

## 二、前期调研与项目方案

7月27日，项目组抵达M县后，其中一组成员在专业教师带领下进驻L村，在开展工作之初，首要的就是开展需求评估。需求评估最主要的是对驻村工作队与村“两委”进行深度访谈，了解西藏自治区社区治理及边疆治理的相关政策，对村子整体情况及村民的需求有个整体了解，尤其关注村子中困难群体的需求问题，比如老年人及建档立卡户的情况及需求。在L村，村“两委”成员都是珞巴族，国家通用语言讲得并不熟练，语言沟通存在一定障碍，因此我们的深度访谈多是对驻村工作队进行的。驻村

① 中共M县委办公室：《M县年鉴》，北京·方志出版社，2018年7月第1版，第74—75页。

② 中共M县委办公室：《M县年鉴》，北京·方志出版社，2018年7月第1版，第189页。

③ 2020年，村公房已经正式投入使用。

④ 参考T镇政府门口两侧宣传栏里的宣传材料，结合作者实地调查所得的一手资料。

工作队的干部多是上级机关或职能委办局下派干部，文化水平与政策水平较高，对问题的分析也较透彻。我们的访谈过程中，主要是驻村工作的同志在介绍村子里的情况，村“两委”的成员基本不讲话，只有征求他们意见的时候，他们才讲上几句。但看得出，这些村干部对我们的到来是很欢迎的，他们用不太流利的普通话表达着他们的欣喜。前期需求调研仅仅对驻村工作队开展还是不够的，在我们的建议下，村委会派出了村子里善于沟通交流的年轻人，带领我们进家入户了解村民需求。在L村，驻村工作队第一书记是一位从内地大学毕业的察隅藏族青年，原来在市里机关上班，后派到这个村子任职第一书记。起初，是这位第一书记陪同我们入户调研，后来因以下两个原因，使我们委婉地要求他让村子里的村民陪同我们调研。一是这个年轻人的察隅藏话很难与村子里的珞巴族群众交流；二是干部在场，村民显得有些拘谨。L村老村位于深山，十分闭塞，搬迁到离县城较近的地方还不足一年时间，村子里没有大学毕业生，只有一位女高中毕业生在家等大学录取通知书。这位女生的普通话勉强可以交流，第一书记就派她陪同我们入户调研，事实证明效果很好。

通过对三个村子的需求调研，我们对民族地区社会工作的开展有了全新的认识，也为我们下一步开展好工作奠定了基础。前期调研越细，工作开展就越少走弯路，服务也就更精准、更精细。

通过前期调研，我们发现该村普遍存在这样的情况：村民对社区事务的参与度不高，经济意识较弱，人的现代化程度还有较大提高空间；村民文化水平低，文盲率高，初中毕业都属于高学历，严重制约了村民通过文化科技摆脱贫困的能力。M县由于位置偏僻，交通落后，多数村民流动性不强，限制了村民的视野，一些村民在与外人交往时会显得羞涩，自信心不足，放不开，有时会自我边缘化；小有即安，脱贫缺乏动力，对政府与外部资源依赖性较强。村民的卫生意识也有待提高，健康意识薄弱，至今还有一些村民不习惯穿鞋子，儿童更是这样，饭前便后洗手更是少见。村民的法律意识单薄，遇到问题喜欢用传统的方法解决，不习惯或不愿意找法律人士咨询。尤其是一些妇女更不懂用婚姻法等法律来维护自身权益，面对家庭暴力忍之受之，孤立无援，缺乏运用法律维权的自觉。村子里还存在个别特殊困难群体，比如高龄独居老人、失能老人、问题青少年等。村子里也存在诸如青年人就业问题及社会融入等问题。

经过细致的前期需求调研，我们深切地感受到，边疆农村社区发展更加需要社会工作的介入，这是我国社会工作事业发展的全新舞台。正如马凤芝教授所说，我国地域辽阔，农村人口众多，同城市相比，农村人口更需要社会工作服务。发展性社会工作为发展我国农村社会工作也提供一条可供选择的路径。① 边疆农村社区更加需要社会工作，在脱贫攻坚及全面完成之后的巩固脱贫攻坚成果阶段，更加需要社会工作的介入。

项目组决定调整原有方案，制订了新的项目执行方案。首先，针对特殊群体开展专业社会工作服务，涉及老年人、青少年及贫困妇女群体，开展治疗性社会工作。其次，由于这是在西藏首次开展专业社会工作服务，这本身就具有一定的探索性，因此我们实行“多元化”发展模式，涉及的人群多，服务内容全，在项目执行过程中再进行取舍，形成具有本土特色的专业社工项目，为社会工作的在地化发展进行探索。最后，为了实现助人自助，积极孵化村子里的社区社会组织，使社会工作具有在地承接的载体，使社会工作教育项目的成果能够落地生根。

项目执行时间较紧，仅有半年时间。7 月底到 8 月 13 日左右，各小组要与社区群众与服务对象建立起信任关系，针对社区群众需求开展小组、个案工作，在这一阶段小组负责人要注意从服务对象中发现选择积极参与活动的人，对那些党员与青年妇女要重点引领，为在下一阶段工作中培育孵化社区社会组织做好人才储备。8 月 13 日至 8 月底，要开始从小组向孵化社区社会组织过渡，通过项目孵化组织，争取一个小组孵化为一个组织，受助人从受助者逐渐转变为施助者，实现为民服务的自足性。对于那些确实需要照护的老年人，鼓励那些积极参与社区事务并具有一定威信的村民单独组建专门的为老服务队。L 村的党员比例较高，尤其注意选拔党员同志引领成立各类社区为民服务组织，为社区党员服务群众建立队伍，

---

① 马凤芝：《社会发展视野下的社会工作》，载《广东社会科学》2014 年第 1 期，第 227 页。

将党建与为民服务结合起来，切实落实习近平总书记在武汉青和居社区与青岛上流佳苑社区的讲话精神。2018 年 4 月 26 日，习近平总书记到武汉市青山区工人村街青和居社区，看望干部群众，就棚户区改造和基层组织建设进行调研。习近平总书记指出，社区是基层基础，只有基础坚固，国家大厦才能稳固。中国共产党坚持以人民为中心发展思想，是为人民服务的政党。我们抓好工作就是要把人民群众大大小小的事情办好。为民的事无小事，大量工作在基层。党中央高度重视社区工作，我们要改革创新基层治理，提高治理能力，更好地服务于人民群众。最关键的是要发挥社区党组织的领导、引领作用，把社区建设好，把幼有所育、学有所教、劳有所得、病有所医、老有所养、住有所居、弱有所扶等目标实现好。① 2018 年 6 月 12 日，习近平总书记到青岛市上流佳苑社区考察时指出，要推动社会治理重心向基层下移，把更多资源、服务、管理放到社区，更好地为社区居民提供精准化、精细化服务。②

## 三、项目开展情况

在前期需求调查的基础上，重新调整了工作思路与项目内容，切实做到社会工作为民服务精准化与精细化。

### （一）“青春无悔，放飞心灵”青少年成长小组

村子中的少年儿童放假期间无所事事，性格也普遍内向，自信心不足。项目组在 L 村开展以“青春无悔，放飞心灵”为主题的一系列活动，分为“你我今相识”“青春无极限”“心灵深处的相遇”“情绪假面舞会”“我与 TA 共成长”等八大板块。八个板块各有主题，同时又彼此呼应，从认识自我、学会表达入手，到情绪管理，树立正确性观念，解决他们成长中遇到的问题，帮助他们树立正确的人生观和价值观。

---

① 习近平考察武汉，强调要充分发挥人才优势，http：//www. xinhuanet. com/2018-04/26/c_1122749224. htm.

② 习近平在青岛考察，http：//www. xinhuanet. com/2018-06/14/c_ 1122987584. htm.

## （二）“七彩童年、伴我成长”项目

村民们只顾忙自己的事情，很少与孩子在一起，孩子们整天赤着脚满街跑。由于亲子关系疏离，还发生过成年孩子打自己父母的情况。村里的小孩子普遍不爱穿鞋，不洗脸，不洗澡。一位司机告诉我们，在县城的小学里，只要看看脸就知道他是不是L村的，因为L村的孩子一般不洗脸。针对这种情况，我们在L村开办了“七彩童年、伴我成长”的亲子小组，邀请家长与孩子共同参加。给小组成员宣讲尊老爱幼的道理，通过游戏与视频等形式弘扬尊老爱幼的美德。小组还举办讲卫生大赛，孩子们积极参加，大清早就拿着脸盆、香皂来到了比赛地点参赛。有的孩子把手、脸洗得干干净净，回家后自己的父母都认不出他们了。

## （三）“字”信人生——国家通用语言文字推广项目

L村村民文化水平普遍不高，且当地语言又缺乏文字载体，文盲率偏高。因此，项目组决定开展“字”信人生妇女识字班。

8月3日晚，在驻村干部的帮助下，项目组成员首先给村“两委”教习国家通用语言文字，5名村干部在活动上重新当起了“小学生”，拿着纸和笔，跟着项目组成员逐字逐句地学习如“床前明月光，疑是地上霜”“锄禾日当午，汗滴禾下土”等汉语古诗，聆听各位老师讲述诗人的故事。村干部带起了头，村民们也陆陆续续参加了进来。

## （四）禁毒普法项目

M县也有个别人沾染毒品，因此禁毒形势依然严峻。项目组派出社工与法律志愿者在L村开展“珍爱生命，远离毒品——全民禁毒宣讲讲座”，进行禁毒宣传。宣讲从毒品定义、毒品种类、毒品危害和树立健康观念四个方面入手，视频、图片与精彩的演讲巧妙结合，声情并茂地开展了一堂禁毒宣传会。

M县现在处于有史以来发展最为快速的时期，基础设施建设如火如荼，也出现了一些涉及土地的法律问题，村民需要相关法律知识。由于传统原因，妇女家务活繁重，有些男人酗酒成性，家庭纠纷、家暴时常发生。由于缺乏法律维权的意识，个别妇女长期忍受着不幸婚姻的折磨。针对这种情况，项目组开展了土地法与婚姻法讲座，回答了部分村民的问题。

### （五）“社工助力，梦想启航”——L 村大学生就业创业与增能小组

L 村未就业大学生有两名，一直在准备报考公务员，市场化多渠道就业愿望低。8 月 4 日起，社工人员与他们进行座谈交流，讲解就业政策，分析就业形势，帮助他们树立正确的就业观念，宣传当地就业优惠政策，鼓励他们多元化就业。对于贫困家庭来讲，快速就业是摆脱贫困的一条十分重要的途径。项目组积极对接县民政局拟申请建立专业社工机构，希望这些未就业大学生能够在社工机构中就业，将他们从受助者逐渐转变为施助者。

### （七）成立社区社会工作站

项目组在 L 村建立了 5 支社区组织，参加的村民们在社工的带领下初步具有了专业社工理念，在此基础上，项目组适时地主动向县民政局与镇政府申请设立西藏自治区第一个乡镇社会工作站，并于 2019 年 11 月正式挂牌。这个社会工作服务站不仅为有特殊困难群众服务的职能，还承担着社区社会组织孵化器的职能，同时还面向民政干部、驻村工作队与村“两委”普及社会工作专业知识，努力推动民族地区基层社会治理现代化。

## 四、项目服务成效

项目组先后于 7 月下旬与 11 月初入藏执行项目，第一次入藏主要是前期调研，开展实务示范项目、孵化社区社会组织及普及社会工作专业知识。第二次入藏主要是对前期工作进行督导评估，尤其是考察社区草根组织的自运行情况，并拿出切实可行的改进意见。

## （一）发掘社区人才，努力实现助人自助

社会工作作为一个概念对于M县的干部群众来说十分陌生，我们前期曾经打算先向民政部门的领导及驻村工作队与村“两委”班子成员普及社工知识，这样也有利于我们开展工作，但是事实情况并不如我们所想象。善于真抓实干的基层领导对于概念一类并不感兴趣，他们更希望我们就按照我们的路子执行项目即可，他们可以随时给予帮助。基于此，我们也及时调整了思路，决定马上进入工作状态。

其实社工项目示范并不是件麻烦的事，项目的延续性与活力问题是最应该考虑的。我们意识到，只有留下社会工作有生力量才能够实现社会工作的生根发芽。那么这个“有生力量”是什么？那就是“人”与“社区社会组织”，其中最为重要的是“人”。我们不再将社会工作教育的对象放在干部身上，而是放在村里的积极分子身上。积极分子有两种，一种是村里热衷于公共事务具有一定威信的村民，另一种就是活动参与者中逐渐显露出来的积极分子。我们让他们一起参与活动，在活动中向他们传授社工理念，传授给他们如何做前期需求调研，如何开展小组活动与社区活动。到了后来，驻村工作队的干部发现村民确实受益，而且参与的人也越来越多，他们也开始参与我们的活动，不再仅仅作为一名旁观者与支持者，而是成为一名参与者。在参与活动的过程之中，这些具有现代思想与文化理念的干部很快就接受了社会工作理念。

## （二）村民们的思想观念与生活方式有了改变，社会效果好

项目的执行在一定程度上改变了村民的生活方式，尤其是那些困难群众随着社区交往能力的增强，逐渐找回了自信，对美好生活充满了向往，提升了困难群众的幸福感与获得感。项目执行以前，村民们白天忙茶园，吃完晚饭喜欢在家里待着看看电视就休息了，几乎没有社区交往的机会。对于那些困难群众来讲，他们更不愿意抛头露面，自我边缘化现象比较严重，自我脱贫的动力不足。老年健康小组活动过程中，每天晚上社工都会与老年村民一起参加健身活动，并给老年人讲解保健知识。老年人参加健

身小组的热情很高，他们很珍惜这样的机会，不仅可以健身，还可以交流信息，增强村民感情，困难群众也能借这个机会很好地融入社区里面，感受到了集体的温暖。时间长了，社工与村民们建立了深厚的感情，在我们离开的前夜，村民们提着自家酿的酒来到村委会为社工与志愿者送行。措姆老奶奶一天都没有落下健身小组的活动，她拉着社工的手说："孩子，你们什么时候还来啊？别走了吧！"我们的社工告诉老人也不清楚什么时候还能回来，老人竟然像个孩子一样抹起了眼泪："就怕你们下次再来就看不到我了，哎！"姑姑姆拉着社工的手说："我们从来不知道生活原来还可以这么过啊，真好啊！谢谢你们！"

村民识字班学员困难户央宗一直参与识字班学习，一天不落，现在她不仅会写自己名字还会写其他汉字了，她告诉社工："我只从镜子里看到我长什么样子，原来我写出来是这个样子啊！"一位困难妇女一直参加识字班学习，她的丈夫长期酗酒，一旦喝醉她的苦难就来了，被丈夫长期虐待，为了孩子和家，她忍气吞声几十年，她来参加识字班就是为了躲避喝酒的丈夫。在识字班里，我们的社工与其他姐妹都劝她要用法律武器维护自己的权益，最终她有了跟丈夫正式谈谈的勇气，表示要用法律武器维护自己后半生的幸福。

在L村里，仍然存在个别家长不重视孩子教育的问题，辍学问题依然存在。对于这些家庭，社工们开展个案，给家长做思想工作，宣讲义务教育法，使家长明白学习改变命运的道理，规劝他们送孩子重新回到学校接受义务教育。在我们离开M县城的时候，正好县里的小学开学，几位辍学的孩子又回到了学校，三位学龄儿童中的两位快乐地到小学报到上学。为了巩固成果，我们又把这些孩子组织在一起，建立了一个儿童绿色小组，利用假期照护村子里的小树苗，捡拾随便丢弃的塑料袋，既丰富了他们的课余生活，又提升了他们的社区意识以及从小爱护"青山绿水"的环保理念。

### （三）领导肯定，社会影响力较大

项目自执行以来，得到了中国社会工作教育协会与西藏自治区相关政府部门的大力支持。本项目尤其关注社会工作在西藏本土化的发展问题，为西藏进一步推动社会工作事业发展积累了经验。项目初期，地方同志对社会工作到底是什么也不太了解，他们觉得既然是上面下的项目就做吧，需要他们做什么他们配合就是。可见，项目初期这些部门往往是旁观者，随着项目的开展，群众反响越来越好，部门的领导也逐渐参与进来，成了推动者。M 县政府领导为我们顺利开展项目积极协调民政、教育等部门及相关乡镇，使我们在最短的时间内便投入了工作中，还尽力为我们的生活及安全提供保障。11 月，西藏自治区第一个乡镇社会工作服务站正式挂牌，县人大副主任出席并讲话。其后的时间里，这位领导自己找来社工书籍学习了解社工知识，她同时积极支持我们注册成立专业社工机构，并希望将自治区第一个专业社工机构建立在 M 县。县民政局局长 2020 年初就给笔者打来电话，希望我们再回 M 县开展社会工作教育培训。新冠肺炎疫情开始以后，随着疫情防控力度的加强，社区需要更多的人手参加防疫工作，社区社会组织成员积极参与战“疫”行动，并发挥了重要作用。

2019 年 9 月，在内蒙古呼和浩特召开了反贫困社会工作年会；10 月，在山西太原召开了中国社会工作教育年会，在两次会议上，协会领导与专家都对本项目给予了充分肯定。中国社会工作教育协会将在 L 村实施的社工项目作为协会 2019 年的重要事项写入年度工作报告。

项目组的工作不仅得到了专家与地方领导的认可，还引起了社会与媒体的关注。2019 年 10 月初，中央电视台对我们的项目进行了报道，人民网、新华网、中青网、《农民日报》、《中国社会工作》杂志等 20 余家媒体或专业报刊也进行了报道。

## 五、项目执行的经验

项目执行过程中，我们对于在西藏自治区开展专业社会工作有了实践体验，并积累了一定经验，得到了一些启示，对社会工作在西藏的本土化与民族化发展有了新的思考。

## （一）要对当地政策环境与人文背景有充分了解

在民族地区开展社会工作具有其特殊性，在进入民族社区之前，我们必须要对当地的政策环境与人文背景有充足的了解。西藏自治区是我国深度贫困地区“三区三州”中的唯一省级地区，国家与自治区先后出台了一系列扶持政策推动西藏的脱贫攻坚。西藏还是我国边疆地区，党和国家历代领导人高度重视西藏的发展，习近平总书记提出了“治国必治边，治边先稳藏”的重要战略思想，将西藏社会发展纳入国家发展的宏观战略中来，西藏社会经济发展关乎全国发展。1999 年以来，由国家民委联合国家发展改革委、财政部等部门倡议发起“兴边富民”行动，这是一项边境建设工程。宗旨就是振兴边境、富裕边民。通过强化政府组织领导，广泛动员全社会参与，加大对边境地区的投入和对广大边民的帮扶，使边境地区尽快发展起来，边民尽早富裕起来，在发展中进一步增强爱国主义感情和加强各民族大团结，最终达到富民、兴边、强国、睦邻的目的。为了进一步推动边境地区社会经济的发展，国家又在推动边境小康示范村与边境小城镇建设。

M 县位于我国西藏自治区边境地区，县内还居住着两个人口较少的民族。因此，我们还必须要对当地的相关特殊政策、民族结构及民族文化背景有足够的了解，这样才能使得项目的开展更加符合当地社会发展的需要。

随着项目的开展，我们开始在当地寻找社会组织发起人，希望能够在当地孵化第一家专业社会工作团体。当一位当地实习社工想发起成立专业社会工作机构的时候，M 县民政局答复县级民政部门没有社会组织审批权限。这显然是我们对当地的政策了解不够导致的结果。就在我们一筹莫展的时候，西藏自治区民政厅于 2019 年 9 月出台了相关文件，将社会组织审批权限下放到了县一级民政部门。随后这项工作走上了快车道，2020 年 10 月，M 县德吉社会工作协会终于成立了。

## （二）要关注民族地区社会工作教育的可得性问题

我们来 L 村执行社会工作项目，其落脚点还是在社会工作教育上，通过一个村向一个乡，再向全县辐射，通过普及社会工作专业知识推动全县社会工作事业的发展。我们在 L 村，为村“两委”成员及驻村工作队成员普及了社会工作基础知识，效果不错，于是我们就开始着手在全县推广这项社会工作教育项目。我们最初准备在县里为民政干部与乡镇干部举行一个社会工作知识培训班，在我们与民政局沟通这件事的时候得知，情况并不像我们想象的那么简单。在内地由民政部门适时召集这样的培训班就可以，但是在边疆民族地区就不是这样简单，原因是有些乡镇远离县城，甚至路都没有通达，干部们进出办事有的路段还需要步行，甚至攀附悬崖峭壁才能胆战心惊地通过。一旦遇到雨季，山体极容易塌方，整个路段都会毁坏。召集所有乡镇的基层干部进行培训根本不现实，条件不允许，举办全县社会工作知识培训班的可能性不大。这也就意味着，我们很难把社会工作专业知识传播给全县的村干部与驻村工作队员。最后，项目组只能调整方案，把授课对象变为县城附近两个乡镇村子里的村“两委”成员以及部分优秀社区志愿者。我们的专业老师还克服困难，乘坐邮政车、大货车，甚至步行到各个村子里为村“两委”及驻村工作队成员宣传社会工作专业知识。社工专业老师在一个多月的时间里，先后到 35 个位于深山里的民族村落传播社工知识。你来不了，那我过去，通过这种最原始的、最笨的办法，大大提高了边疆民族地区社会工作知识的可得性。

## （三）实现专业社会工作与行政社会工作的链接

王思斌认为，在我国的政策语境和现实条件下，“专业引领、融合发展”实际上是专业社会工作和行政性社会工作的相互承认、互相借鉴、共同提高、协同供职与融合发展问题①。西藏社会工作刚刚起步，这只能说是专业社会工作缺失，并不是西藏没有社会工作。我们党和政府高度重视

① 王思斌：《促进我国社会工作融合发展》，载《中国社会工作》2020 年 04 期，第 45 页。

西藏社会经济的发展，在社区建设上也投入了大量的人力物力，长期以来形成了一支组织健全、职能多元的行政性社会工作队伍。不过，这支队伍尚缺乏专业社会工作的自觉，要解决西藏专业社会工作与行政性社会工作的有效融合还有一段长路要走。

在L村的社会工作实践使我们认识到，在民族村落发展社会工作必须要放眼宏观的社会工作发展，而不能仅仅局限于狭义的专业社会工作发展。西藏有一支实力雄厚的行政性社会工作队伍，西藏的村庄一般都有驻村工作队与第一书记，这些人员一般都是上级行政部门派来的驻村干部，这些同志理论水平高，视野宽广。民政部前几年开始在全国社区推动“三社联动”，就是在社区治理中，以社区为平台、社会组织为载体、社会工作专业人才为支撑并实现“三社”相互支持、协调互动的过程和机制，虽然驻村工作队与村“两委”对“三社联动”这个提法少有印象，但这并不意味着西藏的村子没有“三社联动”存在。实际上，驻村工作队基本具备了资源链接的职能，前些年驻村工作队不仅出人，还出资金、出技术、出点子。恰恰这些，都是我们内地一些村庄发展遇到的瓶颈问题，在西藏通过体制内的行政性社会工作的思路基本得以解决。

社区社会组织与社区志愿者是新时代加强社区治理，提升社区治理能力现代化的重要力量。如果从专业社会工作的视角来看，西藏农村村民自组织并不多，更不用说是注册的社会组织了。民族地区的特殊性就在这里，既有不利条件也有有利条件，既有短板也有长处。村子里都有各类公益岗，比如公益林岗、环境卫生岗等，这些岗位三五组队，为社区提供公共服务，有些岗位还会得到政府的固定资金资助。其实这些岗位已经具有了很强的志愿服务职能，也具有社区社会组织的雏形。还有的社区为那些不担任公职的普通党员也设立了“无职党员先锋岗”，充分调动党员在社区建设中的积极性与能动性。

在民族地区开展社会工作教育扶贫，不能仅仅停留在举办社工知识培训班，鼓励社会学员参加社工师考试等，而更要通过推动行政性社会工作的专业化发展来实现。在民族地区开展社会工作教育，脱离开本土行政性社会工作的专业化教育，另起炉灶单独开展专业社会工作知识培训并不是一条捷径，可能会事倍功半。

### （四）发掘社区贤达，成立社区社会组织

在社区里建立社区自组织，激活群众志愿活力，是社区治理的有效路径，在民族地区也是一样。近些年来，西藏自治区随着脱贫攻坚与乡村振兴战略的实施，农村发展步伐越来越快，村民们也越来越忙，除了经营茶园，有些人在县城务工，还有的村民跑运输，闲暇时间越来越少。孵化社区社会组织最关键的是要选出带头人，也就是社区“贤达”。村子里几乎都是些老年人，他们一般都在家里料理家务，缺乏参与公共活动的热情与动力。当地民族都是能歌善舞的民族，由于脱贫攻坚，他们更多把精力集中于生产发展方面，文化活动相对较少。青壮年则多忙于打工，少有人愿意出来领头成立各类社会组织。

根据我们在 M 县的经验来看，以上“理所当然”的分析更像是伪逻辑。我们在村子里的实践告诉我们，只要有机会，又有人带领，大家还是会聚在一起参加活动的。项目组在 L 村开办了老年文化活动小组，一开始就来了两位老年人，还是社工与志愿者“生拉硬拽”来的。这两位老年人很不好意思，生怕别人说他们不顾家庭事务，只知道出来自己快乐。仅有两位老人的小组活动开展了有一周左右，后来有些老人过来看光景，说着笑着不经意间也参加活动了。逐渐地老人越来越多。这些老年人年轻的时候都会跳民族传统舞蹈，还会唱《北京的金山上》等红色歌曲。有位“年轻的”老年人，50 岁左右，主动教给大家唱歌颂农奴翻身解放的红歌，还教给大家跳民族传统舞蹈。晚饭后的村党群服务中心，现在变成了欢乐的海洋。后来，那位教授大家唱歌跳舞的“年轻的”老年人就自然成了这个老年文化活动小组的负责人。在她的带领下，村民的自发歌舞活动一直有序开展。

我们在思考，群众的热情之所以能够被激活，主要还是依靠外来专业社工的介入。如果要保持住这种热情，那么就必须要组织化发展，这就需要我们必须发掘培养社区社会组织负责人。社会组织负责人的发掘与培养，也十分有讲究，要选拔那些具有一定社区威望、热心公共事务的村

民，或是那些曾经担任过公职退休在村里居住的人士，尽量选择那些党员同志担任社会组织负责人，这样就将村民志愿组织的孵化与基层党建结合起来，更容易获得体制内资源的认可与支持。

## 六、几点启示

### （一）大力发展社会工作教育，大力推动社工人才队伍建设

社会工作事业发展需要三个基本要素，分别是人、事、钱，钱与事都不是最关键的，最为关键的恰恰是“人”的问题，也就是社会工作者的问题。就西藏自治区目前的情况来看，社会工作专业人才匮乏。截至 2019 年，西藏自治区拥有持证社工人数仅为 40 人左右，而且多数还是各级民政部门的管理人员，真正在基层从事社会工作的持证社工几乎没有①，供给侧严重不足。整个县里没有一名持证社工，相关政府部门的工作人员对社工也几乎没有什么概念。在西藏自治区的其他县区中，情况也基本差不多。当前，西藏自治区所有县都已经脱贫，下一步的工作是巩固拓展脱贫攻坚成果与乡村振兴有效衔接，在这个过程中，社会工作发挥作用的空间要比以前更大。

M 县的两个主要民族都属于我国的人口较少民族，只有语言，没有文字，他们很难通过参加社会工作师考试而成为社工专业人才。习近平总书记指出，“脱贫、全面小康、现代化，一个民族都不能少”②，那么在困难更大的民族地区，我们更需要精准化、精细化的专业社会工作介入国家战略的实施，在人口较少民族地区尤其呼唤社会工作的介入。我们必须得思考如何为这些没有文字的人口较少民族降低报考门槛的问题，使他们拥有接受社会工作教育的机会。此外，驻村工作队及村“两委”成员是冲在脱贫攻坚及巩固拓展脱贫攻坚成果最前沿的人，对他们进行社工知识培训，

---

① 该数字是项目组在与西藏民政厅相关部门负责人的访谈中了解到的。

② 习近平：脱贫、全面小康、现代化，一个民族也不能少，www. gov. cn/xinwen/2020-06/09/content_ 5518164. htm.

可以最快地将社工理念与方法贯彻到脱贫攻坚的战略中来。

为了更好推动社会工作人才培养工作，要从以下几个方面发力。一是要为各级民政及相关部门的管理人员举行社会工作知识培训班，使他们自觉运用社工理念指导工作。管理人员的表率作用至关重要，互相影响，互相带动，有利于形成学习社工知识的氛围。二是短时期内解决师资问题，依靠本土力量很难做到，这就需要借力。相关部门或机构可以协调全国社会工作专业发展良好的高校对西藏分地区进行“社会工作教育援藏”，每个学校负责一个地市，开展社工知识培训，短期内即可解决问题。西藏独特的自然条件，高海拔地区多，气候严寒，如果进行大规模的社工援藏，在某些地区可能会遇到无人可去的情况，因此我们还应该充分利用现代新媒体技术加强对西藏专业社工人才培训与辅导工作。尹忠海在谈到疫情期间的社会工作实务时，讲到疫情的高度传染性使得开展在场性的社会工作实务异常困难，人们的非在场性诉求很多，这也是后疫情时代中国社会工作教育面临的一大挑战，这种情况下，加强非在场性实务能力的培养也是一种教育取向①。因此，这反而启发我们，在西藏开展社会工作教育或是开展实务示范项目也面临着实在无法到场的情况，也应该加强非在场性指导与介入能力的培养，这当然是针对我们的社会工作教育而言的。

### （二）做好社会组织的增量与政策引导工作

近几十年，尤其是党的十八大以来，西藏社会经济已经有了很大发展，人民的幸福感与获得感有了很大提升，但是由于全国社会经济发展不平衡的客观存在，在后脱贫时代，还有一段路要走，在民生领域还有较大的发展空间。因此，我们必须大力扶持西藏本土社会组织与专业社工机构的发展，来填补这一空白。

史柏年认为，在社会急剧转型期，单靠政府一家管理社会以及提供公

① 尹忠海：《后疫情时代社会工作教育可能面临的挑战性议题》，载中国公益新闻网，2020-03-26.

共服务，已经不现实了，根本无法满足人民日益增长的美好生活需要。在这种背景下，就提出了构建一个多元主体共同参与社会治理局面的现实要求，在共建共治共享的社会治理格局下，社会组织的地位和作用发生了极大变化。社会组织再也不是可有可无的点缀和陪衬，而是已经成为多元主体中不可或缺的一元①。党的十八届三中全会在提出创新社会治理任务的同时，就提出了“激活社会组织的活力”的目标。

社会工作助力精准扶贫，社工个人可以作为驻点社工亲自参与扶贫项目及特困群体的救助与帮扶，但是这个情况往往会导致社工的从属化，失去自身的专业价值。最为直接有效的办法就是通过社会组织这个载体融合到社区的精准扶贫工作中来，这样社工就有了抓手，专业价值能够得到很好的体现，社工的主体性也能够在融合发展中得到体现。社会组织参与精准扶贫与巩固脱贫攻坚成果，有其内在的逻辑性与目标契合性。精准扶贫需要把工作做深做细，扎实推进，有时体制内的力量并不能很好实现这一要求，这就需要调动整个社会的资源参与进来。在西藏，2019 年已经实现了全区脱贫，这并不意味着脱贫攻坚工作已经彻底胜利，在后脱贫时代的任务是巩固脱贫攻坚成果，如何防止返贫是工作重点。西藏脱贫人口中有一些属于政策性脱贫，这些脱贫户一旦离开政策支撑很容易返贫，自我内生动力依然不足。此外，徘徊在脱贫线上的困难户也有随时返贫的风险。后脱贫时代遇到的这些新情况，应该在政府统一部署领导下逐渐由社会力量来承担。社会组织在西藏后脱贫时代还有很多工作要做，这对于西藏社会组织发展也是一次重大机遇。

目前，西藏自治区专业社工机构仍然没有实现零的突破，我们必须要从本土社工机构的增量入手。首先要降低注册门槛，结合西藏自治区的实际情况可以适当推行“零资金”注册，使那些有意愿参与扶贫事业但又缺乏注册资金的社工人才能够方便注册机构。目前，各级主管部门对社会组织的注册金要求仍是原来的 30 万元，这对于社工机构的发起人来讲十分困难。从全国来看，这也是注册资金门槛最高的规定。因此，政策保障是社

---

① 史柏年：《社会组织能力建设刍议》，载《大社会》2017 年 12 期，第 39 页。

会工作教育在西藏自治区后脱贫时代发挥巨大作用的前提。其次，在农牧区要重点支持地方性本土社工机构注册，调动当地群众参与脱贫攻坚的积极性，彰显脱贫攻坚的主体性，谁脱贫，谁参与，这样有利于形成地域性的“群众攻坚战”，改变过去那种“被动式脱贫”。再次，国家职能部门要协调相关高校与内地专业社工机构及本土社工机构“结对子”，提供人员、技术支撑，实现扶上马，走一段，跑起来。最后，国家与西藏自治区要加大政府购买服务的力度，切实推进专业社工机构参与西藏后脱贫时代的工作，巩固脱贫攻坚成果。

### （三）要注重社会工作教育扶贫项目的“落地生根”

社会工作教育扶贫项目不仅是在开展一个实务项目，更是在通过项目进行示范，影响一批人，带动一群人，起到教育影响的作用，因此我们必须要关注社工专业项目的高质量发展问题，这首先要解决的就是项目的“落地生根”。为此，必须要从以下几个方面入手。

一是要关注项目的示范性，而不是遍地开花。从管理者的角度来看，更希望在短期内尽快地在全藏推进社工事业发展，使更多地区、更多人受益。但是结合西藏的具体情况，这很可能导致社工事业的低度发展。西藏地广人稀，不同项目点之间距离很远，很难形成集聚效应。针对这种情况，西藏当前社工发展更要重视其示范性，先做出效果，然后让其他地市来参观学习。先将一个火苗点燃，形成火炬以后，才能照亮周围，那种处处留火种的政策取向并不可取。

二是对目前项目进行连续支持。民生问题及社会服务问题的解决不是一朝一夕，需要连续性的工作才能够见效益。马凤芝在谈到贫困治理中普遍存在的“项目制扶贫”时，认为项目制运作承载了多重意义，在效果上具有明显的政治期许，在资源分配上具有一定的市场竞争属性，整体规划考虑不周全，短期效益强，实际效果差等不足①。其实，社会工作介入扶

① 马凤芝，等：《中国农村扶贫开发的政策转向及其挑战——以四川省马边彝族自治县为例》，载《西北农林科技大学学报（社会科学版）》2017年第6期，第5页。

贫事业的项目化运作，客观上也存在这种急功近利、立竿见影的期许，这样并不利于工作的开展，其效果也会大打折扣。目前的社工项目一般都是以半年或是一年为期限，在内地是可以的，但是在西藏却并不合适。在西藏，有的社工项目刚刚起步，正要见到效益，项目就已经结束了。我们在L村的社工实践已经证明，项目的连续性至关重要。我们的项目从2017年立项开始到现在已经历了4个年头，其间累计投入资金达到70万元，最终才于2020年10月成立了西藏自治区第一家由脱贫群众发起成立的专业社工团体。我们需要的不是那种打一枪换一个地方的项目化运作，需要的是那种抓铁有痕、踏石留印的项目制运作。

三是国家要进一步加大西藏社工事业发展的资金投入。目前的社会工作教育扶贫资金被纳入每年的中央财政支持社会组织服务社会项目里，在1亿多元的资金里仅占200万元左右，如果有机构申请了在西藏自治区执行项目，一个项目的资金最多也就是80万元左右，就西藏全区的情况来讲，资金缺口太大。国家要加大西藏社会工作事业的资金投入，在条件合适的时候，要设立社会工作教育西藏专项基金，支持西藏社会工作教育项目的开展。此外，还要与之相适应地建立独立的资金管理办法与评估细则。

### （四）西藏社会工作的发展必须要与铸牢中华民族共同体意识结合起来

易地扶贫社区社会工作事业的发展，不仅是为了推动困难群体福利状态的提升及社区的发展，还应该通过社会工作的介入使群众更加充分地感受到党和政府的温暖，也就是要实现政治效果。2014年，习近平总书记在第二次中央新疆工作座谈会上指出，“各民族要相互了解、相互尊重、相互包容、相互欣赏、相互学习、相互帮助，像石榴籽那样紧紧抱在一起”。习近平总书记在党的十九大报告中强调要“铸牢中华民族共同体意识”，民族团结是西藏各族人民的生命线。M县有多个民族生活在一起，具有自己独特的民族结构与历史文化传统，随着改革开放的深入，M县与内地人民的交往日趋频繁，民族团结工作成为重中之重。社会工作解决了联系群众及为民服务的“最后一公里”，使各族群众更加深切地感受到了党和政府的温暖。社会工作中国化的一项重要体现就是政治化，要通过社会工作使群众知党恩，听党话，跟党走。

通过在L村开展的社会工作教育扶贫项目，我们丰富了对“教育”的理解，不仅普及了社会工作知识及实务项目示范，还通过项目的实施教育群众感党恩，宣传民族团结，弘扬“中华民族一家亲，同心共筑中国梦”的理念。我们为村子里的贫困妇女开展的识字班，通过教授国家通用语言文字，向她们传播中华民族优秀传统文化，向她们讲解党的惠民政策，使她们真真切切感受到党的伟大。一些困难妇女，不仅家里挂国旗，还亲自一针一线绣国旗，表达对党和伟大祖国的热爱。

# 文化动员与反贫困社会工作的实践逻辑

## ——以横峰项目为例

尹忠海　汪忠列　王　青

（江西财经大学）

为了落实党的十九大精神，进一步贯彻民政部、财政部、国务院扶贫办《关于支持社会工作专业力量参与脱贫攻坚的指导意见》（民发〔2017〕119号）中提出的“实施社会工作教育对口扶贫计划”要求，2017年12月，全国社会工作专业学位研究生教育指导委员会、中国社会工作教育协会联合启动了“中国社会工作教育百校对口扶贫计划”。该计划鼓励高校社会工作专业师生深入贫困地区，利用专业知识精准扶贫。在王思斌教授和时任会长徐永祥教授指导下，江西财经大学主动申请，并成为该计划的参与者。2018年4月，江西财经大学作为江西省高校代表积极响应和支持，在广西桂林召开的中国社会工作教育扶贫第二次动员大会暨教育扶贫工作会议上就教育对口扶贫计划作了发言，并获批为江西省中心高校。马凤芝教授、史柏年教授先后赴江西财经大学指导工作。6月15日，由中国社会工作教育协会主办的中央财政支持江西省社会工作教育对口扶贫服务示范项目（以下简称“扶贫项目”）启动仪式暨培训会议在江西财经大学召开。南昌大学、江西师范大学、井冈山大学、赣南师范大学等高校参加了培训会议。尽管是全国首批对口支援扶贫高校，面临着许多挑战，但是江西省高校齐心协力，按时保质完成了对口支援计划。我们注意到江西很多高校充分挖掘在地的文化资源，与当地政府密切配合，充分利用礼堂、学堂、祠堂等公共文化空间开展项目，实现了三堂联动，丰富了社区文化，有力地支持了当地的精准扶贫工作。横峰县正是对口支援扶贫项目所选中的一个有代表性的实践点。

# 一、秀美横峰

江西财经大学不仅全面负责协调了全省的对口支援工作，而且承担了横峰县的对口支援项目。在当地政府的大力积极支持下，江西财经大学社会工作专业师生群策群力，推行双驻守制度，挖掘秀美横峰的文化资源，系统开展社会工作服务，助力精准扶贫战略，项目有序进展，全面完成了服务项目要求和目标，取得了积极的效果。

## （一）文化底蕴深厚的横峰县

文化连接着一定群体的过往，也指引着一定群体的未来[①]。横峰建县近五百年，历史不算太长，但是文化古韵十分厚重。明嘉靖三十九年(1560 年)，横峰建县，取了一个十分吉利的地名："兴安"。一位县里的干部告诉师生说："兴安富裕，百姓心安！"横峰县位于江西的东北部，现辖 11 个乡镇（街道、场、办)。在江西省，横峰县不算大县，总人口约 22 万左右。从人口结构来看，横峰县依然是一个农业色彩浓厚的县。其中，农业人口 17 万多。横峰青山绿水，景色秀丽。美丽的赭亭山、如诗如画的葛源梯田皆在该县境内。全县辖区面积 655 平方千米，林业用地 62 万亩，耕地 12.1 万亩，大体是"七山半水二分田，半分道路与庄园"的格局。虽然横峰县地处四省交界的要冲地带，但是由于地处山区，横峰县长期面临交通闭塞的约束，地理枢纽优势一直未得到充分发挥。直到近年来，才有了较为完善的高速公路穿越县境。但是，随着改革开放在空间上的逻辑展开，邻近浙江等沿海省份的横峰县百姓便选择到发达地区就业，"三留守"人员占比极大。扶贫项目的驻村点——司铺村正是位于山区，"三留守"问题是阻碍该村脱贫致富的巨大挑战。

横峰县红色文化甚为灿烂。该县是革命老区，是闽浙（皖）赣核心区

① 约翰·J. 麦休尼斯：《社会学经典入门》，北京·中国人民大学出版社，2019 年版，第 42 页。

域。方志敏、黄道、粟裕、邵式平、汪东兴等老一辈革命家曾在横峰葛源领导过叱咤风云的革命斗争，创建了全国六大革命根据地之一的闽浙（皖）赣革命根据地，曾被毛泽东同志誉为“方志敏式的根据地”，被中央苏区授予“苏维埃模范省”称号。彼时，6 万横峰儿女就有 2 万人参军参战，有名有姓的烈士就多达 5700 余人。方志敏等在葛源克勤克俭，但两次向中央苏区捐献黄金 1350 两、白银 50 箱，购买中央债券 20 万。为了支持第四次反“围剿”斗争，向中央派出唯一主力红军红十军；为了策应中央部署，率领主力北上抗日，绝大部分将士英勇牺牲。值得注意的是，方志敏在横峰、弋阳等地开展革命时，非常重视广泛的社会动员。其中，文化动员的许多经验至今具有极为重要的参考价值。事实表明，经过红色文化浸润的横峰人具有浓厚的顽强精神、奉献精神，这些精神在精准扶贫中依然富有时代意义。

由于战争、地理封闭、交通不便等多种因素，作为上饶市最小的县，2001 年，横峰县被列为国家扶贫重点县。从历史来看，改革开放后，横峰作为革命老区县和国家扶贫开发重点县，得到了政府与社会各界的支持。这些支持让许多老区人民摘下了贫困的帽子，过上了幸福生活。但是，不可否认，该县精准扶贫的任务依然任重道远。横峰县原有建档立卡贫困户 8398 户，贫困人口达 26990 人，分布在全县 11 个乡镇，67 个行政村，376 个村民小组里，点多面广。在政府主导的救济式扶贫和开发式扶贫模式下，横峰县扶贫工作取得了巨大成就，但也面临着诸多问题和挑战，如留守儿童家庭教育和学校教育问题、留守老人身心健康问题、孤残儿童照顾教育问题、社区文化贫困问题，等等。政府主导的救济式扶贫和开发式扶贫，基本目标都是解决贫困人群的经济收入不足的问题。换言之，其目标是以解决收入贫困为矢的，以增收扶贫为重点。因此，社会工作参与农村扶贫，不只是为贫困者提供物质救助，也不是简单地帮助贫困者增加收入，提高消费水平，因为贫困不仅表现为物质层面收入——消费水平的不足，还表现为社区层面——社会文化的贫乏，如精神文化生活方面康乐活动的缺失，导致社区凝聚力低落以及留守老人孤单无助与身心疲惫；家庭教育缺失和学校教育的教育质量较低，影响留守儿童的健康成长和发展，难以摆脱贫困代际传递；同时，孤残儿童缺少基本的教育启蒙和康复辅导。因此，社会工作更应该致力于探寻贫困的社会文化根源（文化贫困、教育贫困等），并大力推动社区减贫。

方志敏烈士的两部作品《可爱的中国》和《清贫》反映了先烈能够正确把握国家富强与个人清贫之间的关系。方志敏的党群思想与社会工作精神是一致的，他本人就是在社会组织中不断成长的。早在 1916 年，17 岁的方志敏就组织了九区青年社；入党后，从上海回南昌创办了文化书社；为了动员农民，组织了弋阳青年社。他在群众工作中非常重视社会组织，1927 年，方志敏当选为江西省农民协会执行委员兼秘书长；在农村建立妇女儿童参加的列宁俱乐部和列宁公园。为了完成革命先烈的遗愿，让社工精神回到苏区、回到横峰，江西财经大学近几年一直积极承担民政部“三区”计划项目，横峰县是其中一个项目实施点，为实施这次中央财政支持项目奠定了基础。江西财经大学围绕横峰县的上述问题和需要开展个案工作、小组工作和社区工作等社会工作专业服务，通过文化扶贫和教育扶贫等助力横峰县实现真正脱贫。

### （二）资源配置概况

之所以选择横峰县作为扶贫项目实践点，除了考虑该县底蕴深厚的历史，红色、绿色、古色文化相辉映等因素外，还因为充分考虑了横峰县社工人才队伍建设的基础较好，县主管部门重视社会工作在精准扶贫中的重要作用。民政局杨局长和儿童福利院的院长等多人都通过了社工师考试，对社会工作专业有一定的了解，具有社会工作专业理念，能够认识到社会工作专业的特色和优势。横峰县民政局积极筹措成立了 1 个社工服务中心，拥有中级社工师 3 名，助理社工师有 5 名，现有专业社工 7 人，社会工作督导 3 人，志愿者 100 人。而且，横峰县正处于脱贫摘帽“迎评冲刺”行动的关键阶段，政府支持的内在动力强大。尤其值得注意的是，在江西省民政厅大力支持下。江西财经大学已与横峰县民政部门建立了较为稳固的合作伙伴关系。横峰县民政局确定了对接人——胡水荣主任。扶贫项目团队之所以能够顺利嵌入当地的精准扶贫战略当中，和对接人的大力支持紧密相关。

江西财经大学人文学院长期坚持双驻守制度，以此推动社会工作实践育人。所谓双驻守就是指选择适当的学生到农村、到福利院等机构驻守服务，以利于推进校政社合作办学。这一做法萌芽于中组部、民政部在万载的试点工作，成熟于“三区计划”的实施过程中。在横峰县，扶贫项目的驻守点包括两个：一个是司铺村。司铺村位于横峰县司铺乡，地处偏僻，经济发展较慢。由于就业岗位较少，收不抵支，村中男性青壮年劳动力多外出务工，村中留守老人、留守妇女、留守儿童数量较大。司铺村有贫困人口 454 人，大多是因病、因残、缺少劳动力和自身发展动力不足、文化贫困、教育贫困、心理贫困等原因导致的贫困。另一个驻守的机构则是横峰县儿童福利院。该院共有孤残儿童 10 名，这些儿童残疾类别多样：智障、视障、肢体残疾等，有的是先天原因，有的是后天导致。照顾儿童日常生活起居的看护者共计 3 名，看护者除了管理儿童的日常生活外，无法为他们提供其他娱乐或康复锻炼项目。两者是一种联动关系。比如驻守县福利院者需要为驻村队伍提供采购物资的支持性工作，承担与县民政局沟通的工作。

为了顺利推进扶贫项目，培养更多的农村社会工作人才，在横峰县民政局支持下，项目团队进行了前期需求调查与评估，优化了管理方式。具体来说，就是采取了轮换制，即采取把师生分成不同的小分队，采取提前集体讨论实施方案、接力式驻守推进实务、在线讨论与现场督导相结合的方式开展扶贫工作。经过集体讨论，扶贫项目团队制订了资源配置方案(见表 1)。

**表 1　横峰县扶贫项目资源配置表**

| | 个案工作 | 小组工作 | 社区工作 | 志愿者人数 | 督导人数 |
|---|---|---|---|---|---|
| 司铺村 | 12 个个案，每个个案介入 8 次 | 3 个小组，每个小组 6 节 | 2 次大型社区活动 | 15 | 11 |
| 儿童福利院 | | 1 个小组，6 节活动 | | 2 | 11 |

## 二、反贫困社会工作的文化维度：从动员的有效性说起

在制订横峰县开展对口支援计划时，项目执行团队充分考虑了反贫困社会工作的文化维度。这是因为文化涉及动员的有效性、地方性知识的获得、教育与文化资本、社区文化的重构等方面。进一步来看，尽管人们对文化的认识具有多样性，各有侧重，但是学者们普遍认为文化是与一定地域、一定制度背景紧密相关的，能够共同构成人们生活方式的思维方式、行为方式和物资产品的总和，是与一定心理状态紧密相关的符号、语言、价值与规范的综合体①，是由理念价值、规范价值、实用价值构成的价值体系整体②。因此，理解文化维度时，需要兼顾系统性、整体性与一定地域、一定群体的特殊性。

众所周知，文化是理解反贫困的关键维度之一。反贫困社会工作需要系统的动员，尤其是要通过实现斯梅尔瑟所说的“有效的动员”③ 来提升其绩效。动员意味着把一个相对较为消极的个体或者群体转化为公共事务的积极参加者④。换言之，动员意味着通过较为持久地对一定主体性进行影响。进而言之，动员意味着有必要推动人们的态度、价值、期望等发生变化具有重要的作用⑤。这就需要社会工作者在总结一定历史经验的基础上，进一步通过一定的组织方式、传播方式贴近群众的实际需要，满足群众的合理需求来塑造共识。其中，文化动员具有重要的作用，能够从态度、价值、期望、共识等角度提升动员的有效性，扩大社会参与的深度与广度。

---

① 约翰·J. 麦休尼斯：《社会学经典入门》，北京·中国人民大学出版社，2019 年版，第 42—45 页。

② 苏国勋：《社会学与文化自觉》，载《社会学研究》，2006 年第 2 期。

③ 赵鼎新：《社会运动与革命：理论更新与中国经验》，台北·巨流图书股份有限公司，2007 年版，第 26 页。

④ 张孝芳：《革命与动员：建构“共意”的视角》，北京·社会科学文献出版社，2011 年版，第 19 页。

⑤ 亨廷顿：《变化社会中的政治秩序》，北京·生活·读书·新知三联书店，1989 年版，第 31 页。

可见，反贫困社会工作需要充分考虑贫困的生成机制，考虑扶贫的相关内容。在此基础上，进一步考虑精准扶贫对接乡村振兴工作的战略需要，发挥文化动员在乡村治理中的积极效应，有所为有所不为。从贫困的生成来看，原因非常复杂。学界在思考和表达时，往往从不同的角度进行概念选择、变量组合、模型建构、范式重构。有的学者认为，贫困和自然条件的脆弱性有关。比如，地处边远山区且交通条件不便、生态恶劣与自然灾害等因素导致的贫困。有的学者认为，贫困和个体自身条件有关。比如，因个体健康与素质、自身能力而导致的贫困。有的学者认为，贫困和一定的经济体制、运行机制、资源配置机制、资产获得与保值能力、市场风险防范能力等因素相关。比如，因未能应对好市场风险而返贫的现象。有的学者认为，贫困和一定的发展伦理、社会排斥机制、关系网络、制度属性、结构固化机制等因素紧密相关。比如，由于发展策略的空间选择偏好导致一部分地区面临整体性挑战。我国对集中连片的贫困地区开展脱贫攻坚战略行动正是精准施策的表现之一。

值得注意的是，越来越多的文献试图从文化的维度探究贫困的生成机制，进而思考社会秩序良性运行的可能性。大略而言，这些思考至少包括以下四种视角。

### （一）基于规范性文化的角度

事实上，早在涂尔干的文本中，就已经包含了大量从规范性文化的角度分析贫穷与阶层问题的思想。他认为继承受到了制度文化的影响，“造成了人生而或贵或贱的结果”，进而影响人们在契约关系上的道德选择行为，影响文明民族达成共识性原则①。其后，许多学者认为道德共识的瓦解会导致贫困，乃至社会大断裂的出现。弗朗西斯·福山以维多利亚式道德体系的衰落作为考察对象，在梳理学术史之后，他提出抽象理念的变化、大众文化的传播会对既定的道德秩序构成某种挑战。福山还强调，问

① ［法］涂尔干：《职业伦理与公民道德》，北京·商务印书馆，2017 年版，第 234—240 页。

题在于规范性文化如何与经济因素一起导致了社会大断裂的出现[①]。默顿关于规范性文化的研究有助于解释这些挑战的生成、影响。在默顿看来，规范性文化的功能展现是多样性的，充满着正功能、反功能、隐功能等的交错与组合。比如，乡村社会缺乏规范性很强的社会工作制度与人才队伍，必然使得社会工作参与扶贫时面临各种功能性挑战。此外，历史制度主义的研究表明，规范性文化往往受历史记忆、文化记忆、集体记忆所影响，受到一定地方性知识的逻辑影响，如作为日常生活中的基本规范的道德与民俗。如前所论，横峰县文化具有古色与红色同时并存的特征。因此，司铺村的社区文化鲜明地展现了这一特征。

### （二）基于文化心理与价值认知的角度

福山并未停留在规范性文化的角度，而是进一步深入信任与价值观的层面思考家庭破裂、儿童保护、犯罪率上升以及贫困率的波动等社会断裂现象。由此，他提出信任度降低和共同价值观紧密相关，而社区的存在则以共同的价值观为基础。甚至，他提出价值观的转变是“大断裂的中心问题”[②]。价值观往往决定着一定群体的期望、态度与行为。故而，价值认知与一定的文化心理紧密关联。甘斯把期望与行为选择联系起来分析贫困的生成机制。甘斯认为，文化对期待的强度、持续性影响甚大，对行为选择的可能性影响甚大。贫困群体往往沉浸在自己的生活方式与亚文化当中。或者说，贫困群体之所以难以摆脱贫困，和该群体内化了一种不利于提升生活水平的期待文化紧密相关[③]。甘斯事实上从文化如何影响认知的角度分析了贫困的生成机制。就文化心理学而言，

---

① ［美］弗朗西斯·福山：《大断裂：人类本性与社会秩序的重建》，桂林·广西师范大学出版社，2015 年版，第 76—80 页。

② ［美］弗朗西斯·福山：《大断裂：人类本性与社会秩序的重建》，桂林·广西师范大学出版社，2015 年版，第 95 页。

③ H. Gans, The War against the Poor: The Underclass and Antipoverty Policy. New York: Basic, 1995. 转引自周怡：《社会情境理论：贫困现象的另一种解释》，《社会科学》，2007 年第 10 期。

文化往往会通过沟通、概念化、自我构念、标签化等方式影响认知①。这种影响不仅出现在代际文化之间与出现在区域文化之间，反映了主体间性的沟通阻滞。这种阻滞甚至会影响不同个体的安全感、获得感，影响亲密关系的建构，加剧贫困家庭面临的日常矛盾，降低贫困家庭通过建设优质关系网络来应对外部压力的能力。比如，这种影响往往和一定的情绪与意义认知搅和在一起。有学者认为，"文化是情绪/情感知识的宝库。唯有通过那些富含情绪/情感的知识，我们得以理解人生的意义，使追寻人生意义成为生活的终极追求"，"文化是重温、再续理想的集体践行，它将悲天悯人的情怀延伸至我们心理的每个角落。"② 因此，反贫困也意味着需要深入内在心理动机层面。因为脱贫需要强有力的内生动力，需要应对不合理的情绪。激活内生动力需要结合情感沟通等手段③，从文化心理、价值认知对个体动机及其关系网络的影响中寻找答案。文化心理、价值认知往往和一定的象征系统相关。汤普森在格尔茨的基础上提出，文化是体现于象征形式中的意义形式，人们往往依赖它进行沟通与交流一些经验、概念与信仰④。参与反贫困的社会工作者需要善于从象征系统中捕捉案主的意义取向，评估其实际需求。

### （三）基于教育与文化资本的角度

随着精准扶贫的深度推进，人们越来越关注发展的公平性、有效性与协同性⑤，关注如何建立阻断贫困的代际传递机制这一重大问题。人们发现，解决教育平等问题是阻断贫困代际传递的关键领域。众所周知，平等

---

① ［美］罗伯特·S. 怀尔：《理解文化：理论、研究与应用》，北京·人民出版社，2018 年版，第 108—119 页。

② 文化的这一界定来自罗杰·斯托克顿，转引自［美］吕坤维：《中国人的情感：文化心理学阐释》，北京师范大学出版集团，2019 年版，第 3—4 页。

③ 中共中央党史和文献研究院：《习近平扶贫论述摘编》，北京·中央文献出版社，2018 年版，第 141 页。

④ ［英］约翰·B. 汤普森：《意识形态与现代文化》，北京·译林出版社，2005 年版，第 146 页。

⑤ 中共中央党史和文献研究院：《习近平扶贫论述摘编》，北京·中央文献出版社，2018 年版，第 160 页。

一直是人们追求的目标之一。伊曼努尔·康德对所有人都是平等的存在进行了细致的论证①。为了实现所有人都是平等的存在，人们试图通过实现“前途向才能开放的机会平等”，通过从自然和非自然两个方面“拉平社会境况的机会平等”来取得突破②。其中，教育则是实现平等地存在的重要领域。但是，不可否认，至少从空间来看，受地理区位、人口构成、民族构成、经济基础、政策支持等因素影响，教育资源的配置并不均衡③。因此，如何让贫困家庭的孩子都能够接受“公平的有质量的教育”④ 不仅成为学术界关注的问题，也已经进入精准扶贫战略的视野。来自文化资本论的研究也充分证明了这种关注的必要性。对教育社会学、学校社会工作影响甚大的主要来自布迪厄、柯林斯等人的研究成果。布迪厄认为在一定的场域类，不同类型之间的资本可以相互转化。在他看来，文化资本包括三种基本形式：一种是与精神、身体的持久性情紧密相关的具体状态；一种是以文化商品形式展现的客观状态；一种是与区别对待有关的体制状态⑤。前两者与文化能力、文化产品紧密相关，第三种是体制对文化能力和文化产品的确认。文化资本通过这三种形式实现资源转换与再生产。它们一起渗透于教育领域当中。布迪厄批评教育成了国家与社会结构的再生产机器。他悲观地强调，教育不公平在生产纽带上就已经产生：穷人的文化资本是匮乏的。因此，需要一种机制来扭转或拉平这种不公平。柯林斯对布迪厄的文化资本论进行了一定程度的批评⑥。他将劳动分为生产性劳动与政治性劳动。他批评教育的基本功能已经沦为文化证书和社会流动的障碍。他的批评已经承认教育也是文化通货的一种。尽管如此，但是柯林斯

---

① 李石：《平等理论的谱系：西方现代平等理论探析》，北京·中国社会科学出版社，2018 年版，第 25 页。

② 李石：《平等理论的谱系：西方现代平等理论探析》，北京·中国社会科学出版社，2018 年版，第 3—8 页。

③ 罗华玲：《义务教育资源空间配置研究》，北京·人民出版社，2019 年版，第 197—210 页。

④ 中共中央党史和文献研究院：《习近平扶贫论述摘编》，北京·中央文献出版社，2018 年版，第 133 页。

⑤ 包亚明：《文化资本与社会炼金术》，上海人民出版社，1997 年版，第 192—193 页。

⑥ ［美］兰德尔·柯林斯：《文凭社会：教育与分层的历史社会学》，北京大学出版社，2018 年版，第 15—17 页。

依然提醒人们，在无法改变结构的前提下，帮助中低阶层理解这一文化通货的价值同样非常重要。显然，无论是布迪厄，还是柯林斯的研究，都在某种程度上证明了从教育的角度提升精准扶贫的绩效有利于文化资本得到更加有效的、公平的分配。

### （四）基于是否以优势视角观察底层文化的角度

为了了解底层贫困群体的真实情况，《时代》杂志专栏记者芭芭拉·艾伦瑞克化身为女服务生进行调查。艾伦瑞克在《我在底层的生活》一书中颇有感慨地论述道，从最底层的20%人口的生活方式进入顶层的20%人口生活方式表明，低薪付出的劳动者应该获得社会的赞许，因为他们有能力且为社会付出了许多。所以他们才是“我们社会上的大慈善家”，是匿名捐赠者①。艾伦瑞克反对面对底层群体的共谋性沉默。她的态度实际上包含了以优势视角关注底层阶层、底层文化，而非社会排斥视角。优势视角强调把服务对象看作能够运用自身智慧与能力来运用好相关资源，进而达到自身预定的目标。所谓“优势”，从服务对象的角度来看，主要包括八个方面的内容：①服务对象面对困境时的态度、想法、能力、动机及其方法和策略。②服务对象在面对自身所处的家庭、朋辈、朋友、邻舍以及社区等环境条件时运用资源的能力。③服务对象对自身的评估，如分析自身需要的能力，分析适合自身选择的能力。④服务对象自我调整和自我改善的能力。⑤服务对象自我疗愈和自我转换的能力。⑥服务对象所具备的知识、偏好与技能。⑦服务对象的期望、目标感知。⑧服务对象获得尊重与关爱、优化自身生活处境的意愿。大略而言，优势视角强调灵性、资源与社区资产的综合运用。这种综合性往往受一定文化形态的影响，表现为一定的文化逻辑性②。

上述视角对于反贫困社会工作的开展具有重要的启示意义。也就是

---

① ［美］芭芭拉·艾伦瑞克：《我在底层的生活：当专栏作家化身女服务生》，北京联合出版有限责任公司，2014年版，第251页。

② 童敏：《社会工作理论：历史环境下社会服务实践者的声音和智慧》，北京·社会科学文献出版社，2019年版，第439—441页。

说，精准施策需要在开展反贫困时充分考虑文化扶贫机制的效用。从知识谱系来看，社会工作是西学东渐的结果，反贫困社会工作对口支援对象又在乡村社会，大量与地方性知识有关的规范文化、地域文化心理与价值认知、历史与文化记忆等需要人们去挖掘，进而实现反贫困社会工作能够嵌入当地。比如，司铺村村民对于附近的民国时代的浙赣铁路就印象非常深刻。“火车小镇”成了村民口中的文化符号。众所周知，符号是指任何由共享某种文化的人们公认的、承载特定意义的事物①。“火车小镇”往往成为对口支援团队成员与司铺村村民对话的共享性事物。它有助于社工通过可分享的文化记忆及由此而来的乡村文化骄傲感而拉近与村民的距离，并真正进入熟人社会的记忆场域。

同时，从另外两类视角来看，一方面，教育本身体现了空间延展性与非均衡性，比如乡村留守儿童所接受的教育与发达地区相较而言仍然尚有很大差距；另一方面，贫困群体文化所展现的自身逻辑与社区共识性行动仍然需要深入挖掘。这样，把文化自觉与专业自觉结合起来思考反贫困社会工作就显得极为必要。这种结合应该能够在个案工作、小组工作与社区社会工作当中得到体现。

从国内的实务开展来看，已有学者尝试着挖掘在地化的文化资源。张和清、张杨、古学斌、杨锡聪等人对平寨故事的整理正是挖掘在地化文化资源，推进平寨经济社会发展的一种尝试。他们整理的平寨故事包括以下几类：关于美丽家乡的；祖先故事；日常生活故事；与信仰有关的故事；与葬礼有关的故事；与节日有关的故事；与女工有关的故事；民族小调的相关故事；社工专业实习中的故事。应该说，这些故事对于通过唤醒与保留当地的历史记忆、集体记忆、文化记忆来凝聚社区民众，建构社区骄傲感等方面都具有重要的意义。古学斌在《总论：平寨人都来讲村史》中充分地论证了让平寨人集体参与，一起写村史的重要价值。他认为让村民参与写村史有助于恢复历史记忆，更有助于重建文化自觉与社区认同，是一

---

① 约翰·J. 麦休尼斯：《社会学经典入门》，北京·中国人民大学出版社，2019 年版，第 45 页。

种体现发展、保护当地文化的赋权行动[①]。其后，张和清、杨锡聪在关于绿寨经验的基础上提出了社区为本的整合社会工作模式。他们认为，这一模式必须充分考虑文化行动与社区工作之间的关系。他们在引入保罗·弗莱雷的意识与意识提升等概念的基础上，提出所谓“文化行动”是基于社区与日常生活而培养出来的另外一种思维与内在动力而生成的，是指在人们既定的想法之外，寻求根植于另外一类想法并拓展多元生活空间的可能性[②]。文化行动理论充分体现了在尊重在地化的、灵动的个体的基础上寻求社会工作介入建构治理能力的一种努力。从平寨践行到绿寨经验，张和清等人都延续了一条主线：展现文化的力量。

故而，反贫困考验着治理能力现代化，反贫困社会工作需要准确把握治理的文化之维度。也就是说，考虑到我国试图将精准扶贫战略与乡村振兴无缝对接的战略意图，因此，反贫困社会工作有必要延续文化行动理论的问题意识与相关思路，充分考虑把治理能力现代化的文化维度与乡村振兴战略紧密结合起来。上述不同视角的研究表明，治理的文化维度是多样性的。可以是一种意义的生产机制，一种通过文化意义、知识技能和与文化相关的技术影响社会交往的机制，一种影响情绪与心理的介入方案，一种社区文化构建贫困社区共享性的动员机制。反贫困社会工作需要充分发挥这种多样性的文化价值[③]。在横峰县司铺村实施的对口支援正是一次展现反贫困社会工作的文化维度的尝试。

## 三、文化就是力量：关于实务的开展情况

事实上，在横峰县推进社会工作的尝试在对口支援计划启动之前就已经开始了。尽管这种尝试收效需要深入的反思，但是通过驻点社工的努

① 古学斌：《把它称之为社区培力（empowerment）》，参阅张和清、张杨、古学斌、杨锡聪编：《文化与发展的践行：平寨故事》，北京·民族出版社，2007年版，第9—11页。

② 张和清、杨锡聪：《社区为本的整合社会工作实践：理论、实务与绿耕经验》，北京·社会科学文献出版社，2016年版，第60—69页。

③ ［英］托尼·本尼特：《文化、治理与社会：托尼·本尼特自选集》，上海·东方出版中心，2016年版，第273—275页。

力，启动对口支援计划时可以减少对地方文化的了解环节，可以减少与合作方的沟通成本，可以使得评估变得更加简洁。经过实地考察与集体讨论，江西财经大学人文学院迅速地确定了介入方案。对口支援团队采取了福利院驻点与司铺村驻点相结合的双驻守机制。在此基础上，在保留以往驻点社工的同时，对口支援团队采取师生轮换介入的方式，迅速地开展了大量实务工作。在开展实务的过程中，团队一直非常重视彰显反贫困社会工作的文化维度。

## （一）文化润心：关于个案工作概述

项目实施以来，江西财经大学团队共开展了 12 个个案服务。通过入户访谈等方式选择贫困建档的个案作为服务对象。这些案主家庭经济困难或较为困难，属于建档立卡贫困户。从个案的需求和问题分析可以看出，这些贫困人口普遍有身体健康问题、心理和情绪问题、家庭关系问题、家庭教育、社会支持网络缺乏等问题（见表 2）。江西财经大学团队围绕上述问题和需要开展心理扶贫、教育扶贫等个案工作服务。在个案工作过程中，工作员通过与案主建立良好的工作关系，给予支持和心理辅导，提供社会资源，改善或协调其周围的人事和环境，以协助案主抒发内心的感受，认识面对的问题，充分发挥自己的能力，善用各种社会资源和机会，从而解决问题，在恢复和增强其适应能力的同时，更进一步提高案主的信心和生活素质。在开展个案工作时，社工非常重视文化润心的角度。从这一角度出发，并综合相关的理论视角与接入方法，这些个案服务大体可以分成以下类型：

第一，从文化心理层面改善情绪、认知与意义取向。有关研究表明，贫困和心理问题相互影响。解决案主的心理问题有助于他们脱贫。《2015 年世界发展报告》明确指出，贫困不应仅从物质资源的匮乏上找原因，还需要从贫困主体的主观思维上加以认识。近年来行为经济学的相关研究表明，贫困主体的心理特征影响其选择行为显著，是使其维持低收入水平的重要原因之一。造成贫困户贫困的不只是收入低下、物质匮乏等客观原因，也涉及心理层面的主观因素。同时，贫穷不仅影响人的身体，更会影响人的心理，贫穷容易让人变得自卑和懦弱等。习近平总书记多次强调贫困地区和贫困人口心理（精神）贫困与心理（精神）扶贫问题，实施精准扶贫不能忽视心理扶贫。在提高贫困群众身体健康的基础上，更深层次地关心贫困群众心理健康，让贫困户保持积极健康、乐观向上的心态，为实现如期脱贫打下坚实的基础。在脱贫攻坚过程中，贫困户容易出现自卑情绪、缺乏自信、不善交际等心理障碍，通过家庭治疗、理性情绪疗法、社会支持网络理论、优势视角等社会工作专业理论和方法为贫困户家庭开展心理健康服务，可以有效地解决他们心理上的“贫困”。比如，表2个案5中的付阿姨带有传统乡村文化的耻感文化心理特征，面对儿童照顾压力，缺乏情绪宣泄渠道。驻点社工的到来为她提供了一种陌生化却具有安全感的渠道。针对这种情况，社工保持倾听与接纳即可化解其内心的困扰。

第二，彰显案主重视家庭文化的优势，理顺家庭关系网络。重建与家庭关系相关的亲属关系是一个世界性难题。就像吉登斯所阐述过的那样，亲属关系很难再被视为是信任关系的基础[①]。当亲属关系形塑信任关系的功能遭到挑战时，贫困家庭面临的社会资本就会大幅度下降。这种情况同样出现在横峰县的乡村当中。尽管地处山区，但是我们依然可以看到，现代性对这个地区的影响。随着现代化的快速发展，中国经济发展水平充分反映了空间治理策略的结果。作为中部地区的山区，横峰县的经济发展水平滞后于沿海地区。这也是习近平总书记惦记红色苏区、边远山区脱贫攻坚效果的原因。经济发展水平的滞后，加之如前所论的横峰邻近浙江等沿海省份，使得该县有大量人口外出务工，原有亲属关系、家庭关系与家庭文化、性别文化受到冲击。这样，发挥乡村文化中的家庭价值优势，修复家庭关系，甚至重构家庭文化，推进乡风文明就成为精准扶贫的重要内容之一。

第三，建立家校协同机制，为防止贫困代际传递创造条件。把贫困户

① ［英］安东尼·吉登斯：《亲密关系的变革：现代社会中的性、爱和爱欲》，北京·社会科学文献出版社，2001年版，第126—127页。

子女作为重点关爱对象，帮他们建立自强、自立、积极向上的心态，树立正确的人生观和价值观。在乡村社会，从观念上来看，人们对于教育的重视是毋庸置疑的。但是，由于横峰县自身特殊的时空条件与经济发展水平，许多青壮年劳动力不得不外出务工。因此，儿童青少年多是在隔代抚养中成长。这样，不可避免地会导致家校协同机制出现滑坡现象。在项目评估过程中，一位小学教师向项目组成员感叹："我自己小时候读书时，经常有老师来做家访。等我做了老师，也想做家访。但是，虽然是熟人社会，和学生的爷爷、奶奶也熟悉，但是在学习方面的交流还是存在很大的困难。对于有年轻妇女在家照顾孩子的家庭，我们男老师还是不方便上门联系的。久而久之，家校关系就淡化了。"他一语中的地强调，良好的家校关系就是文化润心的优质环境，甚至是优质资源。为此，项目组在司铺村小学设立了"登堂"青少年训练营。训练营的一项重要内容是邀请家长、学生参加团队活动。在团队活动中，凸显家长的主体性与参与性，让他们回忆、反思自身的育儿方式，鼓励家长加强和学校的联系。如案主李某在育儿方式上就发生了明显的变化。

第四，运用优势视角，进一步提升文化技能与资源整合能力。文化技能往往影响人们的符号运用能力，尤其是沟通能力。其后果之一是案主的文化资源整合能力下降。在项目实施过程中，社工注意到个别案主书写能力较差。书写能力较差的原因并非仅仅因为案主个体能力问题，也和案主很难得到肯定有关。尤其重要的是，案主很难在优质的亲密关系中获得良好的表达环境。针对这些问题，项目组以优势视角，将包括与书写、文艺等相关的文化技能赋权放置在亲密关系优化，甚至重建的过程当中。案主尹某（见表 2 个案 6）在社工开展 8 次个案服务之后，畏惧书写的心理得到了克服，书写技能也随之得到了提高。同时，尹某的群体交往能力也得到改善。又如案主黄某（见表 2 个案 12）一开始不善于沟通而自卑，经过介入之后能歌能舞，在家庭亲密关系中得到的肯定上升，其自信心也得到提高。当项目组组织文艺晚会时，黄某积极主动帮助项目组向其邻居宣传。这样，文化技能成为黄某进行社会交往活动的重要杠杆。

表 2　个案工作开展概况

| 案主 | 问题与需求 | 理论指导 | 服务目标 | 服务效果 |
| --- | --- | --- | --- | --- |
| 个案 1 黄某 | 1. 需要改变之处：（1）心理问题疏导，打开封闭的内心（2）与家人建立亲密关系，填补案主的家庭情感缺失（3）社会交往问题，提升社交能力<br>2. 改变的顺序：（1）社交能力（2）家庭关系（3）心理问题<br>3. 改变的资源：案主的家人对他的支持是最大的力量；案主的朋友对他影响也比较大 | 家庭治疗、游戏治疗、社会支持网络理论 | 1. 运用游戏等治疗方法，逐步减少案主对陌生人尤其是女性的抵触心理<br>2. 使案主恢复自信，乐观地看待生活及身边的事物。与案主建立平等的沟通关系，帮助他树立自尊自信<br>3. 帮助案主与家人建立亲密关系，填补案主的家庭情感缺失，帮助案主更好地与家人相处与沟通 | 服务的目标已经达成<br>1. 在个案即将结束的时候，社工再次跟案主回顾了一起的服务过程，鼓励进步，给予希望，珍惜青春，自己的青春要自己做主<br>2. 案主与周边环境基本能和谐相处，生态环境得到改善。案主对社工服务、治疗效果非常满意<br>3. 案主的心理承受能力增强。案主发生了以下变化：从胆怯、恐惧到接纳到安静、平淡、乐观；从不愿意参加群体活动、不愿意与小朋友玩耍交流，到主动融入集体生活，心情愉悦地参加各种集体活动。这样，案主的周边关系得到缓解，心理承受能力和抗压能力明显增强 |

续表

| 案主 | 问题与需求 | 理论指导 | 服务目标 | 服务效果 |
| --- | --- | --- | --- | --- |
| 个案2<br>李某 | 1. 生理方面：案主似乎在经历更年期，案主的情绪很不稳定，案主也表现出前后矛盾的行为与话语<br>2. 心理方面：案主不能很好地处理自身情绪，进而影响了自身的社会关系的建立，影响到案主对于孩子的教育，也偶尔影响到了夫妻关系。案主有时也会存在不合理评价和认知，主要体现在绝对化、概括化的思维方式 | 理性情绪疗法、社会支持网络理论 | 1. 长期目标：(1) 传授案主情绪调节的方法和技巧。(2) 传授案主子女教育指导的相关知识和技巧 (3) 帮助案主获得家人的理解和关心，缓和情绪压力<br>2. 短期目标：(1) 与案主建立良好的专业关系。(2) 及时引导案主宣泄负面情绪，对案主进行情绪疏导 | 1. 案主的问题基本上得到了解决，社工不但帮助案主链接了资源，使案主宣泄了自身的负面情绪，并且传授了案主自身情绪调节的方法和子女教育指导的方法<br>2. 案主现在显得有了更多的笑容，情绪也比较平稳，并且在育儿过程中减少了对儿子“打骂”教育的次数，现在看到案主，基本上看不到案主“打骂”自己的儿子 |

续表

| 案主 | 问题与需求 | 理论指导 | 服务目标 | 服务效果 |
| --- | --- | --- | --- | --- |
| 个案3<br>胡某 | 案主家庭环境较差，需要改善；案主存在自卑情绪，需要建立更加健康积极的人格；案主注意力不集中，学习能力待解决，案主过分依赖养母，自理能力亟待提高 | 社会支持理论 | 1. 案主的学习能力得到提高<br>2. 案主建立起支持（资源、情感等）网络确定监护人，营造良好的生活和学习环境 | 1. 心理行为。通过 Rosenberg 自尊量表（SES）对其自尊水平进行检测。经查，其总分为 34 分，较前测的 21 分大幅提升，说明其自尊水平正常。经帮扶后，自尊心水平显著提升，待人接物热情开朗<br>2. 家庭系统优化。其养母经过疏导与培训之后，有了合理的监护意识，减少了负面情绪<br>3. 关系网络优化。社工帮助案主及其家庭链接了资源。其家庭的社会关系网络发生了变化。经上门访谈，发现邻舍关系更加友好 |
| 个案4<br>占某 | 1. 改善案主身体状况，缓解慢性病的痛苦<br>2. 丰富案主的精神生活，巩固社交关系<br>3. 改善案主家庭关系，帮助案主与儿子重建亲密关系<br>4. 帮助案主养女优化监护关系 | 记忆理论、社会支持网络理论、萨提亚治疗模式 | 1. 提升情绪管理能力<br>2. 从资源、情感等方面建立起优质关系网络，提升环境适应能力<br>3. 提高案主疼痛与慢性病管理能力 | 1. 案主走出了对艰难儿时的记忆困扰，愿意尽一切可能爱自己，保护自己，加强与家人沟通<br>2. 改善了自身的认知，调整了母子沟通方式，调整了对孩子的预期，获得了更多的安全感，加强了母子之间的亲密关系。家庭关系由此进入良性循环阶段<br>3. 通过萨提亚治疗，建立了合理的自我情绪疏导机制<br>4. 与养女小胡的关系得到优化，主动促进养女与亲生女儿之间的关系改善 |

续表

| 案主 | 问题与需求 | 理论指导 | 服务目标 | 服务效果 |
|---|---|---|---|---|
| 个案5<br>付某 | 1. 儿童照顾压力大。案主付阿姨平时身体不舒服，还要照顾三个孙子，照顾压力和自身身体负担、精神压力都比较大<br>2. 案主自身的日常生活比较单调枯燥，缺乏宣泄渠道与排解方式 | 理性情绪治疗、家庭沟通理论、政策倡导 | 减轻案主儿童照顾精神压力；通过政策倡导尽可能缓解案主医疗成本压力；丰富案主的日常活动与合理的宣泄渠道，梳理家庭沟通机制，使其心情更加愉悦开朗 | 个案服务的目标基本达成<br>1. 降低儿童照顾压力。通过整个8次个案服务，压力得到舒缓。案主希望大儿媳妇能回来，希望孙子能够得到妈妈的爱，不会因为思念妈妈出现情绪崩溃。改变虽不显著，但还是有很大变化<br>2. 梳理家庭关系网络有成效。案主得到了小儿媳妇的协助，社会支持网络更加合理<br>3. 丰富文化生活，加强身体健康。改善案主心态，开始积极参加乡村社区广场舞，并在参与中获得了更多宣泄渠道 |
| 个案6<br>尹某 | 1. 案主生活在一个充满欢乐的五口之家，但案主的性格比较内向。起初，案主基本全程不怎么说话，全程低着头，但主动给我们拿凳子倒水<br>2. 案主主要面临的就是学习成绩以及人际交往障碍。在学校学习成绩比较差，认识的汉字很少，而且案主写字倒笔画的习惯比较严重 | 社会支持、社会学习 | 排除和纠正案主写字的心理与行为障碍，帮助案主提升学习兴趣，尽可能地帮助案主提升自我学习效能 | 个案服务目标达成<br>1. 克服了书写的心理困扰。经过8次个案服务，案主的改变还是成效显著的。作为一个小学生，案主在学习方面比同龄人要差很多，但是通过一笔一画的纠正书写，案主的倒笔画状况大有改善<br>2. 提升了沟通能力。在性格方面，案主之前见人就躲，不怎么会与社工主动交流沟通，现在的案主对社工有着明显的不舍，希望社工留下来<br>3. 提升了群体融入能力。在家庭关系方面，案主家人给予了支持，凡事都会多考虑一下案主的感受与认知。同时，改善了家庭行为环境方面。案主原来学习的地方光线不足，现在得到了改善 |

续表

| 案主 | 问题与需求 | 理论指导 | 服务目标 | 服务效果 |
| --- | --- | --- | --- | --- |
| 个案7<br>程某 | 需要改变之处：(1) 提升案主学习能力。(2) 与家人建立亲密关系，填补案主的家庭情感缺失。(3) 缺乏安全感，自我防御心理强<br>改变的优先次序：(1) 学习问题。(2) 行为问题纠正。(3) 缓解心理问题。(4) 让案主自己对自己负责。(5) 使案主明白家人的重要性，填补案主家庭情感缺失 | 优势视角、家庭沟通与治疗理论 | 1. 优化学习行为<br>2. 优化家庭关系，改善心理认知 | 个案服务目标基本达成<br>1. 经过学业辅导，案主在原有基础上，有了很大进步<br>2. 案主的交往行为得到改善，案主家人明白了案主的情感需求。案主的安全感得到提高<br>3. 案主自我负责精神得到了改善 |
| 个案8<br>黄某 | 需要改变之处：<br>(1) 通过评估考虑，服务的总目标是利用美国心理学家艾利斯的理性情绪治疗法让案主对家庭文化建立起理性认知，进而改变案主不合理的信念，调整案主的情绪和行为<br>(2) 通过帮助改善其孙子学习状态，降低代际关系压力<br>(3) 提升使用现代通信设备的能力 | 理性情绪治疗法、优势视角、政策倡导、能力建设理论 | 长期目标：<br>(1) 建构理性认知能力<br>(2) 优化代际沟通能力<br>短期目标：<br>(1) 帮助案主正确理解家庭关系<br>(2) 改善案主孙子学业，优化代际关系<br>(3) 改善案主孙子交往行为<br>(4) 帮助案主了解扶贫政策 | 服务目标基本达成<br>(1) 案主情绪方面问题得到了缓解，也有了好的变化<br>(2) 案主孙子学习辅导有一定的成效，在他原有的基础上，有了很大的进步<br>(3) 案主孙子接纳了其期望<br>(4) 帮助案主挖掘自身优势资源：<br>——建立自信的交往心态较好<br>——理顺亲戚关系，解决了案主家里农忙季节缺劳动力与社会支持的问题<br>——通过学习网络沟通技术，案主能够及时与子女联系，督促子女加强与学校教师的沟通 |

续表

| 案主 | 问题与需求 | 理论指导 | 服务目标 | 服务效果 |
| --- | --- | --- | --- | --- |
| 个案 9<br>付某 | 1. 案主很需要资金来支持果园的发展<br>2. 案主缺乏对绿色产品的宣传经验，需要学习更多的宣传技术，提高自身能力<br>3. 案主的优势：(1) 案主十分好学，有学习互联网技术的动机。(2) 案主家庭的资源：女儿可以学习、操作果园的公众号，帮助其正常运营，但是缺乏专业的拍摄能力 | 社会支持理论，任务中心模式、赋能理论、资源整合理论 | 长期目标：<br>协助政府，帮助案主提升绿色品牌运营能力，使之成为当地的脱贫致富带头人<br>短期目标：<br>(1) 让案主学习新媒体宣传技术，提高自身宣传能力<br>(2) 让案主了解更多的金融信贷知识，建立金融风险防范意识<br>(3) 引入学院新闻传播专业学术，帮助案主拍摄果园视频 | 服务目标基本实现<br>(1) 案主学习了一些现代宣传手段，帮助案主成功申请了微信公众号，教案主管理和运营微信公众号，并且教案主基本的公众号文案编辑<br>(2) 帮助案主拍摄制作了百香果宣传视频，提高了自身宣传能力<br>(3) 通过社区文化动员和链接媒体资源，使得案主的果品得到免费宣传<br>(4) 发挥了第二专业优势，帮助案主了解了更多的金融信贷知识及国家的相关政策<br>(5) 帮助案主树立绿色食品品牌意识，提醒案主尽快注册绿色食品商标 |
| 个案 10<br>付某 | 1. 案主面临隔代抚养三个孙子的压力，与孙辈的关系需要优化<br>2. 案主有一定家庭的资源。但是，儿子、儿媳妇在外务工 | 代际关系理论，老年社会工作的相关理论 | 长期目标：<br>让案主有能力教育好三个孙子，实现教育扶贫目标<br>短期目标：<br>(1) 让案主改变教育方式<br>(2) 优化家庭沟通渠道，获得儿子、儿媳妇支持 | 服务目标达成：<br>(1) 案主基本能够意识到现有教育方式存在不足，也了解了一些隔代教育成功的案例，从中反思自身，学习可借鉴之处<br>(2) 儿子、儿媳妇与老人的沟通频率上升，家庭支持力度增强，宣泄渠道得到畅通 |

续表

| 案主 | 问题与需求 | 理论指导 | 服务目标 | 服务效果 |
| --- | --- | --- | --- | --- |
| 个案11<br>黄某 | 1. 案主比较内敛，面对陌生人表现得很紧张和防备，家人希望他开朗一些<br>2. 案主是单亲家庭，家庭情感缺失，尤其缺少母爱，希望得到更多陪伴<br>3. 案主的优势：案主做事情很认真，十分懂事，对外面的世界感到好奇<br>4. 案主的资源：案主有一个要好的朋友，案主可以跟小伙伴倾诉心中的烦恼，通过小伙伴多接触更多好朋友 | 社会支持、系统理论、认知理论、朋辈关系理论 | 长期目标：<br>（1）辅导案主放松心情，使他的学习在现有的基础上有所进步<br>（2）培养兴趣爱好，使他开阔视野，减少对外界的防备<br>短期目标：<br>（1）通过参与案主的日常生活（一起下地摘菜）以及家访等形式走进案主的内心<br>（2）陪伴案主，发现他的兴趣爱好，开阔案主的视野 | 总体服务目标达成<br>（1）案主更加自信了。在沟通交流方面比之前更加地愿意主动交流，在自信心方面也比刚开始的时候有了明显的变化，但在某些时候还是比较拘谨<br>（2）培养了对亲情的正确认知。目前，只能够通过奶奶对案主的关爱来进行弥补。但是，参与小组活动降低了认知性风险<br>（3）丰富了案主的兴趣爱好。经过帮助，案主学习了一些篮球的基本技能，对于打篮球以及踢足球都有一定的兴趣，每天也能够坚持去户外打一下篮球<br>（4）优化了朋辈关系。案主与奶奶以及与父亲方面的沟通并没有很明显的改变，案主还是与之前一样比较喜欢有自己内心的小秘密，在某些时候不是很愿意表达自己。但是，通过体育文化活动，其朋辈关系得到了优化 |

续表

| 案主 | 问题与需求 | 理论指导 | 服务目标 | 服务效果 |
|---|---|---|---|---|
| 个案 12<br>黄某 | 1. 案主比较自卑，不善于沟通，不能说出自己的优点<br>2. 案主学习积极性不高，作业经常不能按时完成<br>3. 案主的思维比较跳跃，注意力不集中<br>4. 家人对案主的评价普遍比较低，更重视弟弟<br>5. 案主弟弟很聪明，可以督促姐姐学习，学校老师也比较关心案主 | 优势视角、社会支持、朋辈关系理论、赋能理论 | 1. 长期目标：让案主树立自信，增强自我认同感<br>2. 短期目标：通过多种形式让案主学习音乐、历史、礼仪方面的知识，使其发现自己的优点和长处，发现自己的兴趣，从而认识自己、树立自信 | 目标基本实现。(1) 知识与才艺赋能得以实现。通过教案主唱歌、给她讲故事、模拟礼仪情景的形式让案主学习音乐、历史、礼仪方面的知识，进而使其发现自己的兴趣，帮助案主认识到自己的优点和长处，认识到自己的想象力丰富、记忆力好、讲故事讲得生动，从而让案主正确评价自己、树立自信心。(2) 优化家庭关系。在实务开展过程中，增加了一些案主与家人的互动，比如让案主把学会的歌唱给奶奶听，教弟弟唱歌，和奶奶一起演练礼仪等，让案主感知到亲密关系的重要性 |

## （二）文化育心：关于小组工作概述

项目实施以来，江西财经大学团队共开展了 4 个小组工作服务。司铺村位于横峰县司铺乡，地处偏僻，经济发展较慢。由于就业岗位较少，收不抵支，村中男性青壮年劳动力多外出务工，村中留守老人、留守妇女、留守儿童数量较大。推动社会责任、支持家庭体系、扶助被忽视的群体（老人、残疾人士、低收入人士等）和关注青少年成长是横峰项目制定小组工作服务的方向。

第一，缩短代际文化距离，提升抗逆力。在亲密关系中，熟人社会往往给人以文化距离较近，在文化心理层面给人以亲近感，但是在需求评估过程当中，项目组注意到存在几种情况深刻地影响着代际关系，进而影响青少年的内心世界健康孕育。一种情况是由于隔代抚养现象比较普遍，在隔代抚养中，存在着一种混杂性心理行为。如既存在着宠爱，又存在着一种传统而厚重的代际权威结构取向，其结果是往往导致文化距离感的混乱——既亲近又遥远。另一种情况则是从教育与文化资本来看，知识的代际传承也存在一种距离感，学业辅导面临巨大的挑战。以上两种情况必然带来第三种情况，即代际的沟通距离拉大。其后果是，在代际关系中，往往会转化为一种对立关系，对立双方的心理脆弱感被加强。要之，留守儿童家庭教育问题突出，代际关系不良甚至走向恶化。如与角色缺失紧密相关的家庭文化。具体来说，就是儿童成长过程中缺少父亲的陪伴，部分儿童不愿沟通、不善沟通，亲子间沟通不足。对于留守在家的母亲来说，则因为自身接受教育不充分，育儿经验不充分，找不到合适的教育方式帮助儿童健康成长。同时，由于农村学校师资力量不足，多数留守儿童学习成绩不佳，父母非常着急但又无能为力，难以控制情绪，经常批评训斥孩子，等等。如一位留守儿童告诉项目组成员："奶奶是我最亲近的人，但是她不怒自威，我又有些怕她，许多事情，我不敢和她说。其实，说了也没有用。到了三年级，基本不会把成绩单给她。也就是说，在学习上，基本没有人管我。我自己也不是不努力，其实内心也很郁闷，求助无门啊！"在需求评估过程中，留守儿童往往更珍惜同辈群体关系。但是，暑期到来之后，部分家庭状况较好的孩子到父母工作所在的城市去接受暑期学业辅导，或者部分孩子还能获得外出旅游的机会。而家庭收入较差，尤其是贫困家庭的留守儿童则在暑期得不到照顾，朋辈关系也受到冲击。表 3 是国内同行的相关大型调查，调查数据也印证了项目组需求评估所得出的结论。

针对这种状况，项目组设立了"登堂少年营"暑期夏令营活动。为了彰显陪伴的力量，该训练营以代际关系辅导为重要内容，以朋辈支持关系的建构为重点（见图 1）。在此基础上，力求提升留守儿童的学业水平，厚实文化资本。为了加强家校关系，该训练营的活动空间被设立在当地小学教室。这样，就有利于让照顾儿童的家庭成员能够经常到学校参与活动，

**表3　不同家庭收入的儿童假期其他生活情况①**

| | | 走亲访友 | | 外出旅游 | | 睡眠充足 | |
|---|---|---|---|---|---|---|---|
| | | 参与率（%） | P值 | 参与率（%） | P值 | 参与率（%） | P值 |
| 暑假 | 最低收入25%家庭 | 71.65 | 0.00 | 45.56 | 0.00 | 93.81 | 0.11 |
| | 中间收入家庭 | 80.02 | | 61.42 | | 94.45 | |
| | 最高收入25%家庭 | 82.57 | | 77.55 | | 94.44 | |
| 国庆节 | 最低收入25%家庭 | 55.21 | 0.00 | 29.79 | | 92.96 | |
| | 中间收入家庭 | 65.04 | | 41.30 | | 93.88 | |
| | 最高收入25%家庭 | 67.62 | | 56.17 | | 92.95 | |

进而逐步强化家校协同的观念。活动分三个阶段展开：第一阶段是招募成员。第二阶段以儿童为主，把参加的儿童进一步分组，开展同辈群体活动与学业辅导（见图1）。学业辅导重点以学习习惯的辅导为主。第三阶段则是加入亲子关系小组。

图1　“登堂少年营”活动现场

第二，优化亲子文化，强化家庭韧性。和大多数人一样，司铺村的父母们同样渴望拥有孩子，希望孩子健康成长。对父母来说，孩子健康成长能提供非常巨大的回报。对孩子来说，家庭是安全基地，是优质情感纽带的基础。纯粹理想主义的看法认为，亲子关系是一份每周7天、每

① 苑立新：《中国儿童发展报告（2019）》，北京·社会科学文献出版社，2019年版，第174页。

天 24 小时的工作，希望能够通过纯粹关系和融汇之爱的方式呈现出来①。但事实是，父母们需要维持家庭生计。尤其对于贫困县域来说，生产与生存是第一位的。因此，儿童的问题与结构紧密相关，种因于家庭，显现于学校，恶化于社会。据项目组调查，亲子文化一旦恶化，一个家庭就要长期面对“医治过去”的问题。这一问题困扰着许多贫困的家庭，甚至导致家庭极为脆弱，儿童无法受益于家庭韧性。这些恶质的亲子文化至少包括以下六种情况：一是忽视依恋关系的处理，忽视情感独立性的建构。二是忽视亲子陪伴与沟通的重要性。三是忽视沟通内容选择的恰当性。四是忽视儿童在沟通过程中的感受。五是忽视儿童自主选择自我叙述的重要性。六是忽视儿童寻求沟通平等感的追求，过于强调自身在亲子沟通中的权威地位，其结果是出现镜像自我语言的结果：家长自身的权威地位也非常脆弱。

这些情况往往和文化积累、文化堕矩紧密相关。通过教育互助小组，社工发现，在亲子关系过程中，部分年轻的留守妇女往往以“A 的父母曾经如此教育孩子，且没有风险，故而 A 对待孩子的方式也没有错误”“大家都是这样，因此我们家也这样”“几千年来，大人就是大人，大人应该有大人的样子，不用管该孩子的感受”等诸如此类的陈述方式或者表达逻辑来为自己恶质的亲子文化进行合理性、合法性辩护。事实上，儿童已经在学校接受了儿童权益保护教育，而家庭却依然以历史积累的错误亲子方式来理解亲子关系。换言之，在贫困乡村还存在着因文化堕矩导致家庭亲子关系失败的现象。

由此可见，改善亲子文化是优化家庭教育，提升家庭韧性的有效途径。亲子关系影响家庭韧性的一个表现之一是，代际沟通不畅，代际的协同能力下降，抗风险的能力也随之下降。甚至，个别家庭存在责骂等暴力现象。为此，项目组通过亲子协同剪纸游戏（见图 2）、家庭水果拼盘协同游戏来建设良好的亲子文化。在活动过程中，就出现了母子之间相互埋怨

① ［英］安东尼·吉登斯：《亲密关系的变革：现代社会中的性、爱和爱欲》，北京·社会科学文献出版社，2001 年版，第 129 页。

对方合作能力差的现象。经过反思，部分留守妇女深刻地认识到，虽然孩子就在自己身边，但自己对孩子并不了解。可见，通过开展亲子教育小组，能够改善留守儿童家庭亲子沟通方式、转变留守妇女教育理念、丰富家庭教育方式。这些服务有利于留守儿童的健康成长和发展，通过教育扶贫，让贫困家庭从自身做起，积累文化资本，打破贫困的代际传递。

图2 上图为亲子剪纸游戏小组，下图为隔代抚养与老年康乐小组

第三，重构熟人文化，丰富交往生活。项目组入村调查发现，虽然横峰县地形地貌多为山区，人们很容易按照熟人社会的角度去理解当地文化生活，但是，随着需求评估的深入，熟人社会的文化内涵与表征方式都在发生变化。随着司铺村扶贫工作的开展，村民们的生活条件逐渐改善，网络覆盖

范围增加，手机等通信工具的普及，尤其是村里的建筑格局、形制趋向城市建筑。其结果是，居民的交往空间、沟通方式也发生改变，熟人社会的特征仍然存在，但是已经发生了巨变。从活动范围来看，现代陌生社会的特征逐步显现，原子化的生活方式已经初步显现。人们大都只限在自己的家里，与邻里也不怎么往来，传统的邻里互帮互助的精神弱化。这种状况对老人影响甚大。他们的子女几乎都在外打工，留守老人居多。尤其是高龄老人，由于行动不便，每天在家休息，几乎不怎么与外界来往。换言之，他们社会交往的机会减少，生活变得更加单调枯燥，农村老年人更易产生孤单寂寞无助感。同时，从乡村文化基础设施来看，司铺村里的老年健身或者娱乐设施较缺乏。总之，由于种种的原因，现在有很多老人都不愿意和别人接触交往，也不参与社区活动。

针对上述情况，项目组以重构熟人文化，丰富交往生活为重点开展小组社会工作。小组社会工作主要包括五个阶段：第一阶段，通过亲子性的儿童小组活动获得老人接纳。第二阶段，对老人进行入户探访，组建康乐小组。第三阶段，引入健脑操，开展小组叙事互动。第四阶段引导老人集体参加社区工作的相关活动。第五阶段，逐步结案，在促进社区内部交往中处理对社工的依恋情绪。项目组注意到，关于孩子在外务工的状况、如何与孙辈们进行交流、如何通过康乐活动保持身体健康、年轻时看过的影视剧、广场舞等逐渐成为老人与老人之间的叙事主题。老人们反映，以往交流的主要是种养、邻居家事等话题。经过多年的重复，这些话题的吸引力逐步下降。可见，通过开展小组活动，利用团体成员间的相互影响、相互帮助、相互促进，可以使参加小组的个人获得行为的改变、社会功能的恢复和发展。在小组中，尊重、接纳、宽容的氛围和组员之间的分享、分担、支持等，能使长者感受共同的经验和团体的温暖，获得归属感。比如，有一位老人谈到，自己的孙子每年暑假都被孩子接到上海上兴趣班，妻子也跟着过去照顾孙辈，这样，自己在家非常孤单。由于年龄已经很大，他担心自己的日常生活照顾问题。尤其让他担心的是，自己有高血压，害怕出意外。这样，越担心，血压越高，形成了恶性循环，每年暑假都会出现严重失眠现象。在深入访谈之后，社工了解到，由于耻感文化，怕丢家丑，以往很少说这些。参加小组活动之后，他终于说出了自己的困惑，其压力也在叙事过程中得到了真正的释放。事实上，这种困惑在村里其他老人那里也同样存在。这些共情与同感让老人们感到，需要互相进行心理与情感支持。可见，小组工作使老人更愿意与其他人交往，提升了老人的沟通主动性和人际交往能力，让老人恢复了同辈群体之间的交往，正确表达自己的困惑，并与其发展良好的人际关系，有利于老人在以后的生活中互帮互助，互相支持。

第四，丰富残障服务，加强符号表达。横峰福利院是项目组开展小组工作的另一个重点。在对口扶贫计划开展之前，江西财经大学人文学院就已经选派学生开展服务了。经过需求评估，很容易发现，孤残儿童在生理和心理上渴望得到关爱和帮助。但是，从实际情况来看，由于条件有限，资源来源渠道狭窄，因此福利院的管理文化仍然以满足孩子的基本生存与生活需求为主，精神文化的需求满足相对较少。具体表现为：一是符合孩子自身特征的文化活动较少。孩子平时的活动范围不大，业余娱乐项目较匮乏，平时多是看电视、彼此打闹，生活比较枯燥乏味。二是交往能力受到多种因素约束。情况严重的孩子常年坐在轮椅上，身体没有得到锻炼，能够自由运动的孩子智力不足，完全无法与人交流沟通。三是缺乏科学合理的文化心理关怀。因为身体情况或者不会表达，一些孤残儿童压抑自己，感到自卑。应该说，福利院非常希望解决这些问题，但是相关照护者年纪较大，也没有相关的专业知识，无法帮助这些孩子。

针对这些问题，项目组从文化视角设计了以加强符号表达为中心的残障服务小组社会工作。主要包括以下两个方面的内容：

一是通过小组强化身体的符号交流、认知与意义功能。身体运动是意义的最初产生场所，是对目标作出的回应①。在福利医院开展小组服务正是基于此而展开的。通过教学手指操等来帮助他们锻炼手指的运动能力，让他们活动肌肉、关节，达到锻炼身体的目标，也能够刺激大脑的运转，对于孩子的智力及身体健康发育具有促进作用。同时，手指操也使得儿童之间获得了共享的活动主题和交流主题。如坐在轮椅上的儿童在手指操中

① 项成东：《身体隐喻：文化与认知》，北京·中国三峡出版传媒有限公司，2019 年版，第 37 页。

表现优秀，他也为此获得了一种成就感。

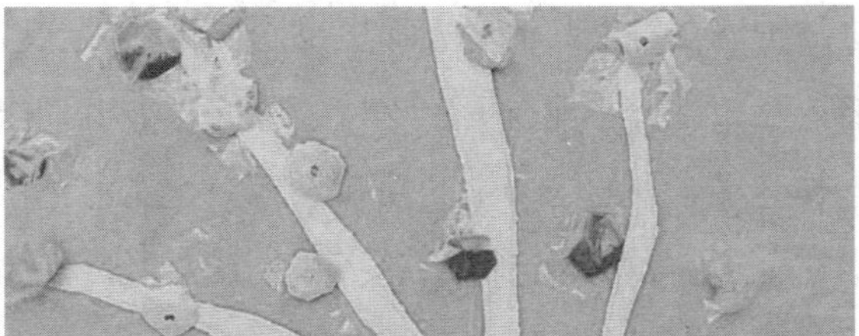

图 3　横峰福利院儿童的绘画小组活动

二是通过绘画、游戏等方式加强对孩子们的交往。部分残障儿童无法通过正常的语言来交流，但是具备了参加绘画与游戏的能力。对此，社工设计了一系列绘画与游戏。在绘画中，残障儿童把自己对生活、自然的认识表达出来。经过一系列活动，一些残障儿童的绘画变得色彩多样，包含的意义认知也更加积极。如图 3 所示，参加绘画小组的这位儿童使用的色彩包括生命力强的绿色、明快的蓝色和活力十足的粉红色。其形状也选用了手形。从这些色彩符号、线性符号等，可以发现，残障儿童也试图把握自己的命运，试图直面丰富多彩的生活。但是，和正常儿童一样，残障儿童同样难以保持明快而轻松的心情。因此，社工还选择通过音乐治疗来减轻或释放孩子的内在心理负担。

表 4　小组工作开展概况

| 小组工作名称 | 服务对象 | 小组目标 | 理论依据 | 服务效果 |
| --- | --- | --- | --- | --- |
| “登堂少年营”暑期夏令营活动 | 希望提高抗逆力的贫困留守儿童 | 1. 增强团队凝聚<br>2. 促进组员发现朋辈群体的优点，正确评估同辈群体的交往方式，能够学会从自己同伴中发现克服逆境的勇气和自信心<br>3. 深入挖掘组员的自身潜能，积极利用外部优势资源提高自身抗逆力<br>4. 激发组员对同伴支持重要性的思考，感受同伴提供的支持 | 抗逆力理论、发展模式 | 实现了预期的目标，组员自信心得到提升，沟通意愿和沟通技巧得到提高，自我满意度高<br>组员反馈：<br>1. 组员付某说：“通过这六次活动我收获了知识和友谊，觉得社工哥哥姐姐都很善良。”<br>2. 组员王某说：“参加夏令营活动，我认识了新朋友，增强了自信心和勇气。”<br>3. 组员黄某乐说：“参加暑期夏令营活动，我学会了与人沟通的技巧和战胜困难的勇气。”<br>4. 组员程某说：“通过这六次活动，我学会了解决问题的方法，增强了自信心。” |

续表

| 小组工作名称 | 服务对象 | 小组目标 | 理论依据 | 服务效果 |
|---|---|---|---|---|
| “手牵手，共成长”亲子教育小组 | 四对需提升亲子关系的司铺村留守亲子 | 以小组工作为基本工作方法，通过体验式的干预过程改善留守儿童的亲子关系现状。通过六次聚会为亲子提供一个了解、合作、对话、成长的平台，带领亲子共同面对和处理亲子关系问题，达到亲子关系良性互动、家庭和谐健康发展的总体目标。根据开组前组员反映的亲子关系中存在的问题和组员的期望，社工制定了本次服务的具体工作目标：<br>(1) 加深留守亲子间的了解，让其认识到对方的需要<br>(2) 提升亲子沟通能力，促进亲子间的相互理解 | 沟通理论、亲子关系理论、互惠模式、社会学习理论、游戏理论 | 实现了预期的目标，组员对亲密关系的满意度得到提高<br>组员反馈：<br>1. 尹某安要和尹某乐妈妈主动分享，她说：“感谢你们能来我们这里开展这样的亲子活动，经过这些天的学习，我明显感觉到我和两个儿子的关系改善了，我也在努力改变自己，尽量抽多点时间陪孩子。”妈妈们都纷纷表示他们在这个小组中过得很开心，她们都普遍感觉到自己与孩子的距离更近了，关系更亲密、更和睦了 |

续表

| 小组工作名称 | 服务对象 | 小组目标 | 理论依据 | 服务效果 |
| --- | --- | --- | --- | --- |
| “手牵手，共成长”亲子教育小组 | 四对需提升亲子关系的司铺村留守亲子 | (3) 转变留守妇女教育理念，重视孩子综合能力，提升应对孩子成长的信心。从而丰富家庭教育方式，如：多鼓励，少责骂等<br>(4) 通过此次小组活动，在司铺村成立亲子教育互助组织。让留守妇女在线上一起沟通亲子教育问题，各抒己见，以促进亲子教育问题的解决 | 沟通理论、亲子关系理论、互惠模式、社会学习理论、游戏理论 | 2. 黄某慧妈妈说：“一直在我们村子里开展这样的活动。希望活动可以一直延续下去，我们也很需要这样的活动。”妈妈们都希望可以开展更多的活动，并且希望我们可以一直在这里将活动延续下去。黄某诚妈妈说：“虽然你们还没结婚，没有教育小孩的经验，但是我在这几次活动中对一些教育孩子的理念有更深的了解和感悟，比如说换位思考、鼓励支持孩子。以前一直都知道少点责骂，多点鼓励，但是我自己就做不到，或者说是做得不够。这个活动让我意识到自己的不足，也让我学会了很多，谢谢你们。” |

续表

| 小组工作名称 | 服务对象 | 小组目标 | 理论依据 | 服务效果 |
|---|---|---|---|---|
| “老人互动，点燃夕阳”老年康乐互助小组 | 贫困已建档的50—70岁老人 | 增加老人的交往，使参与小组的老人能够建立很好的互助关系，减少其孤独感和自卑感，从而使老年生活更加丰富多彩。加强公众关爱老年人的意识具体是：<br>1. 培养老人志愿者，增强老人参与娱乐活动的积极性<br>2. 开展面向老人的社交、康乐小组,以发展老人潜能,提高自助互助能力<br>3. 全面拓宽了老人交际网络，使组员得到相同境遇老人的情感支持<br>4. 通过加强和老年人的沟通与交流，让老年人体会到社会对他们的关爱，帮助老人认识老年生活，建立积极的合理的晚年生活态度<br>5. 让老人肯定自己过去的成就和贡献,重拾对生活的信心，提高自信 | 互助模式、活动理论、符号互动论、埃里克森的发展理论 | 实现了预期的目标，组员满意度高<br>组员反馈：<br>1. 对健脑操等活动老人参与积极性都较高，老人脸上的笑意不断<br>2. 老人对我们的活动都很满意，大家更加熟悉了，身体也得到了锻炼，表达了对我们的感激<br>3. 贴笑脸哭脸反馈：所有的老人都贴了笑脸 |

续表

| 小组工作名称 | 服务对象 | 小组目标 | 理论依据 | 服务效果 |
|---|---|---|---|---|
| 福利院特殊儿童文化成长小组 | 具备一定活动能力和反馈能力，并且愿意参与小组的孤残儿童 | 让孤残儿童感受到爱和关注，感受到生命的热度，对生活的激情和期待，促进身心健康成长<br>目标：<br>1. 拉近看护者与孩子之间的距离，让他们了解到孩子渴望被爱与关注的心情<br>2. 丰富孩子们的娱乐活动，让他们感受到童年的快乐，培养他们的合作能力以及交流能力<br>3. 丰富孩子的兴趣爱好，培养孩子的学习能力<br>4. 培养孩子锻炼身体的能力，提升他们的身体素质<br>5. 减轻孩子长期住在福利院产生的压抑情绪。通过一些物理活动帮助他们释放压力<br>6. 通过手指操、绘画等培养孩子动手能力，促进大脑活跃 | 需求理论、游戏与人格成长理论、社会学理论 | 小组目标基本实现。孩子对手指与健脑操以及歌曲、绘画都有很深刻的印象，表现得都很开心快乐．丰富了孩子的娱乐活动．同时在一定程度上提高了孩子的动手能力和思维能力 |

## （三）文化联心：关于社区工作概述

文化是社区生活的基石，是社区团结的力量，承载着整个社区的有机生命，维系着社区内部人与人之间的交往与互动。传统的农业社区，就是滕尼斯提出的共同体。包括古学斌等在内的学者认为，它是社群中人们在一定历史与文化记忆中，相互拥有和享用的一种生活方式与日常生活实践，是在母子、夫妻、兄弟姊妹及与邻里、朋友的社会关系等感知基础上集体创发与积累形成的，这种感知和一定的生命周期、生命意义紧密相关。但是，在横峰，项目组很容易看到，这种农村社区在现代化发展过程中面临着冲击，由于家庭式经济模式、外出务工、社区组织的缺乏、大众传媒和网络的发展让农民有更多时间用在看电视、玩手机等个人家庭休闲活动上，农民对农村社区事务没有热情，对参与社区事务无动于衷，农村社区认同感缺乏，动员与组织存在一定的困难。为此，项目实施以后，江西财经大学团队进行了系统的需求分析，制定了以文化联心为主轴的动员机制，开展了 2 次大型社区活动，社区居民积极参与，效果非常好。

司铺村也面临着同样的冲击。社区文化生活贫乏、人际关系日益疏离，许多村民成为原子化的个体，文化发展本身就成为社区振兴的巨大挑战。因此，项目组充分考虑横峰自身的文化资源。在历史上，方志敏曾经为了建设一个非贫困的、可爱的新中国，在横峰地区发动革命。在革命过程当中，文化动员是一种非常有力的手段。所谓动员是一种系统性行为，主要指为了实现特定目的，动员主体通过各种形式的高强度的宣传、发动、组织工作，以促使特定对象形成或改变一定的价值观念、态度与期望，从而产生持续性的参与行为或其他预期行为的过程，文化动员的方式有宣传动员、教育动员等，文化动员能够发挥凝聚精神动力的功能①。文化动员是中国共产党、中国人民军队文化发展史上的伟大创举，它有明确的文化动员目标，具有长效性、普及性、时代性的特点。除了赣东北革命根据地的历史经验外，在中央苏区时期，中国共产党通过文化总动员来发

---

① 胡刚：《系统论视野下的文化动员探析》，载《唯实》2012 年第 6 期，第 56—60 页。

掘社区资源，做好群众工作，为革命战争提供了人力、物力和财力。这些优良传统在当今的农村社区工作中依然可以发挥优势，社会工作与群众工作的结合，通过文化动员的方式是非常有效的，而且很受村民欢迎。正因为这样，中央苏区时期的文艺活动也非常活跃。综合历史与现实的经验，文艺晚会对于社区动员来说，是一种有效手段，社区文艺晚会有助于建立社区共同体的认知，有助于满足文化精神生活需要。江西财经大学团队开展的社区文艺晚会和露天电影活动正是基于文化考量，通过文化总动员和文化扶贫，提高村民参与活动的能力和积极性，提升社区的认同感和凝聚力，进而增强村民脱贫摘帽的信心和行动力。两场社区活动的文化动员机制包括以下几个方面的内容。

第一，充分运用当地社区文化资源。项目组原计划进行资源链接，动员江西财经大学人文学院学生、艺术学院学生和社会力量举办文艺晚会。经过前述的个案工作与小组工作，社工在社区中的声望得到确立。所以，文艺晚会并没有放在支援计划的前期，而是选择放在后期。之所以放在后期，是因为要给予司铺村本地文化人才准备的时间。经过项目组了解动员，司铺村有许多支广场舞队伍。同时，横峰县民政局也愿意选派歌舞人才参与。这样，项目组只需要提供当地缺乏的主持人和大型团队游戏策划人才即可。为了加强文化动员支持扶贫效果，项目组在节目内容以及主持词等方面加入了社工与扶贫的相关元素。

第二，建立本地干部群众互动机制。为了取得潜移默化的效果，社工尊重基层自治的原则，由当地村“两委”邀请乡政府负责人参加文艺晚会。为了促进干群关系，为扶贫干部提供良好的群众支持，文艺晚会设立了大量干群互动环节。干部在游戏活动当中与群众打成一片，进一步夯实了精准扶贫的群众基础。

第三，线上线下同时开展倡导活动。项目组注意到，司铺村虽然是民政局驻点的贫困村，但是该村具有很强的媒介文化敏感度。为了加强媒介倡导，宣传精准扶贫政策，项目组特意邀请了江西网络广播电视台《都市现场》来现场拍摄新闻节目。同时，项目组还制作了 12 分钟左右的短视频节目，江西手机台播出了该视频。这些节目提高了当地群众的社区自豪感。其后，司铺村的社区文化活动更为活跃。

第四，以文化动员唤醒共同体记忆。项目组注意到，由于司铺村附近就是近代浙赣铁路必经之地，同时红色文化基因非常强大，群众的爱国爱党情绪浓厚。考虑到留守老人较多，并且绝大多数老人对儿时文化印象深刻的集体记忆就是生产队放电影。因此，项目组设计了露天电影环节。为了唤醒儿时的社区共同体记忆，放映尽量采取仿真方式，电影幕布采取使用毛竹支撑的方式。放电影的同时，开展参与活动。这样，社区邻里互动关系得到强化。

**表 5　社区工作开展概况**

| 社区活动 | 理论基础 | 社区活动目标 | 面向人群及参加人数 | 活动效果 |
| --- | --- | --- | --- | --- |
| “诗意乡邻会谱写幸福曲——2018 年助力司铺脱贫攻坚和乡村振兴”文艺晚会 | 文化扶贫、文化动员理论 | 1. 为给社区居民一个相互交流沟通的平台，进一步拉近社区居民邻里间的距离<br>2. 加强邻里之间的沟通与了解，增强社区凝聚力<br>3. 推动农村社区和谐发展，同时进一步发挥文化助力脱贫攻坚作用，巩固脱贫成果，决战乡村振兴<br>4. 引导群众感恩奋进奔小康，建设幸福、秀美乡村 | 司铺村村民，参加人数：333 人（此为签到人数，实际到场人数有 400 余人） | 通过动员村民参加文艺晚会表演，展现了社区的文化艺术风采；村民们积极参加文艺晚会，参与游戏互动，拉近了彼此之间的距离，增强了社区凝聚力，同时也丰富了村民的业余文化生活，有利于巩固脱贫成果，进一步发挥文化助力扶贫攻坚的作用，建设幸福秀美乡村。活动取得了预期想要的效果，也受到了许多村民包括村委会及其领导们的认可 |

续表

| 社区活动 | 理论基础 | 社区活动目标 | 面向人群及参加人数 | 活动效果 |
| --- | --- | --- | --- | --- |
| “田园电影院”露天电影观赏活动 | 文化扶贫、文化动员理论 | 1. 丰富司铺村村民的精神文化生活，增强村民爱国意识<br>2. 加强邻里之间的沟通与了解，增强社区凝聚力<br>3. 营造和谐、温馨的乡村生活氛围，构建村民们的集体记忆 | 司铺村村民，参加人数：360人 | 1.《战狼2》属于爱国题材电影，增强村民爱国主义情怀。同时现场观影达360人次，其中有200余人次留到观影结束，活动参与度高，丰富了村民的娱乐生活<br>2. 社区活动为村民构建了沟通的平台，在观影的同时，村民之间，尤其是小朋友之间形成了很好的交流，加强了邻里之间的沟通和了解，增强了社区的凝聚力<br>3. 观影活动是无偿的，没有竞争的公益活动，营造了和谐、温馨的乡村生活氛围，构建村民们的集体记忆 |

## 四、文化扶贫需要多维联动：经验与反思

正如弗洛姆所说，人总是要在根源于自身生存环境的人的需要中寻找答案，这些答案往往和一定的文化系统紧密相关。弗洛姆说，所有的文化都给人提供了一定的特定系统；在这个系统当中，某些解答往往占据了支配性地位，而某些追求与满足本身就是答案①。横峰县的文化系统无疑有其基本特色：这是一个地区沿海向内地过渡的特殊县域，因此这是传统文化与现代文化交错、古色文化与红色文化交相辉映的独特系统。在横峰的实践表明，扶贫不能脱离这一系统的独特性。本项目以文化扶贫为主线，采取多维联动的方式，初步从文化的角度探索了社会工作如何融入在地的扶贫工作，相关经验大体可以总结为以下几个方面。

第一，充分考虑文化接纳的多维时空互动特征。所谓多维时空互动特征是指一定地缘关系背景下的文化历史、现实及其对未来的影响构成了一个相互联系、相互影响的整体。这种多维时空互动特征使得社工必须要充分思考文化介入的优势与切入点。司铺村虽然地处山间盆地，但是该村村民的文化心理具有一种面向历史深处的厚重感和面对现实经济大循环的开放性。在文化介入过程当中，项目组非常重视村民对自身历史的骄傲感。这种骄傲感体现在对村史的理解、对祖先的崇拜、对悲壮而光荣的革命史的自豪等诸多方面。有尊重才能有接纳。对这种骄傲感的肯定就是对合作伙伴、案主等沟通对象的一种尊重，也是社工获得接纳的重要切入点。如果不能获得尊重与接纳，社工很难进入在地化的现实场景。比如，在开展老年康乐活动时，年龄在 70 岁以上者，在家庭关系叙事方面，往往会从历史记忆的角度追溯 20 世纪 80 年代的经济社会状况。社工如果要能够与之共情，则必须对那一段历史有基本的了解。因为只有这样的接纳才能体现文化接纳的渗透力。

同时，获得接纳还需要对横峰县的传统文化与红色文化有一定程度的

---

① ［美］艾里希・弗洛姆：《健全的社会》，上海译文出版社，2011 年版，第 21—22 页。

了解。因为作为非本土的力量，要介入当地的扶贫工作，需要政府、社区、学校的大力支持。在乡村色彩浓厚的县域社会，人们在交往上，往往对于生熟有度是非常敏感的[①]，有时候还和一定的工具理性联系在一起。因而，文化介入精准扶贫的一个基本方面，就是要对当地的文化情境，尤其是对和文化情境紧密相关的地方性知识做到有一定程度的了解。这种了解有助于社工化生为熟，化熟悉为支持。同时，就社工自身而言，社工不能只是以自己熟悉的文化情境对待小组工作的开展，对待社区工作。这样做，表面看来，让自己处于熟悉的舒适区，但是却很难融入当地社会。因此，社工需要做到“无我中有我”。“无我”是指走出自身熟悉的文化情境，主动面对横峰县司铺村的情境；“有我”是指在面对行政事务时，既要学会主动融入，又要保持专业性。

第二，充分推动政-校-社合作文化的长期建设。回顾起来，江西财经大学人文学院在横峰开展社会工作实习实训的初始时间要早于精准扶贫对口支援计划的启动。准确地说，是先开展“三区计划”，其后又引入香港运动家企业资助的“小候鸟计划”。项目执行的过程，实际上也是合作文化的建设过程，因为政府、高校、社会组织的文化取向往往存在差异。比如，政府重视规范性文化，重视程序的完整性；地方政府则非常重视在地化的特殊性。而高校则重视专业性，重视自主性，对地方性知识了解不充分，忽视地方文化背景下的情境特性。社会组织则重视自身的主导性、资源运用的合理性，与政府关系的衔接性。横峰县的项目之所以执行得比较顺利，是因为政-校-社合作文化的建设比较顺利。为了推动对口支援计划在江西落地，中国社会工作教育协会副会长兼秘书长马凤芝教授在江西解读项目时强调了红色文化价值取向对本项目的指导意义，回顾了北京大学与江西合作的历史，对江西社会工作试点给予了很高的评价。这些叙事推动了江西省民政部门对项目的大力支持。江西省参与的高校在选点时基本选择了革命老区。这样，政、校、社在

---

① 周星：《生熟有度：汉人社会及文化的一项结构主义人类学研究》，北京·商务印书馆，2019年版，第265页。

合作的战略目标上是高度一致的：服务老区建设。2015年2月，针对加快老区发展步伐这一战略问题，习近平总书记曾经饱含深情地说道："对这个问题，我一直挂在心上，而且一直不放心，所以经常讲这个问题，目的就是推动各方面加紧工作。"[①] 三方的共同合作基础正是习近平总书记所提出的，为加快老区发展步伐而努力。这是合作文化的核心价值。

第三，充分挖掘文化资源、际遇关系与社区共同体的互动关系。对于文化资源，人们往往会以偏见来看待贫困村落、底层社会或困难群体。事实上，基于平等的际遇关系角度，司铺村的文化资源还是比较丰富的。按照柯林斯的观点，际遇意味着每个参与对话的主体所拥有的文化资源和情感的差异，意味着互动对象数量的差异。表面看来，司铺村的青壮年劳动力大量外出，日常生活在村里的主要是老人、妇女和留守儿童。人们往往会觉得他们所拥有的文化资源太少，他们的情感表达能力太弱。事实上，通过需求评估、个案工作、小组工作与社区工作，社工很快发现作为一个社区共同体，司铺村的文化资源只是需要社会各界来挖掘。比如，这个村的村史和近代中国铁路文化——浙赣线紧密联系在一起，和赣东北革命根据地的历史联系在一起。这些集体的历史记忆构成社区共同体的共享的自豪感与自信心。又如，留守儿童在父母不在身边时所获得的独立生活技能。他们也许孤独，他们需要父母陪伴，但是只要挖掘他们在际遇关系中的主动表达能力，他们能够在朋辈群体中获得一份情感支持。对于留守在家的妇女们而言，她们忙于家庭生计的操持，当她们进入小组与自己的孩子互动时，那份天然的母爱让她们极为自然地反思自身与孩子的关系。有一次，在水果拼盘活动中，年轻的母亲向孩子忏悔自己的忽视让人动容。就际遇关系中的情感而言，她们并不贫穷，她们是情感丰富的母亲。她们只是需要情感性文化动员。可见，文化资源需要以平等的眼光去发现，际遇关系需要深入情感世界的组织，社区

① 中共中央党史和文献研究院编：《习近平扶贫论述摘编》，北京·中央文献出版社，2018年，第7页。

共同体是一个包含历史与情感的文化存在，是文化记忆、文化资源与际遇关系的组合体。

第四，充分思考文化在生命世界中的多维一体影响力。当项目组成员与村民共同生活在一起时，社工们很快发现，社区共同体是许多客观存在的行为体的集合体。这一集合体并不是良性互动的，恰恰相反，许多需要帮扶的问题往往反映了学校、政府、社会、家庭、市场之间的断裂性。这种断裂性尤其反映在人们能否从文化敏锐视角中寻找生命世界的精彩。在这个多维的社区共同体中，个体有时候往往难以获得“一”的力量，即社区共同体对个体生命意义追求的集体支持恰恰是矛盾的，甚至有时候会遭遇标签性污名。比如，社工在个案中常常会发现这种困惑的存在。其中，一位案主是留守儿童，他生活在单亲家庭中，母亲已经离家出走。在际遇的初始，他对社工表现出一种矛盾的态度：警惕、防范，但又渴望交流。生命世界的真正交流需要回到具体的文化情境当中。司铺村是一个农耕文化深厚的小社会。许多交流在农耕活动中能够无障碍地、轻松地完成。社工正是经过多次与他一起到菜园摘菜、回家帮工，才打开了他的内心世界。他事实上是一个情感丰富，但又有些敏感的孩子。他有些早熟，已然思考性别和他自身生命意义的关系。他渴望母爱，但又厌恶女性。他之所以厌恶女性，是因为村里的舆论对离家出走的母亲多为负面评价。在一个熟人社会的村落共同体当中，一个孩子要面对这种舆论强大的压力，不能不说，其内在生命世界是沉重而灰暗的。他需要陪伴，社工的陪伴发生了作用，他的生命世界有了更多的快乐。他脸上的笑容让奶奶更加欣慰，也获得了村民的肯定。此时，他的有利环境是：家庭、司铺村小社会终于在短暂的项目开展期间构成了一个统一的、良性的社会支持体系。留守儿童需要这种多维一体的、良性的社会支持网络，这一网络应该体现个体对生命意义的追求。值得反思的是，社工在贴近个体与群体的内生生命意义追求方面，依然有许多值得改进的空间。

从“三区计划”，到对口支援，江西财经大学人文学院在横峰县坚持了两年。在两年当中，项目组一直在追问：社会工作如何在地化？社会工作如何继承红色文化传统？社会工作如何在特定的县域开展精准扶贫并展现自身的专业特性。这些问题并未有一个固定的模式来回答，也无须把某一模式视为标准答案。因此对它们进行的最好回答依然是：在探索中前进，边前进边获得答案。

# 高校反贫困社会工作的路径探讨：社会创新视角下政产学研用的协同构建

## ——以“善社筑梦”困境儿童项目为例

卜长莉

（长春理工大学）

高校社会工作参与反贫困，是中国社会工作发展史上的崭新实践，是机遇也是挑战。是机遇，因为通过参与脱贫攻坚高校社会工作可以进一步彰显助人自助的理念，发挥高校社会工作的人才优势、专业优势、教育优势，助力政府进行扶贫济困；是挑战，因为高校毕竟是一个文化事业单位，作为高校教师和学生如何摆正教学科研与扶贫工作的关系？面对贫困地区和服务对象的强烈的经费和物质需求，社会工作教育群体可能会感到自己能力缺乏①，经济实力不足，高校本身也有一个基本的扶贫经费来源问题；同时社会工作作为一门专业在还没有被社会普遍认可和接受的情况下，高校社会工作参与脱贫攻坚还存在一个社会认可和可信度问题。

高校社会工作在参与反贫困过程中遇到教学、科研、人才培养、扶贫对象需求、扶贫效果检验以及高校教师和学生能力提升等诸多矛盾和问题。这些矛盾和问题意味着，大学不能再固守传统的教学与研究的使命，应走出象牙塔，利用自己的知识生产优势为社会服务。这意味着高校以往的社会结构或社会关系状态的“创造性破坏”②，迫使以前独立的个人和组织之间建立新的社会关系，实现多种社会主体、社会因素的“新的组合”

① 王思斌：《努力实现社会工作参与脱贫攻坚的目标》，载《中国社会工作杂志》2019 年第 10 期，第 46 页。

② 纪光欣、覃欣：《当代创新理论从技术创新向社会创新的“范式转变”》，载《管理工程师》2017 年第 4 期，第 33—36 页。

或“再组合”，以创造性方式方法才能达到社会需求的满足或社会问题的解决。这种为社会问题找到创新性解决方案的机制就是社会创新。

当前，高校社会工作在反贫困中遇到的这些诸多问题，总起来看可以归结为五种关系，即反贫困社会工作与政府、高校、学术研究、扶贫对象之间的关系处理问题，实际上就是涉及“政、产、学、研、用”五种关系的处理问题。“政产学研用”多元主体的组合构建是一种社会创新。这种新的社会关系组合形式是为满足社会需求而进行的创造性行动和服务，是“改变社会发展方向的新的组织结构、新的控制手段、新的生活方式”(Zapf：1994)①，是一种社会创新。社会创新话语通过包容性实践、合作生产和积极主动的草根方案，在社会挑战中看到了使社会更加可持续发展以及增加社会凝聚力的机会②。

政产学研用协同构建是强调政府、产业、学校、科研机构和用户等方面相互配合，发挥各自优势，形成强大的研究、开发、生产和市场一体化的先进系统并在运行过程中体现出综合优势。政产学研用协同构建的作用在科技创新领域已经发挥出独特的优势，国内外有许多理论研究和实践经验，但在社会创新领域发挥的作用研究不多，在反贫困中发挥的作用，尚不明显。本文试图分析政产学研用协同构建原则在高校反贫困中的构成要素、作用机理、理论依据，并结合长春理工大学脱贫攻坚实际，对高校社会工作参与脱贫攻坚的社会创新路径进行探索性研究。

## 一、高校反贫困中存在的政产学研用关系分析

“政产学研用”合作是在产学研合作模式基础上发展过来的。产学研结合模式最早可以追溯到洪堡模式，由柏林洪堡大学的威廉·冯·洪堡(Wilhelm von Humboldt)于1809年创立的，他认为大学不仅仅要具备教学

① 陶秋燕、高腾飞：《社会创新：源起、研究脉络与理论框架》，载《外国经济与管理》2019年第6期。

② 罗伯特·格林、克里斯托弗·福克斯、苏珊·贝恩斯、凯文·艾伯森、才凤伟：《社会创新：应对当代社会挑战的方案？——理论和实践的概念定位》，载《国外理论动态》2015年第7期。

职能，更要具备研究职能。洪堡大学突破了传统大学传播知识的模式，更强调知识的创造，教师除了传播知识外，更要创造知识。将科学研究纳入大学的职能，强调科学研究与教学相结合。20 世纪出现威斯康星思想，强调大学的社会服务功能，将社会服务、教学和科研都纳入了大学的职能之内。大学要服务社会这个职能，直接促进了大学与社会的联系。堪称“硅谷之父”的特曼将这三种理念集于一身，使斯坦福大学的产学研结合模式获得巨大的成功，为斯坦福大学科研能力的提升，以及美国社会经济的发展都作出了巨大贡献①。国际产学研合作发展模式较为成熟的实例除硅谷之外，还有美国 128 公路地区、英国剑桥科技园、日本筑波科学城、中国北京中关村、韩国大德科学城、中国台湾新竹科学工业园和印度班加罗尔软件园等②。产学研模式都强调高科技知识的核心作用，但忽视了政府在项目运行过程中的作用，忽视了政府在其中的政策引导和平台搭建作用；同时也忽视了市场需求、用户需求的作用，于是“政产学研用”创新模式诞生。

20 世纪 80 年代，我国开始倡导和实践产学研合作模式和三螺旋理论，强调企业、高校和研究机构的合作，达到利用优势、合作互赢。经过 30 多年的研究与实践，我国在产学研实践基础上，又产生了政产学研用的合作模式。2011 年 2 月，刘延东在全国科技工作会议上提出要进一步深化科技体制，改革完善科技与经济紧密结合的体制机制，探索“政产学研用”紧密结合的有效途径。此后，在高等教育、科学管理、工业经济、企业经济和职业教育等领域，关于政产学研用合作模式的研究文献不断涌现。

通过“政产学研用”结合，能够实现政府、企业、高校、科研院所等多个创新主体协作，深化产教融合和服务地方经济。《国家中长期人才发展规划纲要（2010—2020 年）》、2011 年“高等学校创新能力提升计划”、党的十九大报告中均提出通过产学研的深度融合培养人才，并且将人才培

① 韦玮：《产学研结合模式下硕士研究生创新能力培养研究》，南京工业大学硕士论文，2015 年。

② 刘力：《走向“三重螺旋”：我国产学研合作的战略选择》，载《北京大学教育评论》2004 年第 4 期，第 44 页。

养提升为国家战略。2017 年教育部又发布了《统筹推进世界一流大学和一流学科建设实施办法》，遴选条件中明确要求产学研深度融合，实现合作办学、合作育人。2019 年《国家产教融合建设试点实施方案》强调，深化产教融合，促进教育链、人才链与产业链、创新链有机衔接。

政产学研用的协同发展是产学研合作的深化，是政产学研用不同主体在功能与资源优势上的对接与耦合。目前，国际和国内有许多高校采用政产学研用结合的方式进行应用人才的培养和服务地方社会。高校参与的反贫困和脱贫攻坚行动，实际上是高校服务经济社会功能作用的发挥，是高校的责任和义务。我们有必要从政产学研用的角度分析高校反贫困社会工作的构成要素（见图 1）。

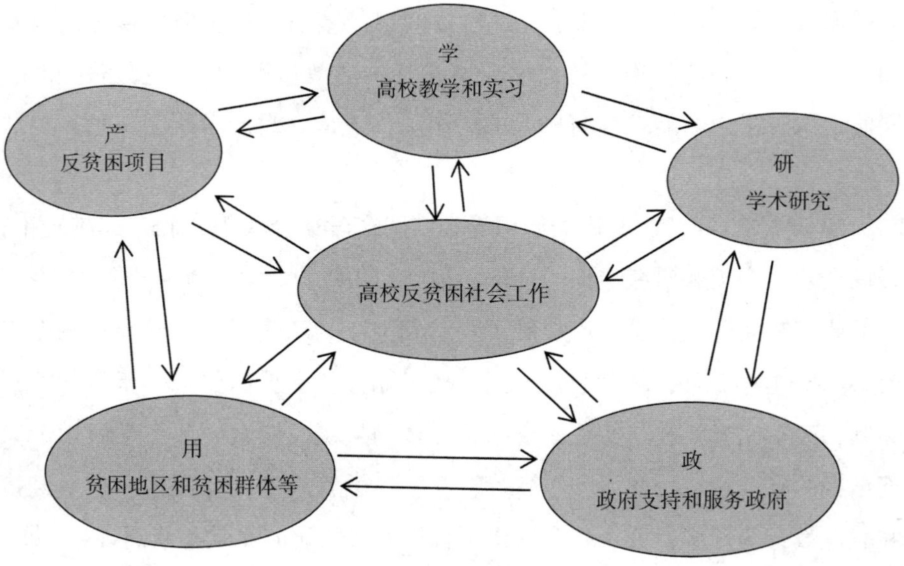


**图 1　高校反贫困社会工作政产学研用关系示意图**

“政”原来是指政府和政策，以及政府和政策所给予的支持和保障①。本文认为在反贫困行动中，“政”是指高校和政府发生的联系，具体包含四层含义：一是指具有一定公共权力的社会管理机关、作为行为体的各级

① 殷猛：《电子商务人才培养下的政产学研用协同机制研究》，载《人才培养》2020 年第 6 期，第 82—84 页。

政府；二是指政策，各级权威机关以标准化和规范化方式制定的行动准则和措施；三是指政府给予的各项支持和保障，如政府购买社会服务项目以及各类纵向的国家、省市课题；四是指高校为政府提供的服务，如决策咨询、咨政建言和参与政府的行业协会和社会工作管理服务等。政府在政产学研用合作中具有引导和支持的作用，政府的推动和积极参与是实施产学研合作的必要条件，也是政府的职能所在。

“产”原指生产和企业，企业寻找适合自身发展的合作方式，以科研机构、高校人才、研究成果输出作为发展的原动力，同时也为高校、研究机构提供研究和人才开发的利用资源。在反贫困和脱贫攻坚行动中，这里的“产”特指“项目生产”，主要是指高校社会工作参与的反贫困项目，包括“百校对口扶贫计划”“三区计划”“牵手计划”，也包括政府购买社会工作服务项目和国家、省市的纵向研究课题，以及基金会提供的扶贫项目等。项目的实施行动和社会服务有一个过程，有一个从产生、运作到完成的整个过程。政产学研用的合作是通过项目引领进行运作的，合作的使命是完成项目生产。以社会工作的相关项目为依托，整合“政产学研用”资源优势，逐步扩大合作范围，进而获得各方支持，形成良性互动。

高校反贫困社会工作是以扶贫项目的运作和实施为基础的。能够实现学术研究过程、教学过程、人才培养过程和服务贫困群体过程的有效统一。扶贫项目的运作过程是教师作为主导，以学生为中心来实现的。项目运作过程的实质，是高校社会工作把参与扶贫的过程作为教学和实践环节，实施人才培养的过程，发挥社会工作专业的扶贫济困和助人自助的使命过程。这一观点的理论依据就是“项目教学法”。项目教学法是美国教育家凯兹和加拿大教育家查德在他们合著的《项目教学法》一书中提出来的，这种教学方法是一种以学生为中心的教学方式，教师在其中主要是起到指导学生如何获得知识的作用，在实施过程中，要求学生以小组形式，结合课程的内容，制定和实施具体的项目任务，学生在实施一个又一个项目的过程中就可以掌握课程的全部教学内容，做到了理论和实践的有机结合，提升了学生的实战能力。反贫困项目对于高校社会工作来讲，实际上是一种人才培养的自主创新，是“以行动为导向的项目教学法”的教学法[①]。

把高校反贫困项目融入社会工作人才培养中，实现社会工作人才培养的社会化，使受教育者适应社会现实需求和社会发展的目的，有利于社会工作实用型人才的培养。在参与反贫困实践中，研究生的知识和能力可以在一定的条件下自主建构获得，通过参与反贫困实践，研究生的知识、技能与行为、态度与价值观等方面总体获得长进，教学过程成为满足长进需要的有意识、有系统、有组织的持续交流活动。

“学”原指“高校”，这里是指高校的社会工作教学以及在项目推进过程中学生的实践实习和“服务-学习”导向。高校的教学过程和学生的实践实习过程，都是高校人才培养的必要环节。长期以来，高校社会工作实务课程的教学时常面临着教学与实践分离的困境。而社会工作专业作为实践性、应用型专业，专业人才培养应强化学生的实践能力和实务技能的培养。在高校社会工作教学和实践实习中融入反贫困社会工作的实践内容，实现理论教学和实践教学的紧密结合，能够提升应用型社会工作专业人才培养的质量，是“服务-学习”的具体体现，能有效地将专业理论知识运用于实践中。

“研”原指科研机构，这里主要指高校教师和学生的学术研究，既包括教师的学术论文和著作，也包括学生的学术论文和硕士论文。一方面，高校教师和学生在参与反贫困实践中，从国家战略需求、贫困群体的需求与贫困地区的问题出发，开展定向的、现实的、有针对性的应用研究，能够使学术研究本身与现实紧密结合，促使学术研究接地气，有利于学术创新。另一方面，通过高校教师和学生的学术研究，也使高校的反贫困社会工作具有一定的理论支撑，推动反贫困社会工作的开展。反贫困社会工作也需要理论的指导，通过理论来发现社会问题、预见社会问题和分析社会问题。如果离开了理论，就无法发现贫困的症结以及解决贫困问题的出路。

---

① 安宇：《德国职业教育中的行动导向教学法》，载《科技导刊》2008年第10期。

"用"原指"应用""目标用户"和以市场需求为导向[1]。这里主要是指作为反贫困服务对象的贫困地区和贫困群体。贫困地区存在的致贫问题和贫困群体的需求代表用户和市场，是扶贫工作的出发点和最终的检验者。"政产学研用"协同创新，需要从贫困地区存在的贫困问题出发，从贫困群体的需求出发，结合贫困群体的需求信息，才能制订符合实际的扶贫计划，提供精准的帮扶行动，达到精准扶贫的目的。高校在参与反贫困的实践中，要注重了解和评估贫困地区贫困的症结以及贫困地区的社会需求，努力提供符合贫困地区实际的专业的社会工作服务。

高校在反贫困过程中，利用各方的资源和优势，围绕贫困群体的需求，在各个不同主体间有效互动，相互磨合，各尽所能，各得其所，可以取得整体大于局部的效果，逐步建立起以项目为引领、高校为主体、学术研究为基础、以政府为指导、以贫困群体的需求和贫困问题解决为目标的协同创新体系。如图 1 高校反贫困社会工作政产学研用关系示意图所示，政产学研用的结合过程是一个网络建构的连续系统，是开放的动态系统。合作的互动方也会随着项目的运行过程的操作、运行、调控等因素处于动态的转化中。

构建政产学研用合作的长效机制是当前高校参与反贫困的一条有效路径（见图 1）。政府、大学、企业、研究和用户五者之间的关系作为一种有效的合作创新模式，正日益受到学术界、企业界和政府的关注。

## 二、政产学研用协同构建是高校反贫困社会工作的社会创新

以往学者对政产学研用的研究主要集中在科技创新领域、高校人才培养领域，实际上，政产学研用协同构建的作用不仅体现在科技创新、企业发展和高校人才培养中，也可以应用到社会领域，应用在反贫困领域，实

① 殷猛：《电子商务人才培养下的政产学研用协同机制研究》，载《人才培养》2020 年第 6 期，第 82—84 页。

现社会创新、实现反贫困的路径创新上。

社会创新的概念最早出现在19世纪20年代，缘于对传统创新理论的批判，约瑟夫·熊彼特（Joseph Alois Schum peter）认为，“生产意味着要把我们所能支配的原材料和力量组合起来”，创新就是要“以不同的方式把这些原材料和力量组合起来”，发展即“执行新的组合”。熊彼特所谈的创新属于模式创新，对生产要素和生产条件的重新组合就可以达到创新。50年代，德鲁克在组织管理层面对社会创新的地位和作用进行了肯定，直到90年代，Zapf（1994）系统性地梳理了1980年以来与社会创新有关的研究成果，并首次界定了社会创新的概念，他认为社会创新是改变了社会发展方向的新的组织结构、控制手段、生活方式，它可以更好地解决社会问题，所以值得推广并将其进行制度化①。这种社会创新是面向社会问题和社会需求的创造性社会行动，突破了从经济和技术角度看待创新的局限性，扩展了对人际关系和实践的变革在创新中的作用的全面理解②，正如迈克尔·芒福德（ Michael D. Mumford）所言，这种社会创新是通过“组织人际活动或社会互动来满足一个或更多的共同目标”。2000年以来，英国社会创新实践先驱杰夫·摩根（Geoff Mulgan）、美国斯坦福大学学者詹姆斯·菲尔斯（James A. Phills Jr.）、欧盟委员会等都把社会创新作为实现社会目标、满足社会需求、解决社会问题的有效途径，构建起社会创新理论的基本框架。此后，“人们不约而同地接受了社会创新这个概念，因为对需要找到许多世界性问题的解决方法产生了新的紧迫感”③，社会创新日益成为国际学术界的前沿话语。

总体来看，社会创新概念都包含了三个基本要素：一是满足社会需求，解决社会问题；二是创造新的社会关系；三是提供新产品、新服务或

---

① 陶秋燕、高腾飞：《社会创新：源起、研究脉络与理论框架》，载《外国经济与管理》2019年第6期。

② 罗伯特·格林、克里斯托弗·福克斯、苏珊·贝恩斯、凯文·艾伯森、才凤伟：《社会创新：应对当代社会挑战的方案？——理论和实践的概念定位》，载《国外理论动态》2015年第7期。

③ Mark Goldenberg etal, Social Innovationin Canada：An Update（CPRN Researc Report，2009）.

新的解决方案[1]。社会创新从特点上看，体现为四个方面：一是范围和影响广泛，涉及社会的方方面面，不仅包括创建社会制度、发起社会运动，也包括产学研协同创新等[2]；二是社会创新的主体多元化，由于社会问题的复杂性意味着社会创新只有通过多方参与协同才能真正实现[3]；三是从发展目标来看，需要通过社会动员的力量增进社会进步，用新的方法改变人们之间的社会关系；四是从方法上看，社会创新能增进社会能力，运用新的社会行动方式、手段和途径解决“社会”问题[4]；五是需要跨界合作、多方参与，用创新的方法系统性地解决诸多社会问题。

从社会创新角度看，高校在反贫困中对政产学研用五者关系的协同构建也是一种社会创新。这种社会创新是在实现高校反贫困目标的基础上，对高校与政府、与教学、与科研、与人才培养、与贫困群体需求等诸多社会关系的一种整合，进而建立一种有凝聚力的、可持续的、包容性的社会联系；是以脱贫攻坚为目标导向的人际活动或社会交往；是相关组织或个体利用新的理念、手段、方式，来解决贫困问题、改变社会关系、创造共享价值、增加社会福利、提高社会效率的系统性变革的过程。正如尤尔根·霍瓦尔特（Jürgen Howaldt）所说，这种社会创新是一种“社会实践的新组合和/或新配置……目标在于更好地满足以及回应需要和问题，而不是仅仅基于已有的可能手段去解决”[5]。政产学研用的协同构建作为一种社会创新，能够提高高校社会工作在反贫困中的行为效率和满足社会需要，有助于解决高校在反贫困中遇到的诸多问题。

政产学研用协同构建，作为一种社会创新在反贫困中的作用机制主要

---

① 陶秋燕、高腾飞：《社会创新：源起、研究脉络与理论框架》，载《外国经济与管理》2019年第6期。

② Michael D. Mumford, Social Innovation: Ten Cases From Benjamin Franklin (Creativity Research Journal, 2002).

③ 顾远：《社会创新：一场已经发生的未来》，2012年3月14日，《东方早报》。

④ 周志娟、何郁冰：《社会创新及其与技术创新的协同发展》，载《未来与发展》2013年第12期。

⑤ 罗伯特·格林、克里斯托弗·福克斯、苏珊·贝恩斯、凯文·艾伯森、才凤伟：《社会创新：应对当代社会挑战的方案？——理论和实践的概念定位》，载《国外理论动态》2015年第7期。

体现在以下几个方面。

### （一）合作的主体多元化

政产学研用合作社会创新是汇集政府扶贫政策、脱贫计划项目、需求评估、服务学习、学术研究、人才培养、服务过程、服务成效评估等方面的一个连续的开放系统，并且是开放的动态系统。合作的使命是完成扶贫扶志扶智的社会创新，并使取得的服务的成果由实务形态向理论形态和政策形态转化，成为设计者、管理者、服务者、研究者和政策倡导者等角色。在合作社会创新过程的动态发展中，合作的主体也随过程的操作、运行、调控等因素处于动态的转化中。当合作处于初期，政府的政策和支持是调控的主导；当合作处于研究阶段，发挥主导作用的合作主体是高等院校或研究机构；当合作处于服务阶段，发挥主导作用的是用户和服务者。有的学者把参与社会创新的各方分为直接主体和间接主体，认为企业、大学、科研机构是直接主体，政府、市场等是间接主体①。

### （二）人才培养社会化

政产学研用协同构建使高校的人才培养教育逐步从人才培养的单一环节向人才培养的全过程发展；从学校内部封闭培养逐步走向开放的社会合作育人；从合作育人单一模式发展走向合作育人、合作办学、合作就业的综合模式②。通过建立校内校外实习实训基地，校内校外实习相结合提高实习实训效果；通过合作开展技术研究，高校教师承担企业课题或参与企业产品研发，并将科学研究的新成果及时充实到教学中去达到科研促进教学的目的；通过地方政府的指导与帮助可很好地建立沟通协调机制，提高毕业生就业率③。

---

① 郭小川：《合作技术创新》，北京·经济管理出版社，2001 年。

② 孟现志：《我国产学研合作教育的历史观照与地方本科院校的路径选择——以商丘师范学院为例》，载《商丘师范学院学报》2020 年第 1 期。

③ 孙虎山：《政产学研用合作模式的主体与主导》，载《当代教育科学》2014 年第 21 期，第 30 页。

### （三）从组织层面来看，是高校反贫困的社会资本

能够使高校整合多方面的社会力量，利用社会关系的新进程，将以更有效的方式提供产品和服务。正如摩根等人指出："与大多数技术创新不同，社会创新迫使以前独立的个人和组织之间建立起新的关系"①，有助于为迫切需要解决的社会问题找到解决之道。

### （四）从服务的群体来看，能够满足贫困群体的需求

从形式上来看，在高校反贫困中，政产学研用协同构建，形成各主体共同参与和相互合作的集体行动，能够有效地整合多方面的社会资源，满足困难群体的需求。

## 三、政产学研用协同构建在长春理工大学反贫困社会工作中的运用

"善社筑梦"困境儿童项目（2018.8—2019.11）是由宁波鄞州银行公益基金会资金支持、中国社工教育协会马凤芝教授发起并指导、由长春理工大学具体执行，并由吉林省福友社会工作服务中心协助的、多方合作联动的对吉林省延边朝鲜族自治州和龙市困境儿童的帮扶项目。

### （一）高校反贫困社会工作通过高校与政府和社会力量合作获得经费支持

"善社筑梦"困境儿童项目得以运行，是通过高校、社会组织和企业多方联动获得的经费和物质支持的。最初的运作资金是通过鄞州银行公益基金会的支持，长春理工大学通过腾讯"99公益日"募集来的。通过公益日活动筹款在欧美等国家比较普遍。英国的"Red Nose Day（红鼻子

① 罗伯特·格林、克里斯托弗·福克斯、苏珊·贝恩斯、凯文·艾伯森、才凤伟：《社会创新：应对当代社会挑战的方案？——理论和实践的概念定位》，载《国外理论动态》2015年第7期。

日）”在奇数年的3月份举行，各界人士会顶着红鼻子进行滑稽的喜剧表演，用轻松逗趣的方式为贫困人口募捐，其中，六成善款用于帮助非洲穷人，四成用于帮助英国弱势群体。我国的“99公益日”是由腾讯公益联合数百家公益组织、知名企业、明星名人、顶级创意传播机构共同发起的一年一度全民公益活动。“99公益日”活动时间为每年9月7—9日，是国内最大的全民互联网公益日。活动的规则是你捐一元，腾讯配捐一元，还包括企业配捐和集小红花等活动。

2018年的“99公益日”期间，通过宁波鄞州银行公益基金会这个平台，长春理工大学也发起了为“善社筑梦”困境儿童项目募集基金的活动。我们的口号是“扶贫扶志、以智助飞、对困境儿童爱心帮扶”，从7月中旬开始到9月经历了大约近两个月上线准备。通过公益平台发动社会的力量为困境儿童筹款，这对于我们来说还是第一次，也曾多方联系，也曾四处奔走，也曾为筹款不到位心急如焚，也曾为小红花的奖励而欣喜若狂。只记得那时朋友圈经常被我们发动大家捐款的腾讯公益链接刷屏。

这样通过“善社筑梦”困境儿童项目自身的运作，也通过高校和发动高校学生的力量，通过发动相关熟悉的各方面以及社会各方人士的力量自筹善款8747.48元，腾讯配捐1412.43元，宁波鄞州银行基金会配捐10万元，美亚联创科技股份有限公司配捐1万元。

此外，在项目运行过程中，到贫困户的探访以及为困境儿童的服务过程中，吉林省福友社会工作服务中心也给予了物质和资金的提供，以弥补项目运作过程中资金的不足。

## （二）高校反贫困社会工作与高校的课程教学紧密相结合

高校反贫困行动与高校的教学相结合，采用项目教学法，运用到具体的教学环节。“99公益日”筹款活动结束后，从9月中旬到11月初，我们主要进行“善社筑梦”困境儿童项目的前期准备工作，包括服务方案设计、经费预算和调查问卷的设计制作等。

高校如何为边远贫困山区的困境儿童提供服务呢？服务的内容与形式、具体的环节如何呢？项目的服务方案是长春理工大学的卜长莉教授结合自己所讲授的“高级社会工作实务”课程，带领研究生进行周密的策划和精心的准备，多次研讨并反复修改服务方案，最后形成比较符合客观实际的服务内容。即在 2018 年 8 月—2019 年 9 月期间，对国家级贫困县、地处边远山区和少数民族集聚区——和龙市的困境家庭儿童进行爱心帮扶：为留守困境儿童心理弹性训练和生涯辅导服务；建立一个社工服务站；资源链接：村、社、政、校和社工多方互动；为困境儿童建立心理健康档案。

“善社筑梦”困境儿童项目中的调查问卷，在设计初期主要是由长春理工大学的张荣艳教授根据项目的计划内容，以及综合学界已有的研究成果，在自己给研究生教授的“社会调查研究方法”课程中，指导 2018 级社工硕士同学共同完成了初步的问卷设计工作。后来经过刘志军老师的多次指导与培训，使问卷设计的内容进一步科学化和规范化。最后又经过项目组成员根据服务实施的内容进一步整合、多次讨论，最后形成符合项目的相关量表和一套初具系统的调查手册。调查问卷手册的内容覆盖了儿童基本自然情况、家庭成员及其基本情况、儿童抗逆力量表及心理弹性量表等。这些问卷及量表用于初步普查，一是对当地儿童形成具有普遍意义的情况了解和认知，二是用此次调查筛选出符合本项目要求的儿童作为服务对象。

问卷发放阶段，项目组成员在走访了和龙市教育局了解各个学校基本情况后，考虑到儿童的认知能力及学业压力情况，采用整群抽样方式，筛选出新东小学的四五年级共 90 名同学作为此次填写问卷的对象，并全部回收。从调查问卷的发放到调查问卷的填写，是与和龙市教育局的大力支持和新东小学校长的鼎力支持分不开的。由于我们的调查问卷设计的内容比较多，小学生的注意力、理解力有一定的时间限制，同时这又是一所朝鲜族小学，学生的汉语还讲得不太流畅，这样就给调查问卷的填写带来一定的困难。新东小学校的校长，特意安排老师分几个时段、边讲解边组织学生填写，最后才完成的问卷，这些问卷的完成实在是不容易。

已经接近 2018 年的岁末，我们项目组携带在和龙的新东小学、头道小学、光明小学三所小学校调查发放的 300 份填写好的问卷返回长春，张荣艳老师结合给2018级研究生所上的“社会调查研究方法”课程，组织2018级研究生完成问卷的数据录入和初步统计。调查问卷的回收、录入和统计，不仅有利于了解困境儿童的现状、需求和心理，也给社会调查研究方法课程教学提供了难得的统计分析资料，以及同学们的锻炼机会。

20世纪90年代以来，世界各国的课程改革都把学习方式的转变视为重要内容。欧美诸国纷纷倡导“主题探究”与“设计学习”活动。高校把反贫困项目的设计和服务过程融合到高校的教学实践环节，有利于培养学生独立思考与解决问题的能力。使课程教学更具有针对性和研究性，改变学生单纯、被动地接受教师知识传输的学习方式，构建开放的学习环节，为学生提供获取知识的多种渠道以及将所学知识加以综合应用的机会。

### （三）高校反贫困社会工作与对贫困问题的研究紧密结合

反贫困行动需要理论来描述、解释、预测服务对象或事件的反应样式和规则，据此去控制或引发某种干预行动的发生，是实务的参考架构，是实务过程中引航的地图或指引。在反贫困具体行动之前，我们首先对贫困群体的需求进行深入调查和研究。精准扶贫的前提和基础是扶贫对象的正确选择，只有精准了解和评估贫困的症结以及社会需求，实现对服务对象的精准了解，实现贫困群体社会需求和社工服务供给有效对接、提供有效服务。

我们所服务的地区和龙市是国家级贫困县，是吉林省延边朝鲜族自治州的四个连片贫困县之一。属于高寒山区，农作物有限，经济结构单一，朝鲜族人口占37.7%，贫困人口朝鲜族居多。延边朝鲜族自治州的人口以“劳务输出”为特点，据统计有50%以上的劳动力人口外流，留在家里的大都是老人和孩子。采取何种方式针对那些群体提供社工服务呢？我们首先给和龙市的扶贫办和民政局打电话，了解当地的情况。相对于儿童，老人的情况好一些。在延边以及和龙，留守儿童和困境儿童比较多，他们疏于父母教育和关怀，是最需要帮助的群体。从扶贫扶志扶智的角度看，以儿童作为扶贫的对象，也会避免贫困的代际传递。这样经过多方调查和了解，我们把扶贫的对象锁定在和龙的困境儿童身上。那么对困境儿童的帮扶从何入手？是在贫困山区的家庭或学校？还是在城镇的学校或家庭？带着这些问题我们项目组的成员又来到了和龙市，走进政府、走进乡村、走进困境儿童的家庭了解贫困群体的心声。

走访贫困户，对困境儿童的需求进行调查研究。精准了解和评估贫困的症结以及社会需求，实现对服务对象的精准了解，实现对贫困群体社会需求和社工服务供给有效对接、提供有效服务。为了精准了解困境儿童的需求，我们走访了和龙市水南村、土山村和文化街道的困境儿童家庭。

来到水南村。全村共有 18 名困境儿童，其中 18 岁以下同时仍在村中居住的有 8 户家庭，其致贫原因包括因病致贫、因学致贫等。项目组所到之处，也在力所能及的范围内与孩子们进行心灵沟通、学习辅导和心理帮扶。同时也为孩子们送上吉林省福友社会工作服务中心精心准备的小礼物——篆刻着福友社工机构和长春理工大学标识的保暖水杯。经过走访，项目组了解到，困境儿童所面临的问题主要包括两个方面：一是由于在县里住校或托管的方式导致家长不利于对孩子的监管，容易出现如逃课、沉迷网络游戏等行为偏差，以及学业成绩退步等一系列问题；二是走读的方式虽有利于家长的严格监护，但由于学校公共服务不完善，导致在没有校车的情形下，孩子在往返于学校的途中存在一些安全隐患。而另一部分在村里上学的孩子也相应地存在一些问题，主要集中在学校学生数量极少，一个年级一人，全校六个年级六个学生的情况，使得不仅存在教学人力资源的浪费，以及难以保证教学质量，也使得由于学生缺少与同辈群体的接触而出现孤独、自闭等不利于身心健康发展的情况发生。

走访调研的过程中比较深的体会是，当真切地走近那些困境家庭时，才意识到这些孩子的成长势必会受到来自原生家庭的极大影响，经济条件的不足、家庭关系的紧张以及教育方式的欠佳都使得这些孩子在人格的形成期面临许多问题，不论是儿童的学习、生活，还是性格、行为都有相应的问题。从所接触到的困境儿童身上总体来看，他们普遍都会存在自卑心理以及不良的人际关系，这包含与父母、老师和朋辈群体的关系等，而这些儿童期的烙印也会对他们日后的成长与发展产生很大的影响。针对水南村困境儿童存在的问题与需求，项目组准备通过采取个案、小组、社区的形式开展专业的社会工作服务。

入户探访土山村困境儿童。项目组在民政局张科长和能科长的带领下，来到和龙市龙城镇土山村进行入户探访，土山村村党委书记和村妇女主任接待了项目组成员。此次走访了 8 户困境儿童家庭。这些走访家庭以朝鲜族家庭居多，很多孩子的父母都去韩国或外地打工了，他们和爷爷奶奶居住在一起。通过走访了解了贫困户家庭儿童的基本经济条件、生活环境以及家庭教育等方面的状况。

通过入户走访发现，目前造成家庭贫困的原因主要可分为因病致贫、因学致贫等几类。从经济状况来看，因为乡村比较偏远，经济发展较缓慢落后，使得部分村民家庭的经济水平较低，获得经济来源的能力和途径有限，因而这部分家庭的儿童在基础物质保障上有一定的不足之处。从家庭教育方面来讲，家庭教育力不足，家长对孩子的教育能力有限。在走访过程中，大部分家长反映在与子女沟通过程中会存在一些问题，一些家长对于子女的教育虽然重视，但缺少正确的沟通方法。或者因为只重视学习成绩而不关注子女的心理成长，造成亲子关系疏离。

从心理来看，部分儿童性格较为内向，心理抗压能力较弱。因为性格原因导致不善于与同学接触交往，与他人交往较少。同时在面对生活或者学习压力的时候，心理素质较差，不能及时地调整自我状态，影响孩子的健康成长。从学业方面来说，目前村镇儿童就读的小学地理位置相对比较偏僻，且学生数量极少。据走访调研了解，土山小学全校仅有 6 名学生，部分班级存在一个年级只有一名学生的情况。据村民反映，经济条件较好的家庭大部分将儿童送往市里就读，只有极少部分条件有限的家庭儿童仍就读于此。同时从儿童自身的反馈来看，他们对自己的学习或者未来并没有明确的规划，对于学习的认知也缺少自身的思考。

走访文化街道的困境儿童。在社区网格长的带领下，项目组一行还走访了文化街道的困境儿童家庭。每到一户，项目组成员都细致而耐心地和儿童及其家长沟通，与孩子们促膝谈心、嘘寒问暖，并详细了解了他们的家庭生活、身体状况、学习生活及家庭经济情况等，同时勉励孩子们阳光向上，努力学习。

在入户探访中发现，走访的几乎都是单亲家庭儿童，当与孩子们谈及母亲时，他们的表情复杂，有漠然也有回避。不管是什么样的原因，父亲或母亲的离开，对年幼的孩子们的生活、学习、性格都产生了或多或少的影响。交谈中发现这些孩子有些内向、自卑，不善于宣泄自己的情绪和情感，胆小、与人交流及交往有困难。交流中也了解到很多孩子在学校面临着同学的歧视、看不起，甚至被欺负（挨打）了也不敢告诉老师及家长。

这些孩子除了自身的这些问题以外，孩子的父母因为家庭的变故自身也需要心理辅导，在与孩子交流、辅导孩子教育方面有困难不知道如何解决。社工在探访的过程中对情绪压力严重的家长进行了心理辅导，并给孩子提供了学习兴趣引导和作业辅导、送礼物等多种服务，同时对孩子及家长进行了安抚并给予鼓励与支持，让他们能够有信心克服当前的困难，增强了孩子及家长面对挫折的自信心。此次入户走访，项目组成员对于困境儿童和家长进行了心理上的慰问，并做好记录，建立困境儿童档案，了解困境儿童的真实情况，实行动态管理。下一步，将会对这些孩子给予重点的关注和跟进，提供个性化、专业化社工服务。

针对困境儿童的实际情况，课题组成员制订服务方案，以心理韧性和生涯辅导为核心，从不同的角度进行学术研究和探索。其中六名课题组的硕士研究生试图从困境儿童的偏差行为矫正、困境儿童的家庭教育力提升、困境儿童的自我效能感提升、困境儿童自愿服务小组的构建、困境儿童的职业体验和生涯辅导、“三社联动”与困境儿童的救助六个方面展开参与式的服务研究，最后的成果是形成六篇硕士论文。同时课题组的师生围绕困境儿童和贫困问题研究形成多篇学术论文，课题组成员还集体形成一本学术著作《困境儿童的心理韧性与生涯辅导研究》，作为课题结项成果。

### （四）高校反贫困社会工作与政府的行政赋权相结合

目前，国家倡导社会工作参与脱贫攻坚，但社会工作还是一个新兴学科，社会工作参与脱贫攻坚还是一个新生事物，地方政府和社会对于社会工作参与脱贫攻坚的内容和行动效果还不太了解，只有赢得地方政府对于高校社会工作参与脱贫攻坚的理解与认同，高校从事反贫困社会工作服务的行动才能落实。因此，我们在扶贫项目落地的过程中，所到之处从国家到地方，从民政局、扶贫办到教育局，以及到所服务的人群都要进行关于社会工作的宣传倡导。从社会工作是什么，如何理解社会工作的理念、方法、功能，以及社会工作参与反贫困的特点和服务效果等内容都要进行宣传和解释。实践证明，只有通过亲属、朋友、学缘等各种正式的和非正式的网络支持，赢得当地政府的支持和认同，才能走进扶贫群体，开展扶贫工作。

与当地民政局进行沟通，赢得民政局的支持。项目组到和龙市后，首先走访和龙市民政局，了解和龙困境儿童整体情况，就社会工作参与脱贫攻坚，以及落实“善社筑梦”困境儿童项目实施事宜与民政局相关人员进行沟通磋商。项目成员详细说明社会工作参与困境儿童教育扶贫的重要性和必要性，社会工作的参与能够使民政扶贫工作更丰富、更具有人性化，以实现从困境儿童的生理需求到关注服务对象的心理和精神需求，从物质救助为主转向精神救助、心理帮扶和困境儿童能力提升。当地民政局局长表示认同，并介绍了和龙市民政局在脱贫攻坚中关于帮扶困境儿童的举措以及在社会救助中取得的成就。他也希望通过社会工作参与和龙市困境儿童救助，能够开辟和龙脱贫攻坚工作的新局面。民政局的另一位负责人则详细介绍了和龙市的困境儿童现状、特点以及社会服务开展情况，认为监护困境、家庭困境、自身困境是目前致困的主要原因，双方就困境儿童问题进行了较为深入的分析与讨论。目前政府虽然已经开展相关社工培训，但仍需要高校、社工机构等部门加大力度推进社会工作参与扶贫扶智工作。

与当地社区沟通，为入户探访困境儿童建立支持关系。民政局张科长带领项目组一行前往和龙市文化街道文慧社区进行调研。文慧社区在2018年3月成立了“和龙市慧心社会工作服务中心”，这是和龙市目前唯一的一个社工机构。左书记介绍了文化街道55名困境儿童的总体情况，希望我们的项目组能够给予这些困境儿童和家庭更多的帮助。并与项目组仔细磋商了入户访问困境儿童家庭的时间和具体事宜，并期待与项目组所带领的团队进行进一步的交流与合作。

通过走访和龙市民政局和文化街道，向当地政府部门和社区介绍了我们项目的目标和计划，赢得政府和社区的认同与支持，为项目实施以及走进困境儿童家庭提供了合法化的条件；同时也进一步了解了和龙市困境儿童以及家庭的基本情况，为项目组具体工作的开展奠定了基础。

走访和龙市扶贫办。扶贫办的关主任介绍了和龙市贫困人口现状、困境儿童情况、分布状况，并提供了和龙市 604 名贫困学生档案。还介绍了和龙市目前的扶贫情况，以及脱贫攻坚战的相关工作计划，对于我们的项目表示积极的支持。双方就社会工作参与和龙市的扶贫工作和扶贫方式进行了深入的沟通和交流。关主任肯定了社会工作对于扶贫的重要性，表示一定会积极帮助我们稳步推进项目。通过扶贫办提供的贫困学生数据以及贫困学生档案可以看出，目前和龙市由于贫困或者由于缺乏父母监管而导致的困境儿童主要面临家庭教育缺失、生活质量低下、身心健康受影响等方面问题。了解情况后，更坚定了我们从困境儿童入手提供服务的想法。

走访和龙市教育局和新东小学，实现项目对接。我们来到和龙市教育局，与郑局长、尹局长交流，探讨和龙市的基础教育贫困问题，了解到在和龙市教育贫困问题中，留守儿童、单亲家庭儿童的教育问题较为突出，师资力量有待提高。由于当地的教育局对社会工作这个概念和专业还不太了解，对于社会工作参与脱贫攻坚也不太清楚，我们所在的项目组成员就极力解释和阐述社会工作的内容和作用，推广、宣传和普及社会工作的理念和做法，以便使社会工作参与教育扶贫行动能被理解和认同。但教育局更倾向于把社会工作理解为心理咨询与辅导，解决心理问题。项目组与教育局对社会工作参与和龙市教育扶贫工作作了初步商榷。随后，在教育局领导的带领下，我们走访新东小学，就项目的调研、问卷以及项目实施事宜进行了有效的沟通与对话。

### （五）高校反贫困社会工作以服务困境儿童为主要内容

长春理工大学结合当地困境儿童的实际情况，主要提供了以下几种服务。

1. 提供资源性的服务

向头道小学捐赠280份大礼包和1000册书籍。

头道小学位于和龙的偏远农村，距离市区约32千米，交通很不方便，许多学生来自普通农民家庭，比较贫困，还有一些儿童因为自身和家庭等原因属于困境儿童。2018年12月14日，寒风肆虐，地面结冰，项目组一行六人，来到地处山区的和龙市头道镇头道小学将280份爱心温暖包送到困境儿童手里，并负责进行现场发放，孩子们拿到手套、围巾、彩笔、书包和各种文具很开心。

经过调研还了解到，头道小学的学生们缺少课外阅读书籍。在征求学校老师和孩子们的意见后，又为头道小学的学生购买了1000册书籍，捐赠给孩子们。此次捐助的图书，都是孩子们喜欢读的书，拿到书后孩子们很开心。所捐赠的图书能帮助农村孩子们接触教科书之外的世界，扩大了他们的阅读量，拓宽了他们的视野，也传递了爱心的温暖。

为困境儿童捐款。项目组还从有限的经费中拿出一部分，捐给光明小学三名品学兼优的特困学生每人1000元的助学金，由学生监护人现场对所发放的善款进行签收。

还为光明小学校建立沙盘游戏室，配备了沙盘实验必备的设备和设施。通过沙盘游戏，唤起了孩子们的童心，找到了回归心灵的安慰，减轻压力、紧张和自卑感，身心失调、社会适应不良、人格发展障碍等问题在沙盘中得以化解，增强了儿童的抗逆力和心理韧性。

2. 社工人才培训服务：对和龙中小学教师进行社会工作专业教育培训

高校反贫困社会工作参与扶贫，凸显社会工作教育在培养、培训社会工作人才方面的优势，以便更好发挥社会工作在助力脱贫攻坚中的重要作用。我们组织了和龙市中小学教师师资队伍的培训工作，以“培训者”的形式提升贫困地区社会工作教育水平。同时，为贫困地区民政、扶贫、教育、工青妇等部门开展社会工作举办了讲座①。

---

① 马凤芝：《发挥社会工作教育优势助力脱贫攻坚》，载《中国社会工作》2020年第19期。

2019年4月25日，长春理工大学在和龙市教育局的支持下，在和龙市光明小学开展了全市中小学教师社会工作专业教育培训，全市中小学生教师近100人参加此次培训。长春理工大学的三位教师主要从社会工作专业的理论和实务、中小学生心理问题、心理健康维护及沙盘游戏的作用和方法等方面进行教授和辅导。

卜教授主要讲授社会工作的理论与实务。从社会工作的历史发展沿革开始讲起，其中包括社会工作者的角色定位、伦理道德、职业素养。在谈及社会工作的功能与地位时强调，自2015年开始，政府工作报告连续四年提出了社会工作的发展问题，可见国家对于社会工作专业推进的必要性和紧迫性。她还谈到社会工作专业力量参与脱贫攻坚的作用，不仅参与贫困群体救助帮扶，也涉及参与贫困群体脱贫能力建设、促进易地搬迁贫困群众融合适应和参与贫困地区留守儿童关爱保护等问题。

长春理工大学刘志军博士作了“中小学生心理问题与心理健康”主题培训。此次培训参加人员为和龙市全市的政治课老师、心理咨询师和心理学老师。刘志军博士结合大量的翔实的数据说明目前我国中小学生社会问题逐年增加，需要时刻关注孩子心理健康问题。强调心理咨询可以高效解决心理健康问题，区别于心理医生、精神科医生，心理咨询仅解决咨询对象心理方面的问题，相当于是学生与心理咨询师共同成长的过程，并非心理治疗、心理诊断，减少学生排斥心理。

张喆老师主要培训心理咨询与沙盘游戏方面的内容。项目组为光明小学捐赠了沙盘游戏设备，安置在光明小学的心理咨询室里面。对于心理沙盘及沙盘治疗，很多老师都没有接触过，有些老师以为这是小孩子玩的游戏。张喆老师详细讲解了沙盘游戏的功能，沙盘游戏实际上就是一种模拟心理舒适区的设备，通过非语言手段，利用盛有细沙的特制箱子，让来访者用玩具架上的任意玩具，构建其内心世界，将其内心冲突和矛盾表现出来。张喆老师表示，创伤后应激障碍（PTSD）是心理沙盘治疗中常常出现的一种心理病症，来访者通过长期的沙盘治疗，可恢复危机前的心理平衡状态。因此，沙盘治疗适用的主题为虐待、暴力伤害、灾后、丧亲悲伤和自杀防范等。

为期一天的社会工作和心理学培训落下帷幕，接受培训的中小学教师表示获益匪浅，首次了解到社会工作的概念和作用，还知道了沙盘游戏，以后在工作和教学中会尝试运用。期待此次培训像一颗火种点燃，使社会工作和心理健康的理念和方法在和龙中小学形成燎原之势。

3. 预防和复原性的社会工作服务

在和龙市光明小学开展的社会工作服务，主要是针对困境儿童的心理韧性和生涯辅导进行服务。在前期调研、项目宣传、确定服务对象以及工作人员培训的基础上，确定以个案、小组、社区三种工作方法提供具体服务，从服务内容来看，主要围绕以下几个方面进行：

（1）项目动员：赢得对社工服务项目的认知和认可

项目组经过前期实地调研，最终选定在光明小学实施“善社筑梦”困境儿童项目。该小学位于城乡接合部，学生大多数来自农村和外来务工家庭，其中农民和外来打工子弟子女占学生总数的45%以上，选择该校具有一定的典型性。

该项目力图用学校社会工作的理念开展服务，但目前社会公众以及中小学校等对社会工作不了解，参与度低，这样就给具体的社会工作实施和接受带来一定的困难。为了解决这个问题，项目组成员在2019年3月28日下午，在光明小学的活动室开展了一次关于普及社工基本知识、方法以及介绍“善社筑梦”困境儿童项目具体内容的宣传性讲座活动。通过组织这次培训性讲座，赢得光明小学校领导和师生对社会工作的认知与认可，推动项目的顺利开展，实现了学校社会工作在地化的持续发展。

（2）为行为偏差孩子输送“心理营养”

在调查和服务中发现一些儿童由于家庭和环境的影响，在心理上存在低自我认同、低自尊感的现象，外显行为多表现为不良的人际关系、撒谎、违反规则等不当行为，针对这些，我们筛选出了服务对象，并制订了服务计划，开启了陪伴他们成长的旅程。我们选择了12名符合条件的服务对象，围绕服务目标为他们组织了6节小组活动，并针对其中个别服务对象进行了多次个案访谈，以促进服务目标的达成，能够更加有效地协助服务对象改善行为偏差，更好地适应生活。

在开展小组活动过程中，最初小组成员之间陌生疏离，不能够完全打开心扉，能感受到他们的自卑和难过，也能看到他们眼中逐渐泛起的泪光。当我们试图去倾听这些被贴上“行为偏差”标签的孩子心声时，不难发现，他们正是因为缺少肯定鼓励才会用极端的方式来寻求外界的关注。

在针对个别组员的个案访谈中，我们试图针对每一个服务对象不同的情况与性格开展个性化的服务。其中在对一个内向不善表达但内心丰富细腻的服务对象访谈时，借助音乐联想以及绘画表达的方式来了解他的内心世界。当他讲述画中内容时，我们看到了一个丰富纯净而简单明朗的内心世界，通过这样几次不同的方式，促使对方能够放松并渐渐对当下环境产生信任，这样有利于接下来服务的进展，更有利于服务目标的实现。

经过社工方法的介入干预，服务对象们都有一些微妙的变化，自我认同程度更高，能够积极地面对自己的不足以及不良行为并愿意为之努力转变。

(3) 为困境儿童家庭提升教育力

在调研中发现，一些儿童由于身居边远贫困山区，地理环境上的闭塞以及经济上的欠发达，还由于家庭的监护人缺失，以及家庭教育缺乏等原因，导致当地儿童接受的家庭教育十分有限，这在很大程度上影响了儿童的健康成长。为改善这一不良状况，在综合考量多种限制性条件和因素后，社工选择了以个案和小组的形式为困境儿童提供改善家庭教育相关服务，如为父母离异，母亲又怀有二胎疏于家庭照顾的宁宁，进行绘画治疗。特殊的家庭教育状况，使宁宁缺乏安全感和自信心，缺少同龄朋友，与同学疏远，并偶尔对外界表现出一种攻击状态，这种过激的防御心理也造成了她缺少同辈群体的支持。

在了解了基本情况后，社工首先与宁宁的父母取得联系进行沟通，使其意识到现有家庭教育存在的欠缺和不足，帮助其提升家庭教育力，更新家庭教育观念，倡导其从生活、学习、心理、人际交往等多方面对宁宁进行教育和关注，努力为宁宁营造一个温馨健康的家庭环境。

社工也对宁宁开展了个案辅导，帮助她正确认识自己、建立自信心和安全感，鼓励她与班级同学交流互动、构建同辈支持网络，同时与宁宁探讨如何与父母有效沟通并建立正向的亲子关系。服务开展进入尾期时，宁宁已经在小组内结识了两位好朋友，有了同伴的支持，在参加活动时宁宁更积极了。宁宁还告诉社工，现在妈妈每天都会陪她聊天，了解她在学校发生的事情，爸爸也会抽出时间陪伴她。在个案结束时，宁宁向社工表示，遇到问题会积极面对。

与此同时，我们还组织家庭教育的小组活动，通过做游戏、分享自身经验故事、情景剧扮演等不同的形式来促进组员参与活动的热情，并从不同维度来提高小组成员的家庭教育力。从小组成员的满意度来看，家庭教育小组的整体实施效果取得了显著的成效，获得了组员的广泛认同，通过小组服务也使得组员更新了家庭教育观念、扩展了家庭教育内容、调整了家庭教育方式，取得了共同成长的效果。

（4）帮助困境儿童提升自我效能感

在走访中发现，这些8—12岁的困境儿童，一方面，由于家庭环境以及贫困山区环境的影响，常常表现为内向、自卑，遇到一点困难便畏缩不前，自身的潜能因此被埋藏起来得不到积极的发展；另一方面，困境家庭中的父母迫于生计压力，忽视家庭沟通和教育对儿童健康发展的重要作用，致使孩子得不到应有的关心和帮助，而更加影响了这些孩子的自我效能，使得低自我效能感持续地存在，如缺乏学习兴趣、丧失远大理想、缺乏社交技能和生活能力。

在服务中提升困境儿童自我效能感的途径，我们主要采取个案辅导和团体辅导的形式进行。经过筛选对学校2名学习自我效能感较低的困境儿童小红和小慧分别开展了5次个案心理辅导。她们两个都存在学习成绩不佳、找不到高效的学习方法并且考试前会出现紧张的问题。社工循序渐进引导小红和小慧发现自我效能感偏低的问题，探索问题出现的原因，并协助她们设立合理的学习目标，进行考前焦虑情绪放松训练。5次的心理辅导过后，她们认识到了自我学习方面的优点，能够勇敢地面对学习上的挫折，脸上经常浮现出自信的笑容。

针对困境儿童存在的缺乏社交技能、不愿与人沟通等问题，社工对学校的12名人际交往自我效能感较低的困境儿童开展了5次小组活动。活动让困境儿童了解自身的具体情况，引导他们认识平时生活中缺乏社交技能的表现，以及人际交往不自信的原因，然后再有意识地让他们减少这种行为，学会团结，发现别人的优点。12名困境儿童在游戏中懂得了怎样培养默契和进行配合，大家充分地发挥各自的智慧与想法建立起小组团队合作的能力，凝聚小组的群体力量，让每个小组成员有了更多的归属感，增强了人际交往自我效能感。每个小朋友都在小组活动中交到了新的朋友，新朋友带给他们更多的温暖，让他们在成长道路上不再孤单。

针对困境儿童存在的缺乏职业理想、对未来没有目标等问题，社工对学校的12名职业自我效能感较低的困境儿童开展了5次小组活动。协助成员认识“职业”“生涯”，启发成员对生涯探索的意识以及指引成员探索自我对生涯发展的影响；社工通过职业兴趣测试，与困境儿童日常的行为爱好相结合，分析出学生目前所处的状态，如何在现有的资源环境中挖掘出切实可行的职业兴趣点，并作为该学生的学习动力突破口，帮助他们确立了人生目标和职业方向；帮助成员正确评估自己，建立初步的职业生涯规划。从对“职业”懵懵懂懂到每个人都能自信地说出自己的理想，社工见证了12个小朋友的不断成长。

经过个案以及团队辅导，成绩喜人。在学习方面，调动困境儿童的学习兴趣，激发他们的学习动力；在人际交往方面，增强困境儿童与他人的交往，掌握沟通交流的技巧，提高自信；在职业规划方面，引导困境儿童树立职业发展目标，建立合理的职业发展道路。每个人都是夜空中最亮的星星，希望他们能在困境中始终带着希望，闪闪发光。

（5）构建困境儿童的志愿服务成长小组

为了避免贫困的代际传递以及“贫困依赖”意识的滋生，项目组确立了培养困境儿童志愿服务精神的目标，促进儿童对周围人和事的爱心，培养感恩意识和助人的理念，促使合作、信任意识的增长，因而决定对困境儿童构建志愿服务成长小组。

通过志愿服务成长小组的培训，孩子们对于志愿服务产生了浓厚的兴趣，争先恐后要社工介绍什么是志愿服务，他们能够做些什么，对于志愿服务小组来说，成为小组成员那一刻起，孩子们离脱离困境就更近了一步，因为他们变得更加自信，对于未来更加有明确的目标，对身边的人更加关心，困境儿童的眼神里有了坚定的光芒。

小组初期，大家显得比较拘谨，社工通过一系列的热身游戏，营造了轻松活跃的团队氛围，逐渐打破组员间的隔阂，让组员们相互熟悉。接下来，组员们创建了队名、口号，还一起制订了小组契约。一开始进行小组活动的时候，部分组员因为之前互相认识而抵触与其他人进行交流，社工通过座位顺序的调整改变了这一状况，并且随着小组活动的深入，各个组员之间形成了凝聚力，并且在每一节小组活动中都会主动合作，共同完成小组目标。最让社工感到欣慰的是，刚开始特别内向的组员，经过初期的小组活动，也逐渐地打开了心扉，融入小组群体中。其中有一个小女孩悄悄对社工说：参加完这个活动后感觉整个人都不一样了。孩子们真诚的眼神，说明志愿服务意识已经在他们心里深深地扎下了根。

为了能让组员们的志愿服务意识有持续性的提升，社工围绕“榜样志愿者”精心准备了相关视频和组员之间的互动，并让组员把自己的进步告诉自己的朋友和家人，从而帮助小组成员加强志愿服务意识的持续性，更好地促进组员的成长。

志愿服务小组的构建，促进了困境儿童志愿服务意识的提升。在离别之际，可爱的孩子们都簇拥到社工身边，紧紧抱着社工表示一定会争当小志愿者，做身边力所能及的事情去帮助别人，热爱生活。同时，组员们还纷纷表示，希望社工能再次过来开展服务。

（6）对困境儿童进行职业体验和生涯辅导服务

为了避免贫困的代际传递，培养孩子们的自信心、毅力、坚强的品质以及远大的理想，项目组在困境儿童中间开展了职业体验与生涯辅导服务。项目的主要特点是从社会工作的角度参与青少年职业体验及生涯辅导教育，以优势视角、增权赋能等社会工作理论和任职匹配、职业发展等职业生涯规划理论为依据，让青少年接受良好的职业理想教育。

本次小组目标群体为光明小学四五年级学生，通过前期宣传，参与人数共12人，男女分布相同，年龄层次均衡，小组目标是让每个小组组员都对未来职业有一定规划，让小组成员感受到自我潜力，从被动式接受职业教育到主动式探索职业规划道路。小组活动共为8节，通过学习职业元素与职业特质，让组员正确理解职业。社工利用相似的职业特征设计多个职业体验环节，让组员通过游戏体验的形式学习了解岗位需求和职业特性。社工还涉及了能力提升环节，通过公开演讲可高度融合一个人的综合能力，社工设计该环节是帮助组员直面自己的优缺点，将前几节小组知识融会贯通。

小组结束后，社工收集此前调查问卷、职业测评、组员手稿资料，整合分析每个组员在此阶段的特征，为每人出具一份测评报告，报告内容包括个人特征、职业定位、未来可发展方向等。组员可通过测评报告内容，根据实际情况使用。

职业体验与生涯辅导不仅受制于儿童自身认知水平，同时还涉及学校课程规划安排。校方积极寻求多方合作，不拘泥于课程教育，秉持开放原则，接纳职业教育。不耽误正常上课，更有机会体验职业小组，这对学生来说，自信心、团队协作、抗压能力、学习能力都将得到提高，多维度学习、体验式学习将越来越重要。

### （六）链接社会资源，建立社工实习基地和社工服务站

按照社会工作教学指导委员会的部署，我们在和龙建立了高校社会工作实习基地和社会工作服务站，以专业教育促进贫困地区服务发展，在建好社会工作实习实训基地的基础上，让社会工作服务向基层延伸①。

2019年4月25日上午，由长春理工大学、吉林省福友社会工作服务中心主办，和龙市教育局、和龙市光明小学承办，以及宁波善园公益基金会、美亚联创（北京）科技有限公司、和龙市民政局提供支持的“善社筑梦”困境儿童项目揭牌仪式在和龙市光明小学召开。长春理工大学在光明小学设立高校社会工作专业实习基地，并把长春理工大学为光明小学捐赠

① 马凤芝：《发挥社会工作教育优势助力脱贫攻坚》，载《中国社会工作》2020年第19期。

的沙盘实验室放在实习基地里面，以便更好地发挥作用，促进高校反贫困工作的长期性和持续性，基地揭牌和沙盘实验室的设立也是政产学研用五方面力量汇集在一起，共同推动反贫困社会工作开展的聚焦点。

与此同时，还成立了吉林省福友社会工作服务中心光明小学社会工作服务站。此次吉林省福友社会工作服务中心与光明小学合作，建立社会工作服务站，对项目的实施具有里程碑式的意义，有利于光明小学社会工作服务的专业化和持续性，实现专业发展与行业发展的双赢。利用服务站可以购买政府的服务，承担国家、省、州、市以及各类学校社会工作服务项目，吸纳社会工作人才，更好地为困境儿童提供服务。社工服务站的落地和各方合作的启动，可以促进政产学研用多方合作，打造更多可持续性、规范化的公益项目，让更多有需要的人从中受益。

为了使社工实习基地和社工服务站得以持续性发展，并发挥实际作用，项目组又联系了延边大学的社会学系的师生进驻实习基地，希望他们能利用这个平台持续地为困境儿童提供服务；项目组同时还联系了吉林省知行社会工作者服务中心，他们的“三区计划”就在和龙，可以利用这个机构平台为困境儿童服务。据了解，目前吉林省知行社会工作服务中心通过这个平台，已经进入光明小学为困境儿童提供服务。

### （七）高校反贫困社会工作与研究生的实践实习相结合

本次和龙的社会工作服务，是在老师的督导下，以 6 名硕士为主体参与的反贫困实践。这 6 名硕士来自不同的硕士指导教师，在服务过程中，6 位指导教师一直直接督促和指导着他们的实践实习和硕士论文写作，一方面学生不断和导师沟通、反馈信息，导师对研究生的实践给予直接的指导，另一方面指导教师们相互磋商学生们来自实践中的问题。

首先，研究生硕士论文写作、实践实习与高校反贫困社会工作实践相结合。

研究生硕士论文题目的选择和实习内容的选择与所服务的对象需求紧密结合，针对贫困群体存在的问题和服务对象的需求确定硕士论文的选题和硕士论文实务部分内容，研究生的实践实习内容、硕士论文写作要进行的实务操作部分，与对贫困群体的服务内容相一致。本次在和龙为困境儿童提供服务的主体是6位硕士研究生，他们的服务主题是扶贫扶志扶智，为困境儿童提供心理韧性和生涯辅导服务。围绕这一主题，针对困境儿童的实际情况，课题组成员确立了研究的选题和实习服务的内容，6名课题组的硕士研究生从困境儿童的偏差行为矫正、困境儿童的家庭教育力提升、困境儿童的自我效能感提升、困境儿童志愿服务小组的构建、困境儿童的职业体验和生涯辅导、“三社联动”与困境儿童的救助6个方面展开参与式的服务研究。他们的硕士论文题目和实践实习内容是围绕和龙的困境儿童，从不同角度研究困境儿童和服务于困境儿童的。

这样就能够使研究生的硕士论文写作、实践实习课程完成与对困境儿童的服务相结合，使研究生的实务训练和反贫困社会工作的实际相结合，让学生在一个真实的社会工作环境下，为真实的服务对象提供服务。这是一个理论和实践结合的绝佳机会，有利于增强学生的主体意识和硕士论文写作的积极性和为贫困群体服务的主动性、责任感，促进理论和实践的紧密结合，促进研究生向专业社工的转变。

其次，硕士研究生在参与反贫困实践中组建扶贫团队，团队意识、自我管理能力和独立解决问题的能力得到增强和提升。

本次在和龙服务的6名硕士研究生，是经过招募和遴选而组成的到边远贫困地区提供服务的团队。这个团队的成员由3位女同学和3位男同学组成，他们平时都是优秀的积极努力的学生，但都一直在校园里，缺乏实践经验。组成团队后，他们作了明确的分工，每一个成员都有职责，都负责一份工作，有的负责宣传报道、有的负责财务、有的负责业务、有的负责社工服务站、有的负责摄影和摄像、有的负责沟通和协调。从“99公益日”项目申请，到问卷设计、服务方案设计，到走访贫困户、调研、需求评估；从独立和教育局、民政局、小学等各位领导沟通协调各种服务的事项，到在一个陌生的不熟悉的边远贫困地区提供服务活动；从面对面地对一个又一个困境儿童提供贴心的个案服务，到组织大型的生动有趣的小组活动和社区活动，一直到最后组织项目总结评估会与各方打交道、沟通协商，这6名社工硕士由懵懂不知所措、到逐渐熟练游刃有余地提供社工服务和处理各类事情。在服务中，他们独立的、自我解决问题的能力得到了增强，团队合作能力得到增强，最终在相互团结、相互协作中圆满地完成了这个阶段的扶贫项目。

### (八) 高校反贫困社会工作与对贫困地区传播社会工作理念和知识相结合

为了向贫困地区普及社会工作知识，推动对贫困地区党政领导干部和参与扶贫人员等的社会工作知识普及与宣传，让贫困地区干部群众了解和认识社会工作[①]，在“善社筑梦”困境儿童项目临近结束之际，我们还组织了社会工作支持边远贫困地区困境儿童研讨会暨“善社筑梦”困境儿童项目结项总结评估会。

在会上，中国社会工作教育协会副会长及秘书长、北京大学教授、博士生导师马凤芝老师为研讨会作主旨报告发言，介绍了社会工作教育参与脱贫攻坚的核心任务与总体目标，指出发展性社会工作可作为社会工作参与贫困治理实践的新取向。长春理工大学的卜长莉教授介绍了“善社筑梦”困境儿童项目的由来及服务，社会工作参与脱贫攻坚的内容和形式，指出社会工作参与脱贫攻坚，要精准地开展需求评估；要转变对困境儿童帮扶的观念，要贫困群体促进能力和技能的提升，要开展心理帮扶，要进行资源链接，以弥补政府资源的不足，同时还要进行政策的倡导等。长春理工大学的刘志军博士依托MHT量表的调查数据介绍了和龙市困境儿童心理健康问题的具体情况，让参会者们了解到困境儿童具体在哪些心理维度上存在着值得关注和介入的问题。项目组的6位成员从社会工作的角度介绍了对困境儿童提供服务的实践环节、取得成效、经验和存在的不足。

“善社筑梦”困境儿童服务团队得到了老师专家们和服务校方、孩子们的一致好评与认可，但也存在的一些问题，今后，我们将会不断改进工

① 马凤芝：《发挥社会工作教育优势助力脱贫攻坚》，载《中国社会工作》2020年第19期。

作，提高服务质量，将社会工作的价值理念贯彻到底。会议结束了，但扶贫工作还在延续，寒冬路上，我们温暖前行。

## 四、政产学研用结合视角下高校反贫困社会工作的反思

长春理工大学执行“善社筑梦”困境儿童项目的过程，是政产学研用协同关系的构建过程，通过多方面合作互动关系的构建，形成反贫困的联盟，获得资源支持和认可，实现高校的自我增能。

1. 高校反贫困社会工作需要多方力量的整合，是政产学研用的建构过程

“善社筑梦”困境儿童项目以反贫困社会工作的项目为引领、以高校为主体、以学术研究为基础、以政府和政策为引领、以贫困群体的需求和专业服务为主要内容，探索出一条高校反贫困社会工作的新路径；实现了高校、政府、公益慈善基金会、爱心企业、社工机构、互联网公益平台、贫困群体等多方面的力量整合，共同为困境儿童救助筹集资金、组织人力物力财力、链接社会资源、提供社工服务等。高校反贫困社会工作政产学研用协同机制的构建过程，是政产学研用多方面力量的整合、多方互动、合作共赢的过程。通过整合社会资源，使高校反贫困社会工作突破固有的组织边界，实现资源的重新组合，这是一种社会创新。

2. 政产学研用相结合的高校反贫困社会工作，有利于创新社会工作应用型人才培养模式

高校是人才培养的主渠道，实践教学在人才培养中占据举足轻重的地位，但实践教学也是最薄弱的教学环节，加强校外实习实践已成为高校提高人才培养质量的重要途径。高校反贫困社会工作采用项目教学法，在反贫困项目实施过程中，实现研究生的教学环节、实践实习环节和撰写硕士论文环节与高校反贫困的实践相结合，使研究生置身于社会的大课堂中，有利于激发主动探究和研究的精神，培养独立思考与解决问题的能力；有利于改变学生单纯、被动地接受教师知识传输的学习方式，构建开放的学习环节，为学生提供获取知识的多种渠道以及将所学知识加以综合应用的

机会。在反贫困项目执行过程中，教师成为督导，成为学生服务学习的引导者、指导者和监督者，学生具有极高的积极性。

研究生在参与反贫困实践中，结合实践需求选择毕业论文题目，并在从事反贫困项目中完成硕士论文，这不仅可提升研究生硕士论文的应用价值，还可以让研究生在完成硕士论文的同时，应用能力也得到培养。

政产学研用相结合的反贫困社会工作将学校的人才培养与反贫困的社会创新、贫困群体的需求紧密结合起来，实现教学培养与实际应用无缝对接；使教育逐步从人才培养的单一环节向人才培养的全过程发展；从学校内部封闭培养逐步走向开放的社会合作育人；从合作育人单一模式发展走向合作育人、合作办学、合作就业的综合模式①。有利于培养创新型社工人才，有利于培养勇于探索的创新精神，有利于提升研究生理论和实践结合能力、反思性批判思维、洞察力和责任意识、合作与沟通协调能力等。

3. 高校反贫困社会工作需要高校教师主体的自我增能

在反贫困过程中，高校教师要主动与学校建立联系，获得学校领导的支持；要主动参与反贫困实践，并把教学内容、学术研究和人才培养环节主动融入反贫困实践中，这就需要高校教师主体的自我增能。高校社会工作专业教师要兼顾教学、服务和研究，教师要融入反贫困大局，进行跨界合作②。通过参加反贫困实践，提升了高校教师的实践育人能力，促进学术研究接地气，贴近现实。高校社会工作参与反贫困实践，是国家经济社会发展需求，是创新研究的需求。社会工作专业的教师带领学生积极参与反贫困实践，通过实证调查了解贫困群体的现状，关注反贫困中遇到的理论与实践问题，紧扣社会现实，促使学术研究与现实能更加紧密结合。

高校反贫困社会工作需要高校教师具有团队协作精神，这是政产学研

① 孟现志：《我国产学研合作教育的历史观照与地方本科院校的路径选择——以商丘师范学院为例》，载《商丘师范学院学报》2020 年第 1 期。

② 顾东辉：《内生模式下的本土社会工作人才培育——以上海为例》，载《中国社会工作》2017 年第 13 期。

用机制得以运行的保证，是政产学研用成败的关键。在反贫困社会工作中，需要高校师生群体以团队方式承接项目、集体设计项目、制订服务方案，还需要高校师生参与反贫困实践去具体调查、了解服务对象，还需要集体进行理论总结和理论研究，这就需要高校教师与教师之间、教师与学生之间、教师与各方面社会力量之间建立良好的合作关系，提高自身构建网络与团队协调的能力。

4. 构建政产学研用相结合的高校反贫困社会工作形式具有进一步推广性

不仅是长春理工大学，国内一些高校在参与反贫困过程中也采用了政产学研用协同构建形式，如云南大学向荣教授以云南连心社区照顾服务中心承接的“三区”计划项目，提出了项目推动下的在地高校反贫困社会工作模式。云南连心社区照顾服务中心（以下简称云南连心）是以云南大学向荣教授为法人的社工机构，社工机构本身实现高校与社会组织的协同构建。该机构自 2013 年起连续 4 年承接了“三区”计划，探索了协同“三区”社会工作人才培养和社会工作服务机构培育方面的有效路径。高校教师通过主持政府购买社会服务项目的实际运作和参与培训、督导社会工作者的过程提高了自身专业能力；高校在项目所在的贫困地区建立实训基地，而社会工作专业的研究生，通过参与项目的服务，以及在实训基地的实习，在督导带领和协助下，边做服务边进行反思学习，能逐步提升专业能力。“三区”计划项目实现政府的政策支持、高校的项目运作、研究生的教学与培养、服务学习与研究和贫困群体的互动及实际受益的多方面力量的整合，是政产学研用协同构建的高校反贫困社会工作模式的生动体现。政产学研用结合的反贫困社会工作形式，能促进高校社会工作专业的师生社会工作专业能力持续提升，促进高校社会工作团队由单一服务向社工创业转型，推动完成在地化社会工作人才与组织培育使命升级①。

① 向荣：《项目推动下的在地社会工作人才培育——以云南连心社区照顾服务中心承接的“三区”社会工作人才支持计划为例》，载《中国社会工作》2017 年第 13 期。

长春理工大学在执行“善社筑梦”困境儿童项目的过程，是以贫困地区存在的问题和贫困群体的需求为导向，扶贫项目为引领，积极链接政产学研用等多方面的力量和资源，构建扶贫项目、高校教学与实践、学术研究、政府的政策与支持、社会工作机构和基金会的辅助、贫困地区与贫困群体的认可等方面的联合体，相互合作、相互推动、协同构建的过程。这种政产学研用协同构建是以满足贫困群体需求为目标的创新活动，是“社会实践的新组合和/或新配置……目标在于更好地满足以及回应需要和问题，而不是仅仅基于已有的可能手段去解决”①。政产学研用协同构建，使大量资源被动员起来，不仅对于解决贫困群体的贫困问题有益，也能够增强高校反贫困的能力，获得经济赋权、行政赋权，提高专业认同和高校师生的认同。在这个过程中，实现了反贫困社会工作与高校的教学环节和实务训练环节及社会工作人才培养环节结合；与高校社会工作专业发展和教师专业能力提升相结合；帮助贫困地区搭建“实务教学、行动研究和扶贫济困”三位一体的社会工作实训平台，对当地干部进行社会工作知识输出、政策宣讲和人才培训，对扶贫组织和扶贫工作人员进行能力建设②，以发挥社会工作教育在脱贫攻坚中的扶志扶智功能。

自我国社会工作恢复重建以来，高校社会工作的发展主要是嵌入在政府体系下，通过政府获得经费支持和环境政策支持进行人才培养和提供社会服务，嵌入式发展是对中国社会工作发展路径判断和预测中较有影响力的一种。随着改革的深入和社会转型的加速，新的社会管理格局逐步形成，社会工作将走向政府-专业合作下的深度嵌入③。王思斌教授所说的深度嵌入实际就是一种新兴合作关系的建构，通过包容性实践、合作生产和积极主动的草根方案，来推动社会工作的发展，以增加社会凝聚力的机会。总之，高校在反贫困中要勇于承担社会责任，主动服务社会，积极发挥自身的主观能动性，构建政产学研用合作共同体，争取社会资源，实现

---

① 罗伯特·格林、克里斯托弗·福克斯、苏珊·贝恩斯、凯文·艾伯森、才凤伟：《社会创新：应对当代社会挑战的方案？——理论和实践的概念定位》，载《国外理论动态》2015 年第 7 期。

② 马凤芝：《发挥社会工作教育优势助力脱贫攻坚》，载《中国社会工作》2020 年第 19 期。

③ 王思斌：《中国社会工作的嵌入性发展》，载《社会科学战线》2011 年第 2 期。

高校的自我增能。因此，高校应勇于承担扶贫项目，建构高校、学术研究、政府、贫困地区和社会组织关系有效合作联盟，以形成政产学研用合作的长效机制，这是高校反贫困社会工作的一条有效路径。